本书系湖南省社会科学成果评审委员会课题"3-6岁幼儿关心道德教育的红色文化学习资源开发研究"(XSP22YBC505)研究成果，由怀化学院湖南省一流本科专业建设点小学教育专业和怀化学院校级应用特色学科培育点教育学资助出版。

教|育|知|库

中小学微课设计与制作

黄丽衡　罗德红

著

九州出版社
JIUZHOUPRESS

图书在版编目（CIP）数据

中小学微课设计与制作 / 黄丽衡，罗德红著 . -- 北京：九州出版社，2023.10

ISBN 978 - 7 - 5225 - 2391 - 0

Ⅰ.①中… Ⅱ.①黄… ②罗… Ⅲ.①中小学—教学研究 Ⅳ.①G632.0

中国国家版本馆 CIP 数据核字（2023）第 202504 号

中小学微课设计与制作

作　者	黄丽衡　罗德红　著	
责任编辑	安　安	
出版发行	九州出版社	
地　址	北京市西城区阜外大街甲 35 号（100037）	
发行电话	（010）68992190/3/5/6	
网　址	www.jiuzhoupress.com	
印　刷	唐山才智印刷有限公司	
开　本	710 毫米×1000 毫米　16 开	
印　张	19	
字　数	341 千字	
版　次	2024 年 3 月第 1 版	
印　次	2024 年 3 月第 1 次印刷	
书　号	ISBN 978 - 7 - 5225 - 2391 - 0	
定　价	75.00 元	

前　言

　　计算机信息技术的不断发展，使得互联网+教育得到更深层次的发展，拓展丰富了网络教学资源，为微课教学提供了有利条件。微课作为一种以学习者为中心的教学资源，为学习者提供了自主学习的资源，学习者不再单纯地依赖授课教师去获取知识，学习者自主学习的便利性与效率得到了提高。

　　本书围绕微课设计与制作展开阐述，共分为理论篇、技能篇、实操篇三部分。

　　理论篇包括第一、二、三章，主要介绍微课设计与制作相关的理论知识。

　　第一章是微课概述，包括微课的定义、类型、选题与评价标准。

　　第二章是微课与教学设计。首先，阐述教学设计的定义、类型、要素和评价；其次，在此基础上分析微课教学设计。

　　第三章是微课与多媒体课件。首先，阐述多媒体课件的定义、类型、制作工具、设计和开发；其次，在此基础上分析微课课件。

　　技能篇包括第四、五、六、七章，主要介绍微课制作所涉及的素材收集与处理、微课课件的制作，以及微课视频录制等相关操作技能。

　　第四章是多媒体素材的收集与处理，包括文字素材、图片素材、音视频素材和动画素材的收集与处理。

　　第五章是PowerPoint课件的设计与制作，包括PowerPoint基本介绍、PowerPoint模板的设计与应用，PowerPoint动画的实现与应用和PowerPoint课件实例制作。

　　第六章是微课视频制作常用方式，包括手机+白纸方式、录屏方式、实录+录屏方式、人像抠像+录屏方式和软件创作方式。

　　第七章是Camtasia Studio视频制作软件，包括Camtasia Studio软件介绍、Camtasia Studio安装和Camtasia Studio使用。

　　实操篇包括第八、九、十、十一、十二章，主要介绍了中小学具体学科的微课设计与制作，包括语文微课设计与制作——以《春晓》为例，数学微课设计与制作——以《三角形内角和》为例，英语微课设计与制作——以《In a nature park》为例，心理健康教育微课设计与制作——以《气质类型知多少》为例，安全教育微课设计与制作——以《防溺水安全知识》为例。

　　本书主要由黄丽衡、罗德红撰写，黄丽衡负责内容的构思与撰写，罗德红负责结构的安排以及修改定稿工作。本书第五、六、十二章的撰写得到了怀化学院教育科学学院小学教育专业彭丽、赵耿燕、张子晗等同学的参与和帮助；第八、九、十、十一章的撰写得到了长沙市芙蓉区燕山小学李琳、邵阳市邵东县龙元小学周桥兰、中方县泸阳镇芙蓉学校粟琨琪等老师的参与和帮助。

　　本书是理论研究与教学实践的总结，笔者承担怀化学院师范生"教育学""教育技术学""多媒体课件设计与制作"等课程的教学工作。针对中小学微课设计与制作的知识与技能，教学团队在教学过程中对微课设计与制作内容进行了多次研究与实践，其内容经过了实践检验。信息技术的发展日新月异，微课制作知识与技能的发展快捷迅猛，加之我们自身的水平有限，虽然付出了大量努力，但著作还是存在遗漏和不当之处，敬请广大朋友批评指正。

　　本书出版得到了湖南省一流本科专业建设点小学教育和校级应用特色学科培育点教育学的赞助，定稿期间得到了出版社编辑同志的热情帮助，在此，对他们的支持与帮助致以诚挚的谢意。

2023 年 9 月 10 日于厚德楼

目 录
CONTENTS

01

| 理 论 篇 |

第一章　微课概述

【章节学习目标】

1. 了解微课的定义；

2. 了解微课的类型；

3. 掌握微课的选题技巧；

4. 掌握微课的评价标准。

第一节　微课的定义

"微课"即"微型视频课程"，是一种以视频为主要表现形式的信息化教育资源。它时长一般在 10 分钟以内，教学目标单一，教学内容简短，对教学重难点的讲解针对性强。微课的核心资源是"微视频"（教学视频），同时也可以包含与该教学视频内容相关的教学设计、微课件、微习题、及其他辅助性材料等。微课在教学设计方面教学目标单一，教学内容简短，针对单一的知识点或者教学重点难点进行设计，有利于学习者快速掌握某一知识内容。目前，微课已成为广大一线教师关注的热点领域，在教学实践中也得到广泛的应用。在教学过程中教师针对教学内容，利用计算机软件通过录音、摄像等手段制作出短小精简、内容明确的学习视频，为学生的学习提供帮助，从而提高学生学习效率。

微课视频的持续时间短，有利于学生保持注意力，高效地利用短的学习时间进行知识的学习。微课一般具有如下特征：

1. 一般都是以视频、动画的形式呈现给观看者。

2. 微课视频时间短，一般在 5~10 分钟，短的只有 1~2 分钟，最长也就 10 多分钟。

3. 教学目标单一。微课视频一般都是为了使观看者掌握单一的知识点。

4. 教学内容简短。只讲解一个知识点或者教学难点重点等。

5. 播音员式的讲解。授课者娓娓道来，可以出镜也可以不出镜。

第二节　微课的类型

根据微课教学目标与教学内容的表现形式，微课的类型主要有：

1. 讲授型：教师运用口头语言将学科知识点及重点、难点、考点等知识传授给学生，讲授型微课是最常见的一种微课类型。如图 1-2-1，图 1-2-2，是讲授型微课《春晓》的两个视频截图画面。

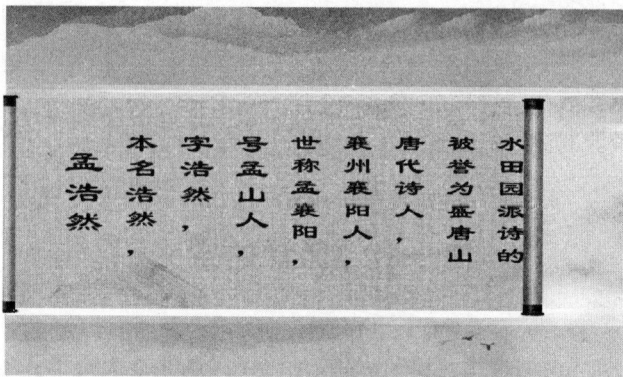

图 1-2-1

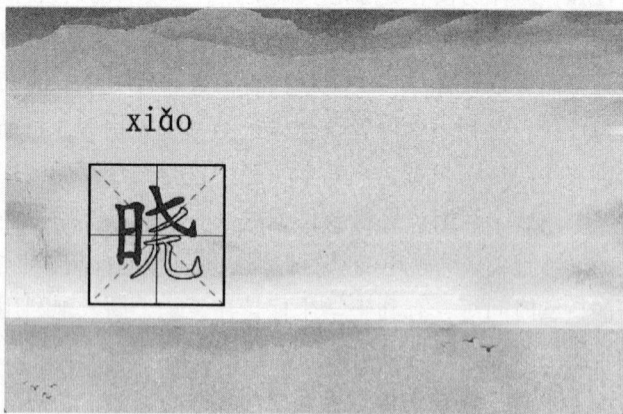

图 1-2-2

2. 解题型：即对典型例题、习题、试题的讲解分析为主的微课。如图 1-2-3 至图 1-2-6，是解题型微课《比较图形的面积》的四个视频截图画面。

小学数学——比较图形的面积

观察图形

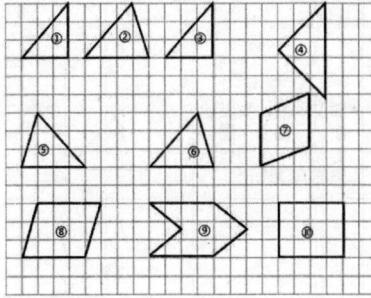

图 1-2-3

小学数学——比较图形的面积

观察图形

图中方格大小一样，通过数方格发现图①和图③面积相等.

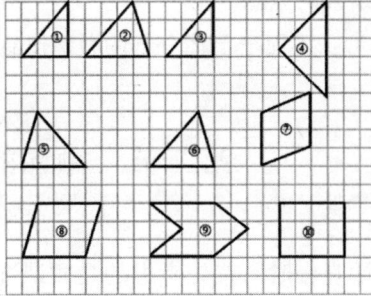

图 1-2-4

小学数学——比较图形的面积

比较面积大小

数方格法：

=

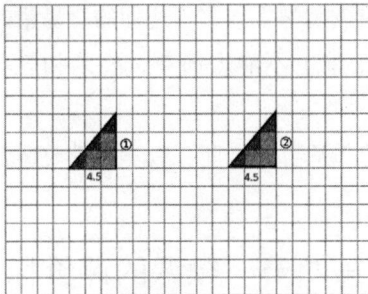

图 1-2-5

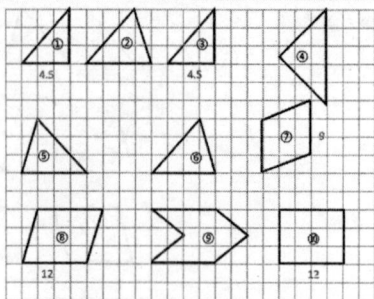

图 1-2-6

3. 答疑型：即围绕疑难问题进行分析与解答疑惑的微课。

4. 实验型：即微课制作者针对教学实验进行设计、操作与演示，从而获取新知识或实验结果的微课。

5. 其他类型：不属于上述分类的微课作品，归为此类型。

第三节　微课的选题

在进行微课制作时，首先考虑的是微课选题，在进行微课选题时，要注意以下五个方面：

1. 要注意讲解的内容要新颖，如果是大家特别熟悉的知识内容，或者该知识内容已经有很多微课视频了，就不要扎堆了。

2. 知识点不宜过大，只选取一个小知识点制作即可。

3. 选取的知识点应该是学生理解不透彻的、易错的问题。

4. 选题难度不能太难也不能太简单，要紧扣教学重点、难点、疑点、关键点。

5. 不是所有的内容都适合做微课，教学内容要适合多媒体的呈现方式。

第四节　微课的评价标准

微课的评价标准包括两部分，一是有关微课教学设计的评价标准，二是有关微课教学视频的评价标准。

微课教学设计要围绕教学中常见的、典型的、有代表性的问题进行针对性设计，要能够解决教学中的重点、难点、疑点、考点等问题。教学内容不能出现知识性错误，内容要严谨，逻辑要清晰，重难点要突出。

微课教学视频画面要清晰、图像要稳定、声音要洪亮清楚，声音与画面要同步，讲解要思路清晰，创意要新颖，要有片头、字幕、动画演示，视频画面与内容要吸引观众、抓人眼球，并要求原创性。

附："中国微课大赛"评审标准

"中国微课大赛"评审标准

一级指标	二级指标	指标说明
选题设计（10分）	选题简明（5分）	主要针对知识点、例题/习题、实验活动等环节进行讲授、演算、分析、推理、答疑等教学选题。尽量"小（微）而精"，建议围绕某个具体的点，而不是抽象、宽泛的面
	设计合理（5分）	应围绕教学或学习中的常见、典型、有代表的问题或内容进行针对性设计，要能够有效解决教与学过程中的重点、难点、疑点、考点等问题
教学内容（20分）	科学正确（10分）	教学内容严谨，不出现任何科学性错误
	逻辑清晰（10分）	教学内容的组织与编排，要符合学生的认知逻辑规律，过程主线清晰、重点突出，逻辑性强，明了易懂
作品规范（15分）	结构完整（5分）	具有一定的独立性和完整性，作品必须包含微课视频，还应该包括在微课录制过程中使用到的辅助扩展资料（可选）：微教案、微习题、微课件、微反思等，以便于其他用户借鉴与使用
	技术规范（5分）	微课视频时长一般不超过10分钟，视频画质清晰、图像稳定、声音清楚（无杂音）、声音与画面同步； 微教案要围绕所选主题进行设计，要突出重点，注重实效； 微习题设计要有针对性与层次性，设计合理难度等级的主观、客观习题； 微课件设计要形象直观、层次分明；简单明了，教学辅助效果好； 微反思应在微课拍摄制作完毕后进行观摩和分析、力求客观真实、有理有据、富有启发性
	语言规范（5分）	语言标注，声音洪亮、有节奏感，语言富有感染力

一级指标	二级指标	指标说明
教学效果 （40分）	形式新颖 （10分）	构思新颖，教学方法富有创意，不拘泥于传统的课堂教学模式，类型包括但不限于：教授类、解题类、答疑类、实验类、活动类、其他类；录制方法与工具可以自由组合，如用手写板、电子白板、黑板、白纸、PPT、Pad、录屏软件、手机、DV摄像机、数码相机等制作
	趣味性强 （10分）	教学过程深入浅出，形象生动，精彩有趣，启发引导性强，有利于提升学生学习积极主动性
	目标达成 （20分）	完成设定的教学目标，有效解决实际教学问题，促进学生思维的提升、能力的提高
网络评价 （15分）	网上评审 （15分）	参赛作品发布后受到欢迎，点击率高、人气旺，用户评价好，作者能积极与用户互动。根据线上的点击量、投票数量、收藏数量、分享数量、讨论热度等综合评价
总计		

第二章　微课与教学设计

【章节学习目标】

1. 了解教学设计的定义；
2. 了解教学设计的类型；
3. 掌握教学设计的要素；
4. 掌握教学设计的评价标准；
5. 掌握微课教学设计的理念。

第一节　教学设计

教学活动是具有明确教学目标的培养人的社会实践活动，因此，为了提高教学效率，减少教学活动的盲目性和随意性，在实施教学活动前，有必要对整个教学活动过程进行有效的教学设计。从教师角色方面上来说，进行教学设计就是要解决"教什么，怎么教，教得好"的问题。从学生角色方面上来说，进行教学设计就是要解决"学什么，怎么学，学得好"的问题。因此，有效教学设计既要为教师的有效教学着想，也要为学生的有效学习着想，促进教与学的共同有效发展。

教学活动作为一种社会实践活动源远流长。为了使教学活动有序有效进行，人们早就开始探索教学的机制，对教学过程中涉及的各个要素的相互间的关系进行研究。教学设计将教学活动的设计建立在系统科学的方法之上。教学设计运用相关的教学理论，分析教学目标、教学内容、学习者特征、教学策略等，促使教学工作科学有效地开展。教学设计在教学活动中起到了沟通作用，使教学理论与教学实践有机地统一起来，教学设计为了追求更好的教学效果，在解决教学活动问题的过程中，把优秀的教学经验综合应用于教学实践，使教学理论与教学实践紧密地连接起来，从而更好地有利于教学理论服务于教学实践。

一、教学设计的定义

加涅（1988 年）把教学设计界定为："教学设计是一个系统化（systematic）规划教学系统的过程。教学系统本身是对资源和程序做出有利于学习的安排。任何组织机构如果其目的旨在开发人的才能均可以被包括在教学系统中。"

帕顿（1988 年）认为教学设计的定义是："教学设计是设计科学大家庭的一员，设计科学各成员的共同特征是用科学原理及应用来满足人的需要。因此，教学设计是对学业业绩问题的解决措施进行策划的过程。"

肯普（1988 年）给教学设计下的定义是："教学设计是运用系统方法分析研究教学过程中相互联系的各部分的问题和需求。在连续模式中确立解决它们的方法步骤，然后评价教学成果的系统计划过程。"

我国学者把教学设计也称教学系统设计，认为教学设计是根据课程标准的要求和教学对象的特点，将教学诸要素有序安排，确定合适的教学方案的设想和计划。一般包括教学目标、教学重难点、教学方法、教学步骤与时间分配等环节，其目的是为了获得更有效的教学。教学设计是以促进学习者的学习为根本目的，运用系统方法，将学习理论与教学理论等原理转换成对教学目标、教学方法和教学策略、教学评价等环节进行具体计划，创设有效的教与学系统的"过程"或"程序"。它是以解决教学问题、优化学习为目的的特殊的设计活动，既具有设计学科的特点，又必须遵循教学的基本规律。①

二、教学设计的特征

教学设计作为一个系统的教学计划过程，应用系统方法分析教育系统中教学目标、教学内容、学习者特征、教学策略、教学媒体、教学组织形式等要素，并通过系统方法来分析各个要素之间的关系，形成相应的解决对策与方法，为教学提供相应的理论和方法作为科学依据。

1. 教学设计研究对象是不同层次的学与教的系统及内部的各要素，分析促进学习的教学内容、条件、资源、方法、活动等，目的是帮助学习者达到预期的学习目标。

2. 教学设计采用系统科学的方法，分析教学目标、教学内容、教学重难点、教学策略等要素，形成解决问题的教学设计方案等。

3. 在教学设计过程中，教学设计者应该根据教学内容设计科学的教学策略

---

① 耿建民，周速. 新编现代教育技术［M］. 上海：华东师范大学出版社. 2009.

与教学活动，应该为学习者创建一个符合学习者特征的学习策略与学习活动。

4. 教学设计的根本目的是为学习者的有效学习创造良好的学习条件，从而解决课程教学的问题，实现课程的有效教学。

三、教学设计的作用

随着技术的深入发展，教学设计是一门将教育技术理论和思想方法运用于教学实践中的新学问，它有利于现代教育技术应用的不断深化，同时也使教育技术理论在总结实践经验的基础上得到升华与完善，从而促进教育技术的深入发展。

1. 它是连接教学理论与实践的中介，在教学理论与实践结合方面起着沟通作用

在分析、解决教学问题的过程中，通过教学设计，可以把已有教学理论与研究成果运用到实际教学中，将教师的教学经验上升为教学科学，充实和完善教学理论，沟通了教学理论与实践的紧密结合，使教学工作更加有效地进行。

2. 有利于促使教师的教学工作更加科学化

对于刚走上工作岗位的青年教师，在教学内容方面还不熟悉，教学经验还不足，特别需要教学设计促使教学工作的科学化，年长的教师虽然有一定的经验和直觉选择最优的教学内容与策略，但随着教学内容的更新，以及新的教育技术的运用，这给年长的教师也带来了新挑战，因此，不管青年教师还是老教师都需要进行教学设计，更新教学内容，运用先进的教学技能，实现有效教学。由此可见，教学设计是教师教学工作的一条有效途径。

3. 有利于培养教师教学科学思维习惯和能力，提高教师发现和解决教学问题的能力

教学设计是系统解决教学问题的过程，它提出的一套科学解决教学问题的原理和方法有效地解决教学中遇到的问题。例如，在教学目标分析这个教学设计环节中，设计者可以将总教学目标分解成单元教学目标。如果是针对一节课进行教学目标设计，可以从知识目标、过程与方法目标、情感态度价值观三个方面进行目标分析。因此，教学设计可以培养教师教学科学思维习惯和能力，提高他们科学地分析问题、解决问题的能力。

教学设计过程中有利于发现教学中的问题，用科学的方法分析问题，设计解决问题的方案，另一方面要不断地实践与反思解决方案，在这个循环过程中教师们的科学思维习惯得以有效的培养，解决教学问题的能力也会逐渐提高。

4. 有利于促使学生高效学习，为学生创设良好的学习策略

教学系统设计需要综合教学过程的各种元素，使用系统设计的建模方法，规划出一套可操作的实现教学设计的步骤和操作方法。教学设计的目标是尽快使学生明确学习目标，要让学生知道学什么、为什么学这些和如何有效地学习，刺激学生学习的主动性和积极性，增强学习的信心，引导学生自觉探究知识，反复练习掌握技能，同时尽量减少不必要的学习负担，提高学习效率和教学效率。

第二节　信息化教学设计

随着信息技术的不断发展，教育领域各个方面正在不断实现信息化。教育信息化是人们运用信息技术，推动教育资源、教育模式等不断信息化的过程。在教育领域，信息技术的应用已经不断将传统的教学模式加以数字化和改进，在信息化环境中，教育者与学习者借助现代教育媒体、教育信息资源和教育技术方法进行教与学活动。其目的是为了提高学习效率和共享教育资源。信息化教学不仅是在传统教学的基础上对教学媒体和手段的改变，而且是以现代信息技术为基础的教学各个环节的一系列改革。

一、信息化教学设计的定义

教育信息化环境下的教学设计，我们将其简称为信息化教学设计，与传统的教学设计不同在于信息化教学设计是由于信息技术的发展引起教学手段与环境的变化，从而引起教学活动的变化。

上海师范大学黎加厚教授提出"信息化教学设计就是运用系统方法，以学为中心，充分利用现代信息技术和信息资源，科学地安排教学过程的各个环节和要素，以实现教学过程的优化"。具体说，信息化教学设计是运用系统方法，促进以学为中心的学习方式的转变，充分地、恰当地利用现代信息技术和信息资源，科学地安排教学过程的各个环节和要素，以实现教学过程的最优化。

二、信息化教学设计的特征

信息化教学设计就是在信息化环境中，教师借助信息化教育媒体、教育资源和教育技术方法进行的教学设计活动。信息化教学设计是以现代教学理念为

指导，以信息技术为支撑，教学设计中的教学活动必须借助信息技术，给教学带来一些信息化工具、技术上的添加。如信息化的教学手段、信息化的教学环境、信息化的教学材料等，在教学设计中的教学各个环节融入信息化技术的手段。

1. 信息化教学设计明确以学生为中心，强调情境、协作学习的重要作用，强调学习环境的设计，强调利用各种信息资源来支持学生的"学"。

2. 在教学过程中，教师由知识的传授者、灌输者转变为学生主动获取信息的帮助者、促进者。学生由外部刺激的被动接受者和知识的灌输对象转变为信息加工的主体、知识意义的主动建构者。因此，信息化教学设计要注重教学过程由讲解说明转变为通过情景创设、问题探究、协商学习、意义建构等以学生为主体的过程。媒体作用也由作为教师讲解的演示工具转变为学生主动学习、协作式探索、意义建构、解决实际问题的认知工具，学生用此来查询资料、搜索信息、进行协作学习和会话交流。

3. 在教学内容方面，信息化教学设计要通过信息技术丰富教学内容，创设教学活动解决教学重点和难点，通过信息技术促使学习形式信息化，能够针对教学内容和教学对象的特点合理运用信息技术与数字资源，满足教育教学需求。

4. 在教学模式方面，信息化教学设计要让课堂教学注重学生的学习过程体验，教师重在引导，应用信息技术构建信息化环境，支持学生的自主探究学习方式，获取与利用信息资源。信息化教学设计是强调以学为中心、促进学习者综合能力的学习模式。

5. 教学评价方面，信息化教学设计要考核学生教学重难点问题的自主探究或协作学习完成特定教学任务，以及课堂互动真实有效、气氛好，切实提高学生学习兴趣，有效促进学生自主学习。

三、信息化教学设计方案

比较图形的面积

一、教学目标

知识与技能：学生能通过方格纸，运用割补法、重叠法、数方格法、拼组法这四种比较图形面积的大小。

过程与方法：学生能通过动手实践，体验图形形状的变化与面积大小的关系，提高学生的空间想象能力。

情感态度与价值观：感受数学来源于生活，运用于生活，激发学生数学学习兴趣。

二、教学过程

情景导入：

今天我们学习的内容是比较图形的面积，同学们，你们在这张图片里观察到了什么？这里有一个花坛，花坛年久失修，现在我们请工人帮我们把花坛翻新。花坛翻新，我们需要先翻新它的草皮，工人们带来了各种各样的草皮，我们一起来看一看这些草皮是什么形状的呢？通过观察，我们发现这几个草皮里有我们以前学过的图形，有长方形、三角形、平行四边形，还有不规则的图形，你能根据这张图片提出数学问题吗？媛媛说，我想知道这些图形的面积是否相等，龙龙说比较长方形的面积，我们可以利用公式算出长方形的面积，面积等于长乘宽，但是其他图形的面积我们又该怎么求呢？今天这节课我们要讲的内容就是，关于如何比较图形面积的大小。

探究新知：

(一) 观察方格里的图形，通过数方格比较图形面积的大小

我们一起来观察，在这个方格图里画了许多的图形，1号图形，2号图形，一直到10号图形，那这些图形的面积有什么关系呢？你是怎么知道的呢？小黄发现了图中方格的大小一样，可以通过数方格发现图1和图3的面积是相等的，是这样的吗？我们一起来看一看。每个方格的面积是一平方厘米，我们先数一数整个的方格，一共有三个。通过平移旋转，我们发现，图中的小三角形它们的面积是相等的，而且还等于半个方格的面积。我们再数半个方格，有三个，其中两个合在一起就是一个方格，那整个三角形的面积就是4.5平方厘米。像这样通过数方格来求出图形的面积，这样的方法我们叫作数方格法。你还能够用数方格的方法找到其他相等的图形吗？

(二) 学生自己观察运用数方格找到其他相等图形

小黄有了新的发现，他通过观察数方格发现图⑦、图⑧、图⑩，都可以用数方格的方法来求出，他们的面积分别是9格（平方厘米）、12格、12格，由此我们得出图⑧和图⑩的面积相等。

(三) 通过观察，结合之前所学有关平移的知识，运用重叠法比较图形面积的大小

除了用数方格的方法，你还可以用什么的方法，在方格里找出面积相等的图形呢？小樱说把图①平移到图③，图②平移到图⑥，它们都两两重合了。是这样的吗？我们一起来看一看吧。我们将图①向右平移到图③的位置，再将图②向下平移，再向右平移到图⑥的位置。因此我们得到图①的面积等于图③的

面积，图②的面积等于图⑥的面积。这又用了什么方法呢？我们用了重叠法，通过将图形平移到另一个图形来比较两个图形面积大小。

（四）通过观察，结合之前所学有关平移、旋转的知识，运用割补法比较图形面积的大小

媛媛：我发现将图⑨通过分割再平移图⑨和图⑩完全重合。我们一起来看看吧！我们将图⑨的右半部分切割下来，再填补到⑨9的左边，发现它变成了一个长方形，再平移到图⑩观察到完全重合，由此得出图⑨和图⑩的面积相等的方法，这又用了什么方法呢？图形分割已补后，面积没有发生改变，这就是数学中出入相补原理。龙龙说的没错，我们运用了出入相补的原理，将图形分割若干部分后，它的面积没有发生改变，只是形状发生了变化。为了方便大家的记忆，我们把这种方法叫作割补法。你们还能用割补的方法找到其他面积相等的图形吗？

（五）教师通过计算机动画技术演示图形平移、旋转、重合的动态过程

我们一起来试一试吧！将图⑧的左边切割出一个三角形，再补到图⑧的右边，变成了一个长方形，再向右平移到图⑩，观察到两个图形完全重合，由此得出图⑧的面积等于图⑩的面积，我们这里同样用到了割补的方法，最后验证出图⑧、图⑨、图⑩的面积都相等。你还能用其他的方法，找出面积相等的图形吗？丫丫说：图②和图⑥合起来与图⑧的面积相等。是这样的吗？我们一起来动手试一试吧。先把图②向下再向右平移，图②绕着红点旋转，最后图②平移、旋转后和图⑥组成了一个平行四边形，向下再向左平移，然后绕着红点旋转，最后发现两个图形重合，我们可以得出图②和图⑥的面积合起来与图⑧的面积相等，如图 2-2-1 至图 2-2-5。

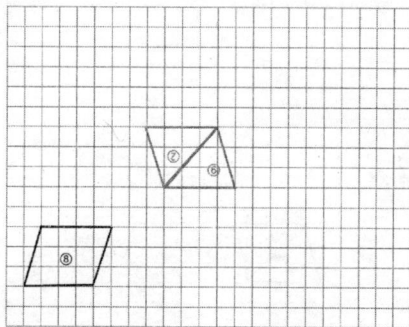

图 2-2-1

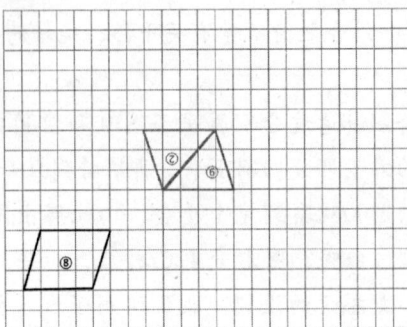

图 2-2-2

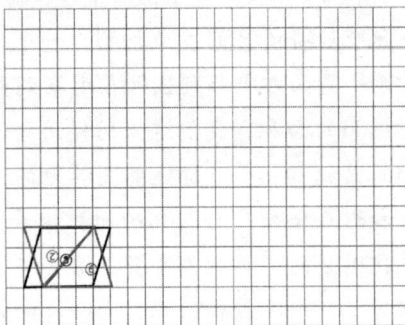

图 2-2-3

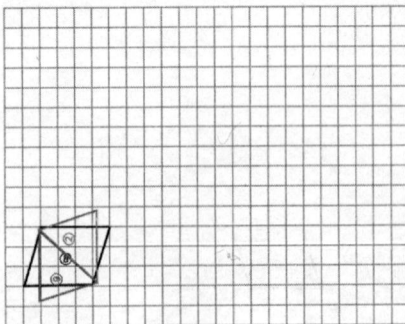

图 2-2-4

小学数学——比较图形的面积

比较面积的大小

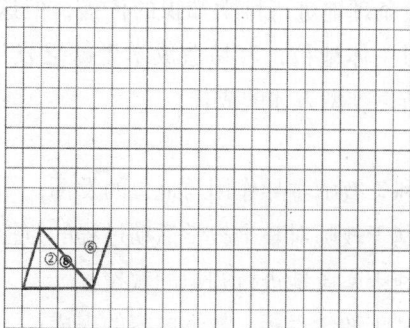

最后组合图形和图⑧完全重合。

图②＋图⑥＝图⑧

图 2-2-5

三、学习总结

这节课我们一起通过观察和动手实践，找出了好几种可以来比较图形大小的方法，我们一起来回顾一下，我们一共用了哪几种方法呢？我们通过将一个图形平移与另一个图形重合，这样的方法我们叫作重叠法；我们还可以用数方格的方法，先数出整个方格的个数，再数出半个方格的个数，合起来就是图形的面积，这是数方格法；我们还可以先观察一个不规则的图形，再切割、移补变成我们已知的图形来比较图形的大小，这样的方法我们叫作割补法；我们还学过拼组法，就是把两个图形拼成一个图形，来比较图形的大小。

四、巩固练习

真金不怕炼火石。下面哪些图形的面积与图①一样大？想一想，我们是不是可以用割补法？

五、布置作业

对于计算方格图中规则图形的面积。我们可以用分割法、数方格法。如果没有方格图，我们该怎样解决一些图形的面积呢？

第三节　教学设计的类型

一、以教为主的教学设计类型

"以教为主"的教学设计主要面向教师的"教"，其主要内容是以教师的"教"为中心，其主要理论依据是奥苏贝尔的"学与教"的理论。以教师的

"教"为中心的教学模式设计，从"教"的角度组织、监控整个教学活动进程，便于系统有条理地进行科学知识的传播，但这种教学设计模式重教轻学，忽视学生的学习主体地位，容易造成学生缺乏发散思维、批判、创新思维的养成，不利于创新思维型人才的成长。

优点：

1. 有利于教师主导作用与地位的发挥；

2. 有利于教师对整个教学活动过程的监控；

3. 有利于系统地进行知识的教授；

4. 有利于教学目标、教学内容的完成；

5. 有利于学生学科知识的学习。

缺点：

1. 重教轻学，忽视学生的自主学习、自主探究的学习积极性。

2. 容易造成学生对教师、教材的权威性迷信。

3. 容易造成学生缺乏发散思维、批判思维等。

二、以学为主的教学设计类型

"以学为主"的教学设计强调学生的主体性，充分调动学生学习的积极性、主动性和创造性，教师的"教"服务于学生的"学"，一切的活动都是为了更好地促进学生的学。以学为主的教学设计主要理论依据是建构主义，其强调以学生的"学"为中心，特别强调学习者的自主建构、自主探究、自主发现，容易培养学习者的自主学习能力和创新精神。以学为主的教学设计注重考核学生自主学习能力、协作学习过程中做出的贡献，以及学习者学习结束之后是否达到意义建构的要求。以学为主的教学设计会在巩固练习环节为学生设计一套可供选择并有针对性的补充学习材料和强化练习，以纠正原有错误或片面认识，最终达到符合要求的意义建构。

优点：

1. 突出了学生的主体地位。强调学生独立自主、创造性地学习，使学生真正成为学习的主人，强调以学生为重心，在学习过程中充分发挥学生的主体性。

2. 突出了学生个性发展。"以学为主"的教学设计，可以充分发挥个人的潜能，将充裕的时间留给学生自主学习与协作学习。注重学生发挥创造力，重视促进学生个性的良好发展。

3. 突出了启发式教学，有利于培养学生思维能力。"以学为主"的教学设计注重培养学生的思维能力，在学习过程中教师向学生不断提出问题，可以把学生引入"思考"的境界。

4. 强调学习情景对意义建构的重要作用。"以学为主"的教学设计注重创设学习情境，使学习者能利用原有认知结构中的有关经验去同化和建构当前学习到的新知识，从而达到自己的学习目标。

5. 强调利用信息化学习资源来支持学习。"以学为主"的教学设计在学习过程中为学习者提供各种学习资源，从而为学生的自主学习和协作式学习活动提供支持。

缺点：

1. 忽视教学目标。以学为主的教学设计，强调学生学习的主体地位，教学目标也是从学生学习角度设计，忽视知识的系统性。

2. 忽视教师指导作用。在以学为主的教学设计中，教师是学习的资源提供者，只是辅助学生完成学习任务，忽视了教师对学生的引导。

3. 忽视师生之间的情感交流。以学为主的教学设计忽视了情感因素在学习过程中的重要作用，只注重学习目标的生成和建构，忽视教师与学生情感的交流。

三、"主导—主体"教学设计类型

"主导—主体"教学设计是介于以教为主和以学为主之间，扬长避短，这种教学设计既注重老师的教，又注重学生的学。"学教并重"教学设计是将以"学"为主和以"教"为主的教学设计，两者结合起来，互相取长补短，优势互补。"学教并重"教学设计是在兼取以教为主的教学系统设计、以学为主教学设计两者优点的基础上提出的，也是奥苏贝尔的"学与教"理论和建构主义的"学与教"理论两者的结合。

优点：

1. 既充分体现教师的主导地位，又充分体现学生的学习主体地位。

2. 既培养了学生的知识技能和创新能力，也培养了学生的情感态度和价值观等方面。

3. 多种教学方法相结合，比如讲授、角色扮演、演示、练习、自主学习、协作学习、讨论等多种教与学方法的综合运用，既考虑了教师的教，也考虑了学生的自主学习。

4. 多种教学组织形式相结合，既有集体授课，又有学习者的个别化学习，以及学习者与学习者之间的小组协作学习等。

缺点：对教学环境、策略，以及教师的教学组织能力等要求较高，需要教师教学能力强，否则可能顾此失彼。

第四节　教学设计的要素

教学设计是在教学实施之前，为实现教学目标而对教学活动的组织和开展进行的设想。教学设计作为一个系统的设计过程，要运用系统方法研究和设计教学系统的各个要素，如教学目标、教学内容、教师、学生、教学策略、教学媒体、教学组织形式等，从而使教学活动更好地进行，提升教学效果，促使学生知识与能力更有效地提升。

● 以"教"为主的教学设计要素主要包括：

1. 教学目标分析。教学目标也称行为目标，是对学习者通过教学以后将能达到何种状态的一种明确的、具体的表述。主要从知识与技能目标、过程与方法目标、情感态度与价值观目标三个方面去阐述。

2. 教学内容分析。主要是指分析有计划安排的，要求学生系统学习的知识、技能和行为经验的总和。

3. 学习者特征分析。学习者特征分析的目的主要是了解学习者的学习情况，包括一般特征分析、学习风格分析和初始能力分析，为后续的教学系统设计步骤提供依据，是教学设计工作中非常必要和重要的环节。

4. 教学策略分析。对完成特定的教学目标而采用的教学活动的程序、方法、形式和媒体等因素的选择与设计，是最能体现教学设计创造性的环节。

5. 教学媒体分析。为了达到预期的教学目标，需要对功能各异的教学媒体进行选择和运用。

6. 教学评价分析。即对教学设计结果的评价。主要有两种形式：形成性评价和总结性评价，一般以形成性评价为主。

● 以"学"为主教学设计要素主要包括：

1. 学习目标分析。首先，分析学习目标时要考虑学习者这一主体，即学习目标不是设计者或教师施加给学习者的，而是从学习者的学习过程中提取出来的；其次，还要尊重学习主题本身的内在逻辑体系。

2. 学习情境创设。为学习者创设一个与学习主题相关的、尽可能真实的学习情境。

3. 学习资源的设计。是指在教学设计时，须详细考虑学生学习这个主题需要查阅哪些信息资料、需要了解哪方面的知识，如何获取以及如何有效地利用这些资源等问题。

4. 学习策略设计。是指为了激发和促进学生有效学习而安排学习过程中各个元素的模式和方法，其核心是要发挥学生学习的主动性、积极性，充分体现学生的学习主体作用。主要包括自主学习策略和协作学习策略。

5. 学习评价设计。评价方式包括小组评价和自我评价。评价的内容主要包括自主学习能力、协作学习中所做出的贡献、是否达到意义建构的要求。

6. 强化练习设计，主要用于进一步巩固或者检测学习者的主自学习。

- "主导—主体"教学设计的要素主要包括：

1. 教学目标分析；

2. 学习者特征分析；

3. 教学情境的创设；

4. 教学媒体的选择与设计；

5. 教学策略的选择与设计；

6. 形成性评价设计。

第五节　教学设计的评价

在教学设计过程中，教学设计的评价标准将有助于达到教学设计的优化。通过教学设计的评价标准，教师对教学设计要达到的标准会有一个明确的认识，这会使教师们主动地将教学设计工作与教学设计预期达到水平进行对比。

在传统形式的教育中，教师的任务是传授知识，控制着学生对信息的访问，其结果必然是以教师为中心的教学。而在信息化教学中，教师不再作为主体的角色，而是通过帮助者和指导者的角色，促使学生完成学习。也就是说，信息化教学设计是以学生为中心的，学生是学习的主体，他们的角色由被动的接受者转变为主动的知识建构者。信息化教学设计要考虑学生在学习过程中发现问题、解决问题，以及建构知识的能力。信息化教学设计评价的重点也放在教学设计如何促使学生进行自主学习与协作学习，以及学生这些能力的发展和提高上，这也是信息化教学设计应该考虑的一个方面。

附：信息化教学设计方案评价量表

信息化教学设计方案评价量表

评价项目	标准1	标准2	标准3
选题（5分）	优（4~5分）	良（2~3分）	一般（1分）
	选题适于信息技术与课程的深层次整合，能激发学生的兴趣	所选课题比较能体现技术的优势，能激发学生的学习兴趣	所选课题不能体现技术的优势
课程概述（5分）	优（4~5分）	良（2~3分）	一般（1分）
	简洁、内容丰富，激发读者进一步阅读的兴趣	对课程进行概述	陈述不力，繁琐
教学目标（15分）	优（4~5分）	良（2~3分）	一般（1分）
	目标陈述明确，学习符合目标学习主题，学习目标针对不同的学习者	对学习目标进行了界定，一些目标符合学习主题，针对不同学习者有一些措施	学习目标不明确或与学习主题相关性不大，不能适应不同学习者的要求
学习者特征分析（5分）	优（4~5分）	良（2~3分）	一般（1分）
	详细列出学生的认知特征、起点水平和情感态度准备情况、信息技术技能等	列出部分学生的特征信息	信息或表不清楚或缺少许多
教学策略选择与活动设计（30分）	优（24~30分）	良（15~23分）	一般（1~14分）
	教学策略既能发挥教师主导作用又能体现学生主体地位，能够成功实现教学目标，符合学习者的特征，活动设计和策略一致，教学活动做到形式和内容的统一，活动要求表述清楚	教学策略既能发挥教师主导作用又能体现学生主体地位，能够较好实现教学目标，符合学习者的特征，活动要求表述清楚	不能很好地体现学生的主体，不能有效落实教学目标或多个目标不能落实，策略和活动不太一致，表述不清楚
资源、工具设计（10分）	优（8~10分）	良（5~7分）	一般（1~4分）
	资源能促进教学，发挥必需的作用，综合多种媒体的优势	技术运用效果较好，部分环节技术的优势并不明显	滥用技术，资源和工具的运用不恰当，不能发挥必需的作用

评价项目	标准1	标准2	标准3
评价（10分）	优（8~10分）	良（5~7分）	一般（1~4分）
	有明确的评价标准，注重形成性评价，提供了评价工具	有比较明确的评价标准，比较注重形成性评价，提供了一些评价工具	评价标准不明确，只注重知识的考核，没有提供评价工具
创新性（10分）	优（8~10分）	良（5~7分）	一般（1~4分）
	教法上有创新，能激发学生的兴趣，既符合学生的年龄特征又有利于学生的学习以及高级思维能力的培养	教法有一定创新性，能激发学生兴趣，既比较符合学生年龄特征又有利于培养学生的能力	教法上一般，重在知识传授，很少关注学生高级思维能力和学习的培养
可实施性（5分）	优（4~5分）	良（2~3分）	一般（1分）
	方案简单可实施，对教学环境和技术的要求不高，可复制性较强	方案比较简单，对其他教师有参考性，但其他教师需要做一些修改才能实施	方案对环境和技术的要求较高，其他教师需要做较大的改动才能实施
规范性（5分）	优（4~分）	良（2~3分）	一般（1分）
	规范，所有环节一致	比较规范，缺少一些设计过程，个别环节上有一些不一致的情况	格式比较随意，没有按照教学设计的流程设计，各环节各自独立，不能体现整体性

来源：何克抗教授主编的《教育技术培训教程》

第六节　微课教学设计

通过微课教学设计，教师可以对微课教学活动的基本过程有个整体的把握，可以根据微课教学的需要和学习者的特点确定合理的教学目标，选择适当的教学内容和策略，采用有效的手段，创设良好的环境，实施可行的评价方案。从这个意义上说，微课教学设计的过程实际上就是微课教学活动的设想，其是教学活动得以顺利进行的基本保证，有利于取得良好的教学效果，也有利于教师养成科学思维习惯，提高发现问题、解决问题的能力。微课教学设计是微课制作重要环节，微课制作者要从教学目标以及学习者的学习特征出发，确定相应的教学内容，考虑如何通过多媒体素材以及信息技术来展示教学内容。微课教学设计一般包括教学导入、讲授新知、归纳总结、巩固练习等环节。

教学导入环节是学习内容的伊始，是微课教学设计的重要环节之一，直接关系着微课教学的效果，它是吸引学习者学习微课视频的关键，必须要能引起学习者的注意力，使学习者迅速以积极地状态投入到接下来的学习活动中。因此，对于微课教学导入环节一定要引起足够重视。微课教学导入环节可以采用多样化的方式进行导入，例如，可以利用故事、谜语、歌曲、图片、音频、视频、动画等提出交互性的问题，引起学习者进行教学内容学习的兴趣与思考。比如在小学数学微课教学视频的导入环节，通过创设图文并茂，美观逼真，形象直观地展现与教学内容有关的背景知识、活动氛围、现实情境等，这样可以调动学习者的多种感官接受信息。例如，在"列车过桥"微课，可以利用信息技术模拟人与车的运动，从而形象地感受和理解路程与速度的关系。

讲授新知是微课教学中最为核心的一个环节，该环节教学活动主要由教师就某个知识点或某个问题引导学习者，教师通过有效的教学策略去启发学习者的思维，并且教师的讲解要很好地针对教学重点与难点去提升学习者的学习能力，简洁明了地从根本上解决学习者存在的学习问题。在微课教学设计时，不仅教学导入要简洁明了，重难点的设计也要简单清晰，让学习者通过10分钟左右的微课学习掌握某方面的知识点。为了进一步提高学习者的教学活动参与性和注意力，教师要创设情境，向学习者呈现新知，讲授新知识的时候一般都选择那些通俗易懂的方式，要结合具体情况来决定。

总结归纳是微课的重要内容，一个微课知识讲完之后要及时进行总结归纳，让学习者了解这一知识点的重点与难点，然后进行重点练习，总结归纳是教学的最后一个环节，一般是不可或缺的。

巩固练习也是在微课教学设计需要考虑的一个方面，微课教学通过巩固练习使学习者进行学习内容的巩固。微课教学设计要依据学习需要设置难易程度不同的课堂练习，为的是将学习者所学知识得到很好的巩固和提升。微课巩固练习环节可以通过提问或者拓展练习题的形式，从而达到巩固练习目的。

附：《列车过桥问题》微课教学设计

《列车过桥问题》教学设计方案

一、教学目标

（一）知识与技能：掌握列车行驶的路程＝桥长＋车长

（二）过程与方法：通过图形结合演示，提高解决问题的能力。

（三）情感态度与价值观：感受数学来源生活，发现数学的美，爱上数学。

二、教学过程

（一）导入

今天给大家分享的是列车过桥问题。以前我们学过行程问题都知道速度×时间＝路程、路程÷时间＝速度、路程÷速度＝时间。在以前的行程问题中移动的物体无论是人还是汽车，我们都把它们看成一个点，它们的大小已被忽略，从开始点到结束点就是他们走过的路程。像火车这样具有明显长度的物体，能忽略本身的长度吗？显然不能忽略，火车前进一段距离，要量出它所行驶的路程，如果随便从火车开始的地方量到结束的地方，由于火车本身有长度量出得到距离是不确定的，可以一会儿长，一会儿短。我们可以找一个固定点，量这个点移动的距离就能准确量出火车行驶的距离。比如我们可以量火车头移动前后之间的距离，量火车尾移动前后之间的距离，都是火车移动的距离。

（二）探究新知

一辆身长 400 米的列车，以每秒 20 米的速度通过长 1200 米的大桥，则火车从上桥到离开需要多少秒？

1. 审题

通过审题，我们知道火车身长 400 米，火车的速度是 20 米每秒，最后要求的是列车通过桥的时间。

2. 找等量关系

大家能想到什么等量关系呢？路程÷速度＝时间

3. 学生自主计算

燕燕：1200÷20＝60（秒）

圆圆：1200＋400＝1600（米）

1600÷20＝80（秒）

芳芳：（1200＋400）÷20

＝1600÷20

＝80（秒）

4. 分析例题

通过演示火车过桥的过程，理解火车行驶的路程是桥长+车长，即1200+400=1600（米），火车行驶的路程不是1200米。

5. 得出最后结果

答：火车从上桥到离开桥需要80秒。

6. 鼓励教育

无论是否回答正确，能展示自己的想法就非常勇敢，把掌声送给他们。鼓励学生乐于分享自己的想法树立自信。

三、学习迁移

一列火车长200米，以每秒8米的速度通过一条隧道，从车头进洞到车尾离洞，一共用了40秒。这条隧道长多少米？

8×40=320（米）   8×40−200

320−200=120（米） =320−200

         =120（米）

答：这条隧道长120米。

四、课堂小结

路程÷速度=时间

今天我们学习了列车过桥问题，解题的关键要找到列车行驶的路程，即桥长+车长。列车路程除以列车的速度，最后得到列车过桥的时间。列车过桥问题就分享到此。

第三章　微课与多媒体课件

【章节学习目标】

1. 了解多媒体课件的定义；
2. 了解多媒体课件的类型；
3. 了解多媒体课件的制作工具；
4. 掌握多媒体课件的设计与开发理论；
5. 掌握微课课件制作的注意事项。

第一节　多媒体课件的定义

媒体是英文"media"的音译，指传播信息的载体，即在信息传播过程中从传播者到接收者之间传递信息的一切形式的物质工具和介质。"多媒体"是英文"multimedia"的音译，其定义通常是指多种媒体的组合，也就是文本、图形、图像、声音、动画、视频等各种信息类型的组合，是集文字、图形与图像、声音、动画、视频为一体的综合媒体信息。

随着计算机信息技术的发展，计算机已经能够对文本、图形、图像、声音、动画、视频等多种信息表现形态进行呈现、传输、加工和处理。多媒体课件本质上是一种计算机软件，它的制作是利用计算机综合处理多种媒体信息，使多种信息建立逻辑连接，集成为一个具有交互性的系统。多媒体课件在教学中的使用，改善了教学媒体的表现力和交互性、促进了课堂教学内容、教学方法、教学过程的全面优化，提高了教学效果。

多媒体课件在教学中的应用越来越广泛。我们一般将多媒体课件定义为：多媒体课件是在现代学习理论指导下，根据教学目标的要求，表现特定教学内容并反映一定的教学策略的多媒体计算机教学程序。多媒体课件图文声像共存，优化了学习环境；友好的交互环境，调动了学生参与的积极性；丰富的信息资

27

源，扩大了学生的知识面；文本的组织结构，提供了多种学习路径。"多媒体课件"简单来说就是老师用来辅助教学的工具，创作人员根据自己的设想，先从总体上对信息进行分类组织，然后把文字、图形、图像、声音、动画、视频等多种媒体素材进行集成，使他们融为一体并赋予它们以交互特性，从而制作出各种精彩纷呈的多媒体应用软件产品。

多媒体课件一般具备以下特点：

1. 丰富的表现力。多媒体课件不仅可以更加自然、逼真地表现多姿多彩的视觉与听觉效果；还可以对宏观和微观事物进行模拟，对抽象、无形事物进行生动、直观的表现；对复杂过程进行简化再现等。这样，就使教学活动充满了魅力。

2. 良好的交互性。多媒体课件不仅可以在内容的学习使用上提供良好的交互控制，而且可以运用适当的教学策略指导学生学习，更好地体现出"因材施教的个别化数学。

3. 极大的共享性。网络技术的发展，多媒体信息的网络传输，使得教育在全世界交换、共享成为可能。以网络为载体的多媒体课件提供了教学资源的共享。

第二节　多媒体课件的类型

一、根据运行环境分类

根据运行环境通常可分为单机版和网络版两类。单机版课件主要是指只能在单独一台电脑或者平板等设备运行、其他电脑或者平板等设备不能通过互联网访问的课件。它通常是以 PPT 或 Flash 等多媒体软件制作而成的。网络版课件通常是指以网页形式存在、能在网上运行的，多台电脑或者平板等设备可以通过互联网同时访问的课件。

二、根据使用对象分类

根据使用对象分类可分为助学型、助教型和教学结合型三种。

三、根据制作软件分类

PPT 型／WPS 演示型／Flash 型／Dreamweaver 型／FOCUSKY 演示型等。

四、根据多媒体课件教学功能分类

根据多媒体课件的教学功能可分为课堂演示型、自主学习型、实验型、训练练习型、教学游戏型和资料工具型。

（一）课堂演示型（助教型）

课堂演示型这种类型的多媒体教学软件是为了解决某一学科的教学重点与教学难点而开发的，它注重对学习者的启发、提示，反映问题解决的全过程，主要用于课堂演示教学。所以也被称为助教型多媒体课件。这种类型的教学软件要求画面要直观，尺寸比例较大，有利于学习者理解记忆，或引起学习者兴趣由被动学习改变为主动学习。

（二）自主学习型（助学型）

自主学习型这种类型的多媒体教学软件具有完整的知识结构，能反映一定的教学过程和教学策略，提供相应的形成性练习供学生进行学习评价，并设计许多友好的界面让学习者进行人机交互活动。利用个别化系统交互学习型多媒体教学软件，学生可以在个别化的教学环境下进行自主学习。所以，也被称助学型多媒体课件。

（三）训练练习型

训练练习型这种类型的多媒体教学软件主要是通过问题的形式用于训练、强化学生某方面的知识和能力。这种类型的教学软件在设计时要保证具有一定比例的知识点覆盖率，以便全面地训练和考核学生的能力水平。另外，考核目标要分为不同等级，逐级上升，根据每级目标设计题目的难易程度。

（四）实验型

实验型这种类型的多媒体课件可以将真实的实验场景拍摄成教学视频供学习者学习，也可以借助计算机仿真技术，提供可更改参数的指标项，当学生输入不同的参数时，能随时真实模拟对象的状态和特征，供学生进行模拟实验或探究发现学习使用。

（五）教学游戏型

教学游戏型这种类型的多媒体教学软件与一般的游戏软件不同，它是基于学科的知识内容，寓教于乐，通过游戏的形式，教会学生掌握学科的知识和能力，并引发学生对学习的兴趣。对这种类型软件的设计，特别要求趣味性强、游戏规则简单。

（六）资料工具型

资料工具型多媒体课件一般是功能强大且信息量多的教学软件，包括各种电子工具书、电子字典以及各类图形库、动画库、声音库等，这种类型的教学软件只提供某种教学功能或某类教学资料，并不反映具体的教学过程。这种类型的多媒体教学软件可供学习者在课外进行资料查阅使用，也可根据教学需要事先选定有关片段，配合教师讲解，在课堂上进行辅助教学。

第三节　多媒体课件制作工具

一、PowerPoint

Microsoft Office PowerPoint 是微软公司推出的一款演示文稿制作软件，文稿制作完成之后，用户可以在投影仪或者计算机上进行演示，也可以将演示文稿打印出来。PowerPoint 在幻灯片制作和演示方面功能强大，制作和使用起来简单方便。通过 PowerPoint 可以制作出图文并茂、色彩丰富、生动形象并且具有极强的表现力和感染力的宣传文稿、演讲文稿、幻灯片和投影胶片等，也可以制作出动态的画面投影到银幕上以产生动画影片的效果，或者制作流程图或规划图等应用于学术报告、会议等场所。它的优点是功能简单方便，不用多学，容易上手，制作的课件可以在安装有 Microsoft Office PowerPoint 软件计算机上播放，或者把 PPT 演示文稿打包转换成其他格式播放。利用 Microsoft Office Power-Point 不仅可以创建演示文稿，还可以在互联网上召开面对面会议、远程会议或在网上给观众展示演示文稿。Microsoft Office PowerPoint 文件其格式后缀名为：ppt、pptx，也可以保存为：pot、potx、pdf、图片格式等。2010 版本及以上版本的演示文稿可以导出为视频格式。目前普遍使用的版本是 PowerPoint 2010，最新的版本则是 PowerPoint 2016，若要使用低版本的软件打开高版本软件制作的演示稿文件，则需要下载相应的兼容包。PowerPoint 的主要特点：

1. 强大的制作功能。文字编辑功能强、段落格式丰富、文件格式多样、绘图手段齐全以及色彩表现力强等。

2. 通用性强，易学易用。PowerPoint 是在 Windows 操作系统下运行的专门用于制作演示文稿的软件，其界面与 Windows 界面相似，与 Word 和 Excel 的使用方法大部分相同，提供有多种幻灯版面布局，多种模板及详细的帮助系统。

3. 强大的多媒体展示功能。PowerPoint 演示的内容可以是文本、图形、图表、图片或有声图像，并具有较好的交互功能和演示效果。

4. 较好的 Web 支持功能。利用工具的超级链接功能，可指向任何一个新对象，也可发送到互联网上。

5. 一定的程序设计功能。提供了 VBA 功能（包含 VB 编辑器 VBE）可以融合 VB 进行开发。

6. 演示文稿中的每一页就叫幻灯片，每页幻灯片都是演示文稿中既相互独立又相互联系的内容。

二、Flash

Flash 是 Macromedia 公司出品，2007 年被 Adobe 公司收购的二维动画软件，Flash 动画文件的优点是体积小，插入在网页中可以边下载边播放，这样就避免了用户长时间的等待。Flash 内置 ActionScript 3.0 脚本语言，可以制作出互动性很强的动画文件来。Flash 动画的特性：

1. Flash 被应用于互联网网页的矢量动画设计与制作。矢量图形可以任意缩放尺寸而不影响图形的质量，并且文件小，流式播放技术可以使 Flash 动画边播放边下载，减少了文件加载的时间。

2. Flash 是一款优秀的矢量绘图与制作软件，强大的动画编辑功能使得开发者可以设计出高品质的动画，其开发的动画文件与当今流行的网页设计工具 Dreamweaver 配合，可以直接嵌入网页中。

3. 使用 Flash 软件创作出的动画影片文件格式为 Swf，目前大多数网络浏览器都内建 Flash 播放器（Flash Player）。

4. Flash 软件也可以把创作出的动画影片文件输出为 exe 等多种格式的文件，在没有安装 Flash 播放器的电脑上也可以打开浏览。

目前常见的多媒体课件制作工具除了 Microsoft Office PowerPoint、Adobe Flash，还有 Adobe Dreamweaver 网页开发工具，简称"DW"，是美国 Macromedia 公司开发的集网页制作和管理网站于一身的网页设计和开发工具，它可以帮助用户快速创建和编辑各种类型的网页，也可以利用它轻而易举地制作出以网页形式存在、能在网上浏览的，并以多媒体超链接的结构制作的教学软件，以网页形式组织图片、文字、音频视频、动画等多媒体素材来完成制作并运行在网络环境下的课件。除了网络课件，目前还有万彩动画大师、FOCUSKY、易企秀等很多课件集成创作软件工具，可以制作出美观实用的课件，并能发布成视频，本书会在第六章第五节继续介绍。

第四节 多媒体课件的设计

多媒体课件的设计包括多媒体课件的教学设计和多媒体课件的结构设计两方面。

一、多媒体课件的教学设计

教学设计是教学思想最直接和具体的体现，最能体现教学理念的部分。在多媒体课件设计与开发过程中，多媒体课件的教学设计就是运用系统的观点和方法，在分析教学内容和教学对象的基础上，围绕教学目标要求，合理选择和设计教学媒体，采用适当的教学模式和教学策略进行课件设计与制作的过程。

二、多媒体课件的结构设计

课件结构是课件中各教学信息存在的逻辑关系以及知识信息的呈现顺序与方式。课件制作者可以根据教学的需要，将课件结构设计成各种各样的形式，根据教与学的需要来组织教学信息内容的呈现顺序以及教学信息的控制等。

多媒体课件一般具有以下结构：封面、目录、内容、封底。

1. 封面。它是多媒体课件第一页的图形界面。要求美观能给学习者留下深刻的第一印象。一般要呈现多媒体课件的题目名称、制作者等信息。

2. 目录。课件目录用于罗列知识逻辑关系，一般课件目录可以进行交互，能进行课件知识的运行与控制跳转。

3. 内容。它是课件要完成的主要学习内容，包括课件各个页面的内容、结构和呈现方式等。

4. 封底。即课件的结束页，一般包括再见语、制作者等信息。

第五节 多媒体课件的开发

多媒体课件的开发是利用计算机综合处理文本、图形、图像、声音、动画、视频等多种媒体信息，通过利用硬件与软件设备，以及科学合理的软件设计与制作，形成具有良好交互性的多媒体计算机辅助教学软件。多媒体课件开发主要包括前期分析、选题、多媒体课件设计、脚本的编写、多媒体素材准备、多媒体课件集成和多媒体课件的使用与评价等步骤。

一、多媒体课件的开发原则

（一）教育性原则

1. 多媒体课件开发要运用教学设计的原理和方法对教学内容、教学过程进行教学设计。

2. 多媒体课件的知识呈现过程、呈现形式等要符合学习者的心理特征、认知结构。

3. 要突出启发性教学，课件要有利于学生自主学习，能够促进学生智力的发展和能力的提高。

（二）科学性原则

1. 学科的概念、原理、过程、结果等教学内容的科学性，学科知识要准确无误。

2. 课件的知识呈现与教学过程要符合人们对事物的认识过程，要由感性到理性，由简到繁、由易到难，循序渐进。

3. 课件内容结构要系统完整，内容安排要层次分明，合乎逻辑。

（三）技术性原则

1. 课件要有好的视觉效果。视觉处理技术：图文搭配、色彩搭配等处理技术。

2. 课件要有好的听觉效果。听觉处理技术：讲解清晰悦耳、无杂音等。

3. 课件运行及控制技术：程序运行稳定，以及人性化良好的交互控制。

（四）艺术性原则

1. 课件画面要符合美学原理。

2. 多媒体素材要精美。

二、多媒体课件的开发步骤

（一）多媒体课件前期分析

课件开发的前期分析主要包括课件使用对象分析、学习者的一般特点、已有的基础与能力以及开发成本估算等。

（二）多媒体课件选题

多媒体课件选题是整个课件开发的第一步，确定一个好的选题是至关重要的。选题要能充分发挥多媒体技术优势，并是学习者在学习过程中不易理解的知识点；选题要围绕教学的重点和难点内容，该选题内容是学习者需要进一步学习的知识。

（三）多媒体课件设计

多媒体课件设计包括多媒体课件教学设计和多媒体课件的结构设计两方面。

1. 多媒体课件教学设计

教学设计是课件制作中的重要环节，课件制作者应根据教学目标和教学内容，以及学习者的特点，分析教学问题和需求，合理地选择和组织教学策略和教学资源。

2. 多媒体课件结构设计

多媒体课件结构设计主要包括课件页面图文元素设计以及页面交互导航设计等内容。

（四）课件脚本编写

多媒体课件的脚本编写包括文字脚本和制作脚本两种形式，多媒体课件设计结束之后，先进行文字脚本编写，然后根据文字脚本，并结合计算机的编程技术把文字脚本改写成软件制作脚本即制作脚本。如果是非常小型的多媒体课件，比如微课课件，这一环节一般在制作者脑海中构想。

1. 文字脚本

文字脚本是按照课件制作内容的先后顺序，规划课件制作过程中知识内容的组织结构，并对课件的总体框架有一个明确清晰的把握。

2. 制作脚本

制作脚本主要是指用制作软件所注释与展示的课件制作信息。

（五）多媒体素材准备

多媒体素材是多媒体课件制作中用到的各种听觉和视觉的材料，主要包括文本、图像、视频、声音和动画等。多媒体素材的获得可以从各种多媒体素材库中获得，也通过网络检索、购买等，也可以自己拍摄、扫描仪采集图像，或者利用软件制作等。

（六）多媒体课件集成

多媒体课件集成就是利用多媒体创作工具对各种素材进行编辑，这一般是使用多媒体课件制作的工具软件，比较常用的有 PowerPoint，这类软件避免了程序的编写，用所见即所得的方式编辑多媒体素材，非计算机专业人员也能独立制作多媒体课件，开发效率较高。

（七）多媒体课件的使用与评价

多媒体课件制作完成后，经过修改无误，就可以在教学中投入使用，在实际教学中使用课件后，可能会发现一些不足，因此，需要根据教学应用中的反馈信息，不断地对课件进行修改与完善，使之更加适合教学的需求，随后可以分享与推广。

三、多媒体课件的评价标准

多媒体课件的评价分为正式评价和非正式评价两类。正式评价是由有关部门组织专业人员，经过严格的程序对课件进行全面而科学的评价，评价结果具有较高的权威性。非正式评价是由个别制作人员和相关人员对课件进行的评价。

多媒体课件评价可以在制作完成之后马上进行，也可以在多媒体课件投入实际教学使用后进行，这样可以根据多媒体课件的实际使用效果进行评价，之后再修改，这样更加具有实效性。

附：全国多媒体课件大赛评审标准

全国多媒体课件大赛评分标准（单机版课件）

一级指标（分值）	二级指标（分值）	三级指标（分值）	指标说明	评分范围		入选系数
				二级指标	一级指标	
教学内容（30）	科学性规范性（10）	科学性（5）	教学内容正确，无科学错误，无错误导向（0~5）	0~10	0~30	C1
		规范性（5）	文字、符号、单位和公式符合国家标准，符合出版规范（0~5）			
	知识体系（10）	知识覆盖（5）	知识内容在所界定的范围内完整，知识体系结构在制作量要求范围内完整（0~5）	0~10		
		逻辑结构（5）	逻辑结构清晰，层次性强，具有内聚性（0~5）			
	资源应用（10）	资源形式（5）	有和教学内容配合的各种资料、学习辅助材料（0~5）	0~10		
		资源引用（5）	采用规范化的引用标注，说明资源来源，无侵权行为（0~5）			

续表

一级指标 （分值）	二级指标 （分值）	三级指标 （分值）	指标说明	评分范围		入选 系数
				二级 指标	一级 指标	
教学设计 （25）	目标组织 （8）	目标设计 （4）	教学目标清晰、定位准确、表述规范，适应于相应认知水平的学生（0~4）	0~8	0~25	C2
		内容设计 （4）	重点、难点突出，启发引导性强，符合认知规律，有利于激发学生主动学习（0~4）			
	学习设计 （17）	教学交互 （4）	较好的人机交互（0~4）	0~17		
		习题实践 （4）	多种形式的题型、题量丰富；模拟实践环境，注重能力培养（0~4）			
		学习评价 （4）	有对习题的评判或学生自学习效果的评价（0~4）			
		活动设计 （5）	根据学习内容设计研究性或探究性实践问题，培养学生创新精神与实践能力（0~5）			
技术性 （25）	运行状况 （10）	运行环境 （5）	没有"死机"现象，没有导航、链接错误，容错性好，尽可能兼容各种运行平台（0~5）	0~10	0~25	C3
		操作情况 （5）	操作方便、灵活，交互性强，启动时间、链接转换时间短（0~5）			
	设计效果 （15）	软件使用 （5）	采用了和教学内容及设计相适应的软件，或自设计了适合于课件制作的软件，避免非必要的插件使用（0~5）	0~15		
		设计水平 （5）	设计工作量大，软件应用有较高的技术水准，用户环境友好，使用可靠、安全，素材资源符合网络使用的技术规范（0~5）			
		媒体应用 （5）	合理使用多媒体技术，技术表现符合多媒体认知的基本原理（0~5）			

一级指标 （分值）	二级指标 （分值）	三级指标 （分值）	指标说明	评分范围		入选 系数
				二级 指标	一级 指标	
艺术性 （20）	界面设计 （10）	界面效果 （5）	界面布局合理、新颖、活泼、有创意，整体风格统一，导航清晰简捷（0~5）	0~10	0~20	C4
		美工效果 （5）	色彩搭配协调，视觉效果好，符合视觉心理（0~5）			
	媒体效果 （10）	媒体选择 （5）	文字、图片、声音、视频、动画切合教学主题，和谐协调，配合适当（0~5）	0~10		
		媒体设计 （5）	各种媒体制作精细，吸引力强，激发学习兴趣（0~5）			
加分 （20）	应用效果（10）		已经得到广泛应用，取得了良好的应用效果，有较大推广价值（0~10）	0~10	0~20	
	创新创意（10）		设计独到、创意新颖（0~10）	0~10		

说明：评分标准文字后面括号中的数字表示三级指标的评分范围；加分不计入总分，仅供单项奖评比用。

第六节　微课课件的制作

微课短小精悍，注重内容精准，能解决学习者某一方面的知识困惑。微课的制作方式多样，并且每一种制作方式都有它的特点，因此，可以根据实际情况与需求来选取合适的方式进行制作。

微课以教学视频为主要呈现方式，有些微课不需要制作微课课件，直接制作微课视频。有些微课需要制作微课课件，然后对微课课件进行录屏生成视频。如果通过录屏方式获得视频，那么一个好的微课视频，就需要有好的微课课件，因此，微课课件在微课制作过程中具有非常重要的地位。微课课件的制作对于微课的效果与质量起着关键的作用，其制作首先要进行教学设计，准备好课件制作需要的多媒体素材，然后可以选择某个软件或者多个软件工具一起结合制作。

　　微课课件可以说是多媒体课件，二者的制作工具基本相同，硬件方面需要计算机、扫描仪等，软件方面需要 PowerPoint、WPS 演示文稿、万彩动画大师、FOCUSKY、Flash、PS、几何画板等。但是微课课件与多媒体课件又存在不同，微课课件是教师录制微课视频的一种辅助课件，因此，微课课件是一种教学型多媒体课件，而不是学习型多媒体课件，基本上不适合自主学习，很多知识内容要通过教师的现场讲解与表达才能传达给学习者。

02

技 能 篇

第四章　多媒体素材的收集与处理

【章节学习目标】

1. 掌握多媒体素材的收集方法；
2. 掌握文档处理基本知识与技能；
3. 了解搜索引擎的主要作用及工作过程；
4. 掌握搜索引擎常用方法与站点；
5. 掌握 Photoshop 图片处理基本知识与技能；
6. 掌握 Flash 动画制作基本知识与技能。

第一节　文字素材的收集与处理

一、文字素材的收集

在教育教学过程中文字是非常重要的媒介，在使用计算机进行教学时需要处理大量的文字素材，这些文字素材的存在形式主要是 Word 文档、网页文件、PDF 文档、PPT 演示文稿课件等。数字化形态的文字素材获取途径主要有：

（一）使用已经是文档形式的文字素材

使用已经是文档形式的文字素材主要是指对已经是 WPS 等电子文档形式的文字素材进行复制获取。

（二）从网络上下载文字素材

利用网络下载教学需要的文字素材是最常用的一种方法。一般来说，主要是利用常用的搜索引擎来查找并下载所需文字素材。

以百度中文搜索引擎为例：

步骤 1：首先确保电脑安装浏览器，通过浏览器打开搜索引擎网站。经常用到的浏览器就是 Windows 系统自带的 Internet Explorer 浏览器，简称 IE 浏览器，也可以安装其他的浏览器，比如360浏览器、微软官方的Edge浏览器、谷歌浏览器、火狐浏览器等。本实例使用的是360安全浏览器，启动浏览器之后，在地址栏输入百度引擎网站网址 www.baidu.com，打开百度中文搜索引擎网站，如图4-1-1。

图 4-1-1

步骤2：检索类型"新闻、网页、图片、视频"中选择需要检索的资源类型，默认检索类型是"网页"。输入需要检索的关键词：如"春晓"，单击"百度一下"按钮，则百度中文搜索引擎就会快速地进行搜索，把含有关键词"春晓"的网页、图片、视频等摘要信息显示出来，如图4-1-2。

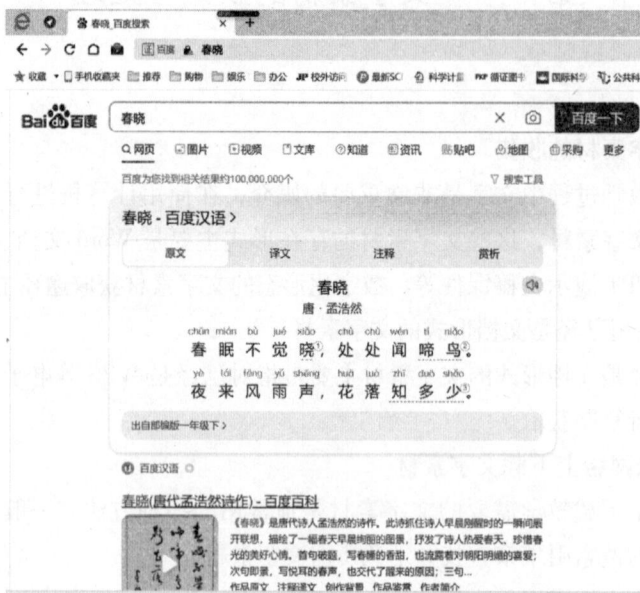

图 4-1-2

步骤 3：在网页屏幕底下显示出与关键词"春晓"接近的关键词条目。如果需要春晓儿歌，可以点击春晓儿歌超链接，如图 4-1-3。

图 4-1-3

步骤 4：如果需要春晓教案，下方又没有春晓教案超链接，可以重新在检索输入框内输入需要检索的关键词"春晓教案"，单击"百度一下"按钮，则百度中文搜索引擎就会快速地把含有关键词"春晓教案"的网页、图片、视频等摘要信息显示出来，如图 4-1-4。

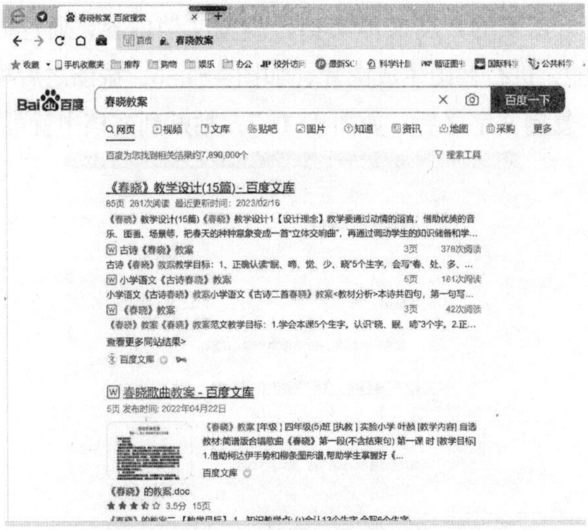

图 4-1-4

步骤5：根据显示的摘要信息，选择需要的网页。目前，百度中文搜索引擎检索出来的文字素材主要存储形态表现在百度文库、豆丁文档、道客巴巴文档、教学网站网页等形式。如图4-1-5是百度文库链接点击打开的页面。

图 4-1-5

不同文字素材文件的获取方法不一样，这里不一一阐述，仅仅以百度文库的 Word 文档的文字素材获取为例。

方法一：注册百度文库帐号，可以包月、包季或者按年缴费支付成为会员，就可以下载想要的文档，下载到本地电脑硬盘就可以启动 Word 程序，打开下载的 Word 文档，复制获取里面的文字。

方法二：打开需要的百度文库文档，浏览文档内容，通过截图软件，比如QQ 软件截图功能，进行截图生成图片，如图4-1-6，截图之后再使用"提取图中文字"按钮，复制文字之后，如图4-1-7，粘贴到文档中就可以了。

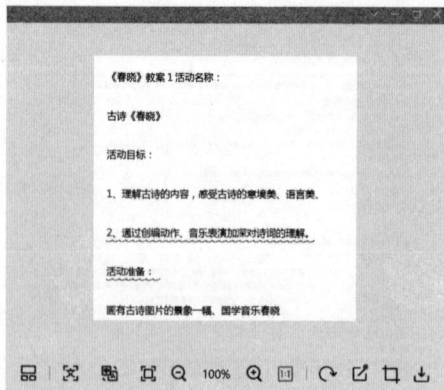

图 4-1-6

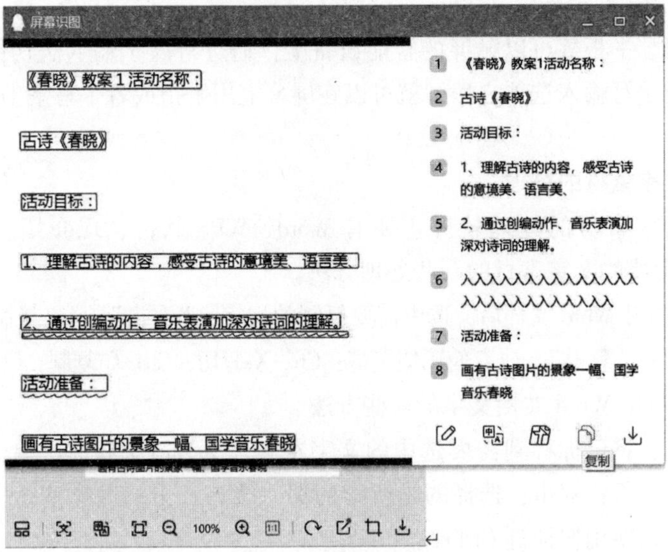

图 4-1-7

　　为了检索到更多的信息，我们还可以在多个搜索引擎中进行检索，除了百度中文搜索引擎，还有谷歌搜索引擎、搜狗搜索引擎、360 搜索引擎，Microsoft Bing 搜索引擎等。Microsoft Bing 搜索引擎，既有中文国内版，也可以切换英文国际版，在搜索质量上具有很强的优势。

　　（三）手工输入待编辑的文字素材

　　如果有手写和印刷形式的文字素材，可以使用计算机中全拼，微软拼音、智能 ABC、紫光输入法、王码五笔、陈桥五笔等各种输入法来输入文字素材。

　　（四）采用 OCR 文字识别技术将图像文字转换为文本文字

　　OCR 文字识别技术，能够识别印刷体和图片格式的文字。OCR 是 Optical Character Recognition（光学字符识别）的简称。这项技术最早起源于 1920 年，那时全球第一项 OCR 专利技术是在德国发行的。现在这项技术主要应用于将数字化图片中的文字提取成数字化形态的文字。如果你把图片里的文字扫描出来，或者把文档里面的文字扫描出来使用并编辑的话，那么这项技术就少不了。

　　（五）采用语音录入技术输入文字素材

　　语音录入是通过麦克风输入中文的一种程序。通过对着话筒说出需要输入的字符，这种程度就会自动判断并且帮助输入汉字，对于普通话标准然而打字速度不快的人挺实用。目前也有很多音频转文字的程序，可以安装在手机、平板等智能设备，从而通过语音录入数字化形态的文字。

（六）用手写笔输入文字

在手机、平板等可以触屏的智能设备上，通过将汉字输入法切换为手写输入法，点击手写输入选项之后，就可以在屏幕上用手指或者手写笔书写汉字。

二、文字素材的处理

目前文字素材的处理软件主要有 Word、WPS 软件，现介绍一下已经是 Word 文档形式的文字素材的一些处理方法。

（一）打开 Word 文档后，选中需要复制的文字，"右击"—"复制"，在光标处"右击"—"粘贴"。或者使用快捷键：Ctrl+X 剪切，Ctrl+C 复制，Ctrl+V 粘贴。

（二）选中 Word 文档文字的一些方法

方法一：将鼠标移到需要选中的文字左侧，变为箭头状时，单击：选择的是所指的那一行；双击：选择的是所指的那一段；三击：选择整篇文档的所有内容。也可以使用快捷键 Ctrl+A。

方法二：将鼠标移到需要选中的文字左侧，变为光标状时，按住鼠标左键拖动鼠标，直到所有需要的文字被选中，再"右击"—"复制"。

方法三：光标定位到需要选择的文字左侧，拖动垂直滚动条直至看到要选文字的结尾，按住 Shift 键单击结尾处，也可以选定所需的文字。

（三）表格中的文字转换成没有表格的文字素材处理办法

选中表格执行"复制"—"粘贴"到 Word 文档中，刚粘贴过来的时候，在粘贴内容的右下角会有一个图标，单击那个图标处的下拉三角，选择"仅保留文本"。

（四）如何输入带拼音的文字

在 Word 文档中输入需要带拼音的文字，如"中小学微课设计与制作"，选中文字，依次点击菜单项【开始】—"拼音指南"（文字带拼音的图标），这时可以看到如下带拼音的文字。

zhōng xiǎo xué wēi kè shè jì yǔ zhì zuò
中小学微课设计与制作

第二节　图片素材的收集与处理

一、图片素材的收集

图片包括图形和图像。图形又称为矢量图，是由线条、颜色、位置和形状等内容构成的，计算机可以将它们转换成一系列绘图指令，以文件形式存储，形成矢量图。矢量图可以随意改变大小，不会失真；矢量图所占空间较小，易于存储和网络传输。网络上流行的 Flash 动画也是采用了矢量图形。矢量图的文件格式有 dwg、wmf、cdr 和 svg 等。图像是除矢量图以外还有一种由许多点组成的点阵图，称为位图，构成位图的点称为像素。位图图像的色彩显示自然、柔和、逼真。但是放大或缩小的过程中容易产生失真，并且随着图像精度提高或者随着尺寸增大，所占存储空间也会增大。图像是我们生活学习中经常接触与使用的图片，常用的格式主要有 bmp、jpg、gif 和 png 等。

图片是课件制作不可缺少的素材，在课件中插入图片可以在感观上抓住学习者的注意力，它能使抽象的语言符号变得具体而实在，能使教学内容更加直观地、生动形象地呈现在学习者面前。因此我们在课件制作之前，一般需要收集好图片素材，图形图像素材的获取途径主要有：

（一）网络下载

利用网络搜索引擎来获取所需图片，一般来说只需输入搜索对象图片的主题名称就可以。如输入"2022 年二十大"，即可查找到与 2022 年二十大相关的图片。

（二）用数码相机拍摄获取

利用数码照相机可以直接拍摄数字化图像素材。通过数码照相机获取的数字图像通常放在相机存储卡内，再通过数据线将其输入到计算机中使用。数码相机已经基本上可以取代普通胶片式相机，而且数码相机具有普通胶片相机所没有的优点：即拍即现，后期投入成本较低，冲印方便。

（三）用扫描仪将普通图像转化为数字化格式

我们可以利用扫描仪将照片、杂志彩页等素材转成数字图像。将要扫描的内容放在扫描仪内，扫描仪会提供光源照亮图片，通过光线和镜头将图片进行成像曝光处理，不同的光线会得到不同的处理，并以数字的方式重新组合后输送到计算机中存储和显示，这样，普通的照片或图片就会转化为数字图像了。通常扫描仪带有扫描驱动程序和应用软件，我们可以在扫描软件界面对扫描内容进行设置。

（四）抓图截图软件

1. Windows 系统自带的截图功能，通过 PrintScreen 键可以截取图片。仅仅用键盘上的 PrintScreen 截图；利用键盘上的拷贝键 PrintScreen 可以抓取全屏图像。具体操作方法：

（1）打开要截图的网页或者文档窗口，直接按下 PrintScreen 键即可；

（2）按下 PrintScreen，即可完成截图，此时截取的图片暂存于剪贴板中；

（3）在 Word 或者 PPT 工作区中按 Ctrl+V 组合键，将图片粘贴到 Word 或者 PPT 文档中；或者打开"开始"—"程序"—"附件"—"画图"，打开 Windows 自带的画图软件，按 Ctrl+V 组合键将图片粘贴到画图软件中，保存为 gif、jpg 或 bmp 格式的图像文件在电脑硬盘。

2. QQ、微信等带有截图功能的软件或者"屏幕截图精灵"等专业抓取静态图片的软件，其具有的屏幕截图功能，可以把 Windows 的画面或是工作窗口完全截取下来，存成 gif、jpg 或 bmp 格式的图像文件。

3. 影音播放器软件自带的抓图功能

使用播放器自带的截图功能，截取电影中的一个静止画面。比如 QQ 影音、百度影音、暴风影音。

（五）利用图像处理软件制作

常用的图像处理软件主要有画图、超级画笔、美图秀秀、Photo Editor（照片编辑器）、Photoshop 等，下面将以 Photoshop 软件为例处理图片素材。

二、图片素材的处理

实例一：制作背景透明的图片素材

原图：

效果图：

步骤 1：启动程序。单击"文件"—"新建"，在弹出的对话框中设定好参数"名称、宽度、高度、分辨率，颜色模式，背景内容：透明"，如图 4-2-1，新建"未标题-1"文档，如图 4-2-2。

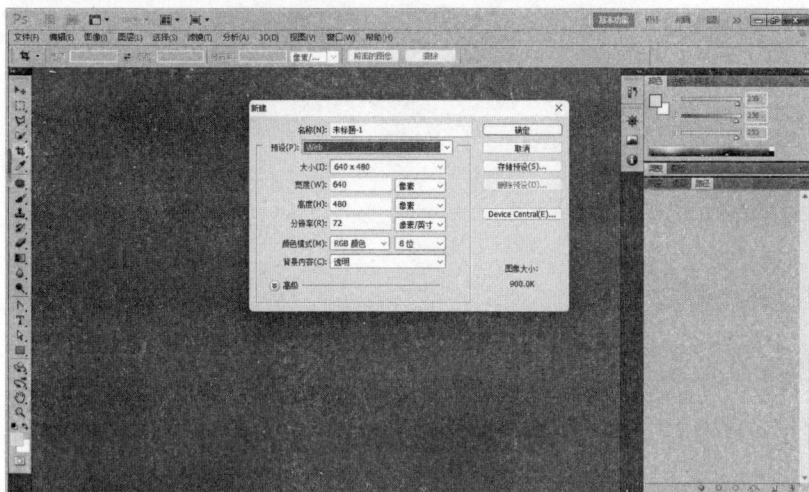

图 4-2-1

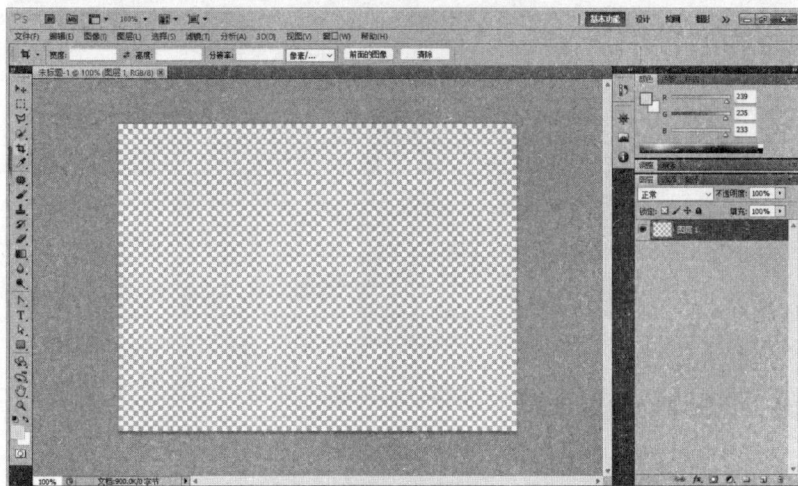

图 4-2-2

步骤 2：单击"文件"—"打开"，如图 4-2-3，打开图片素材，使用磁性套索工具选中图片素材中需要的图像区域，如图 4-2-4。

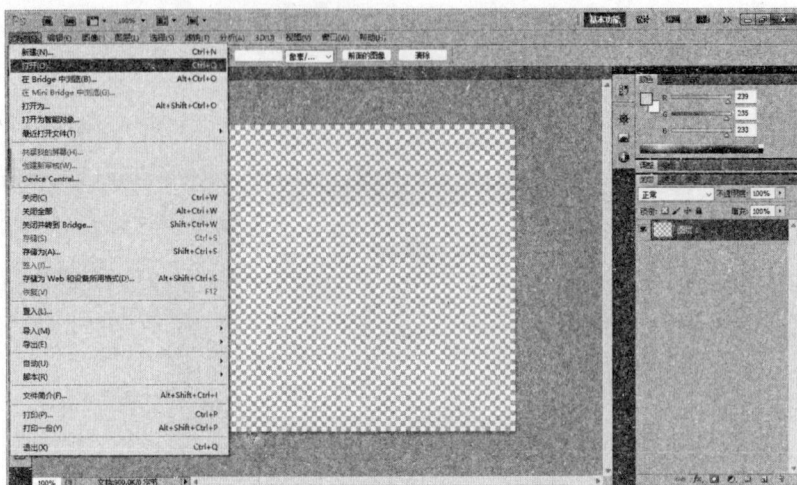

图 4-2-3

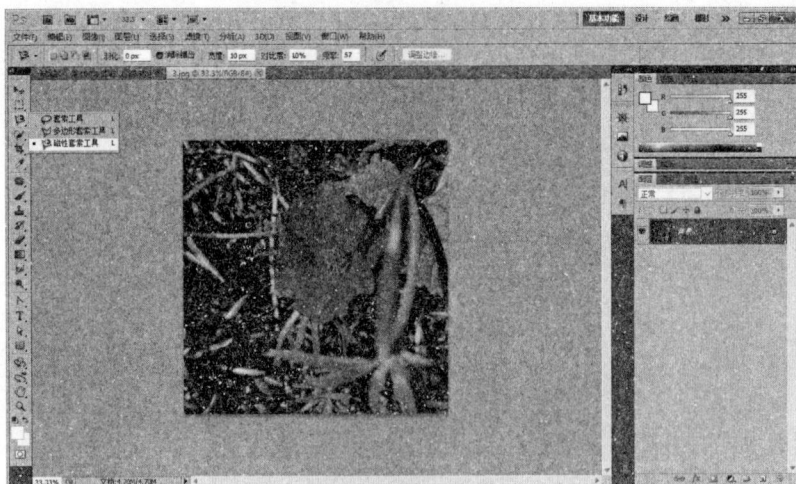

图 4-2-4

步骤 3：使用移动工具将选中的花朵图像区域进行拖动，如图 4-2-5。

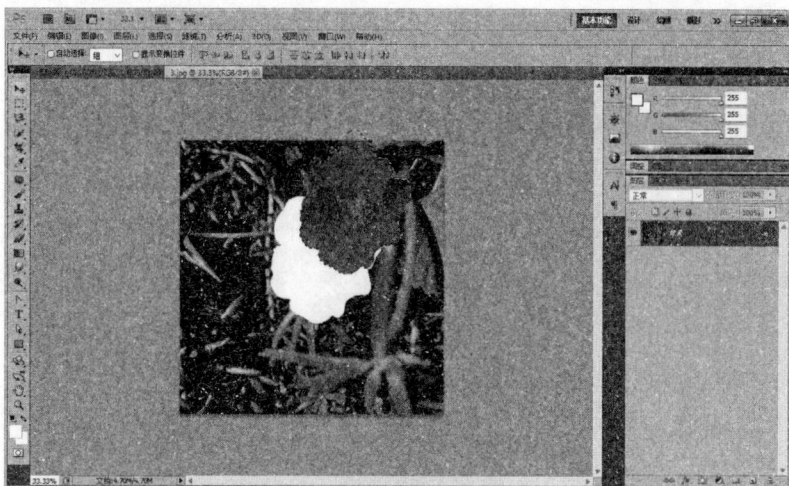

图 4-2-5

步骤 4：按住鼠标左键将其拖移到新建的图像窗口标题上，鼠标左键不松开，当新建窗口展开时，再往下移动，这样选中的花朵图像就会被移动到新建的"未标题-1"窗口编辑区域，如图 4-2-6。

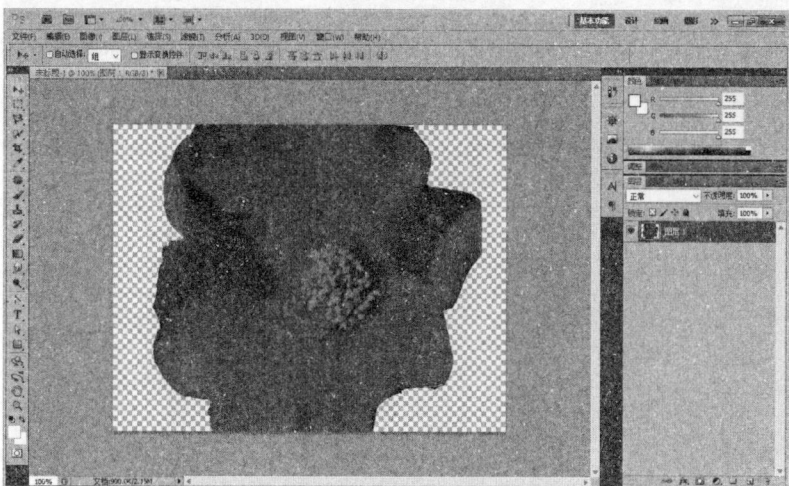

图 4-2-6

步骤5：为了将不要的图像区域擦除得更加干净，"图层"—"新建"—"图层"，如图4-2-7，新建图层2，使用移动工具将其拖移到图层1的下方；"编辑"—"填充"，如图4-2-8；填充白色，如图4-2-9。

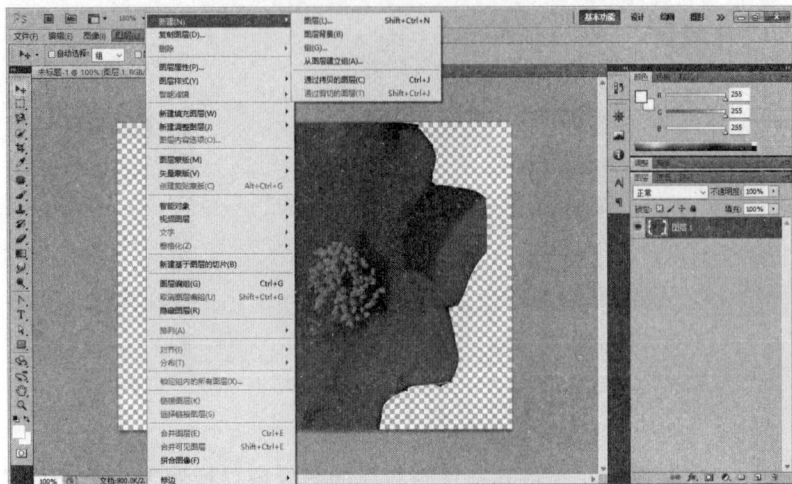

图 4-2-7

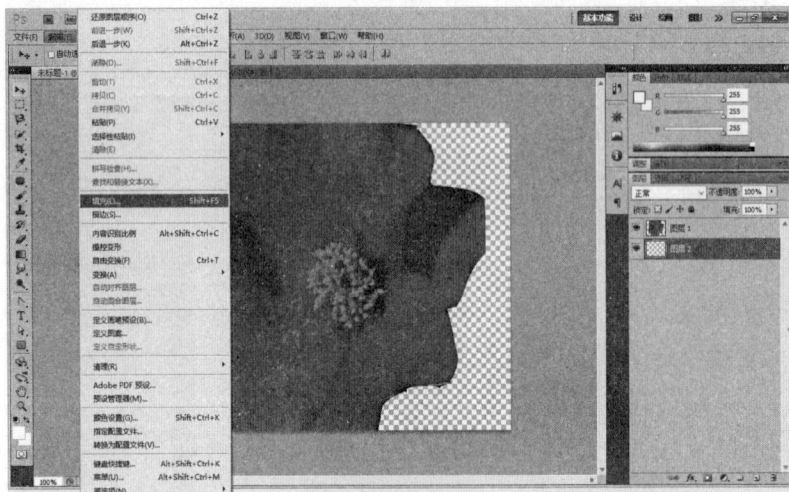

图 4-2-8

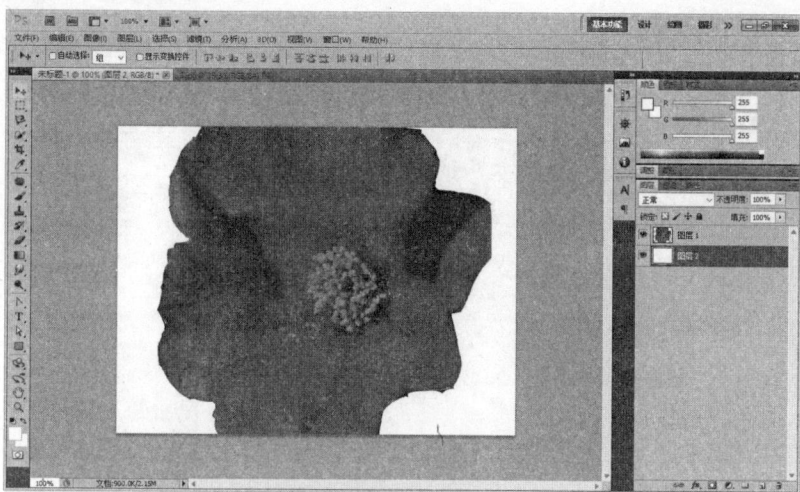

图 4-2-9

步骤6："窗口"—"导航器"放大图像,以便看清楚需要擦除的图像,如图 4-2-10。

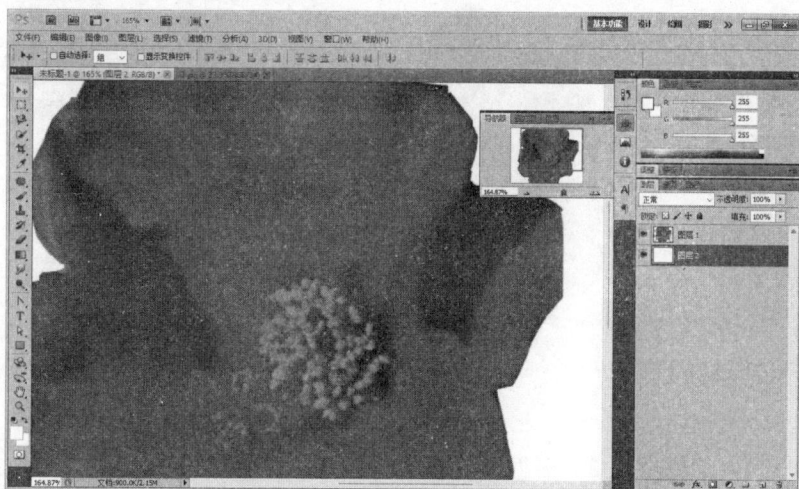

图 4-2-10

步骤7:选中图层1,再使用橡皮擦工具,橡皮擦工具画笔属性设置为硬边圆,进一步清除花朵边缘不要的图像,如图 4-2-11。执行"编辑"—"变换"—"缩放"缩小图像,之后再擦除,这样不要的图像就会被擦除干净,如图 4-2-12。

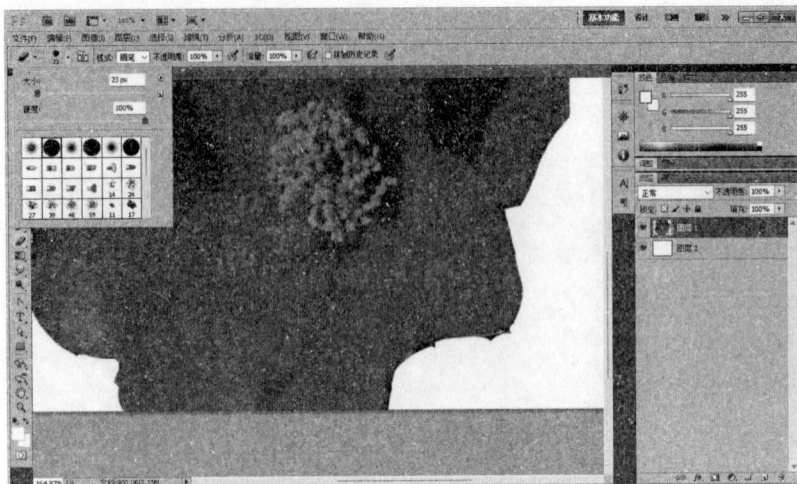

图 4-2-11

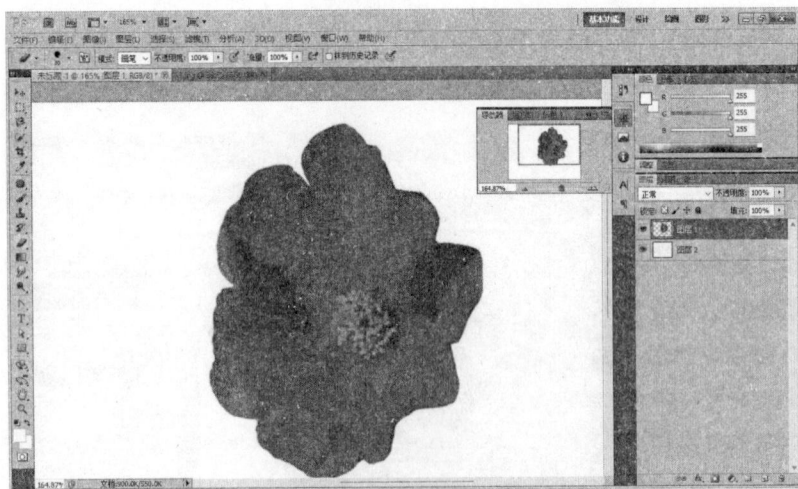

图 4-2-12

步骤 8：删除图层 2，根据需要再执行"编辑"—"变换"—"缩放"缩小图像，使用裁剪工具按住鼠标左键框住需要的图像区域，在选中的图像区域中间双击鼠标左键，将文档裁剪到合适大小，如图 4-2-13。

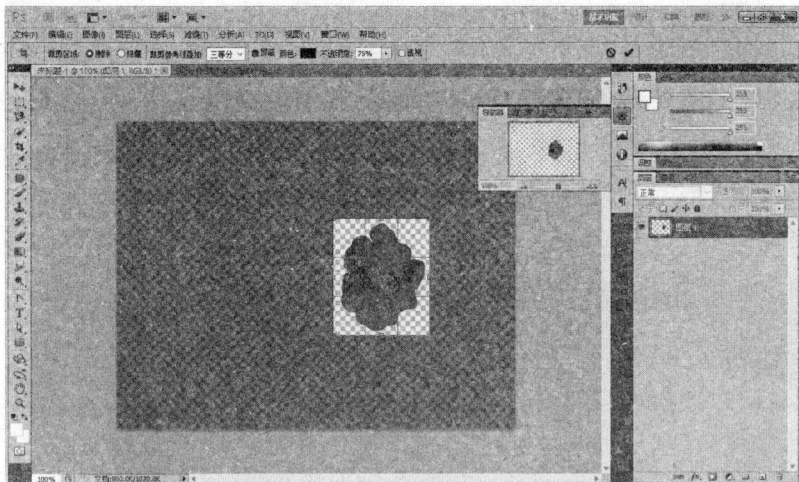

图 4-2-13

步骤 9:"文件"—"存储",注意格式只能为 png 或者 gif,如图 4-2-14。

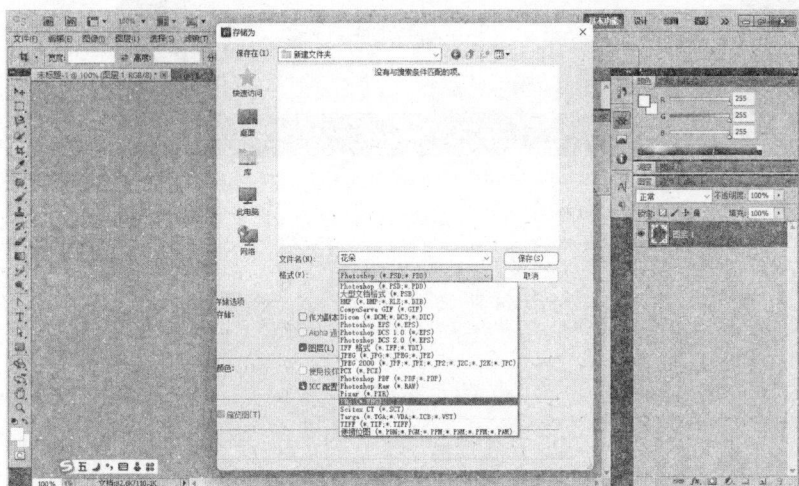

图 4-2-14

Photoshop 制作背景透明的图片素材注意事项:

1. 新建的文档背景必须为透明(如果没有新建背景为透明的文档,处理过程中也可以删除有颜色的背景图层)。

2. 保存的格式必须为 png 或者 gif,如果格式为 jpg,软件会自动添加白色的背景。

3. 制作发光或者投影效果的文字，保存的图片格式最好为 png，这样图片的质量会高一些。

4. 根据图像特性，选择合适的图像选取工具。比如套索工具、选框工具、钢笔工具、魔棒工具以及橡皮擦工具。

实例二：制作课件封面的图片素材

原图：

效果图：

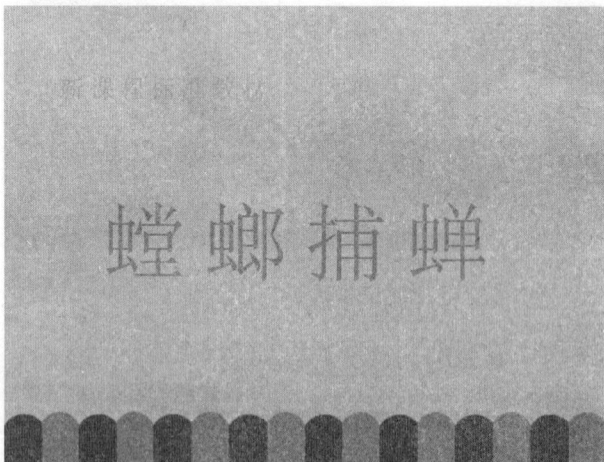

步骤 1：启动 Photoshop 程序，单击"文件"—"打开"，打开图片素材，如图 4-2-15。

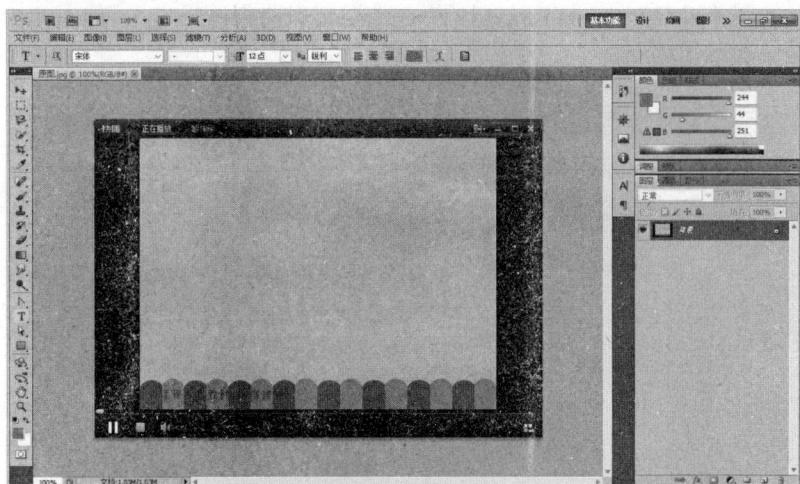

图 4-2-15

步骤 2：在图层面板建立了一个"背景图层"，双击"图层面板"里"背景图层"缩影图，解除"背景图层"的锁定状态，使之成为"图层 0"，如图 4-2-16。

图 4-2-16

步骤3：单击"工具箱"中"裁剪工具"，按住鼠标左键框住需要保留的图像区域，如图4-2-17。单击工具属性栏的"提交当前裁剪操作"，如图4-2-18。裁剪掉不要的图像区域，如图4-2-19。

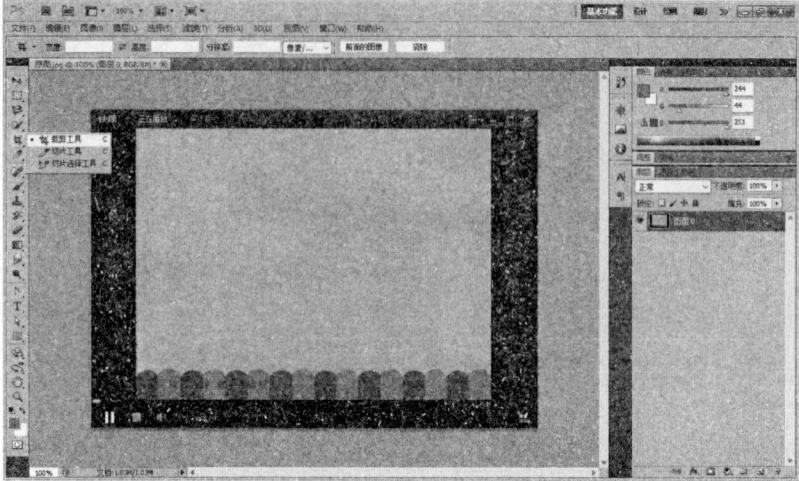

图 4-2-17

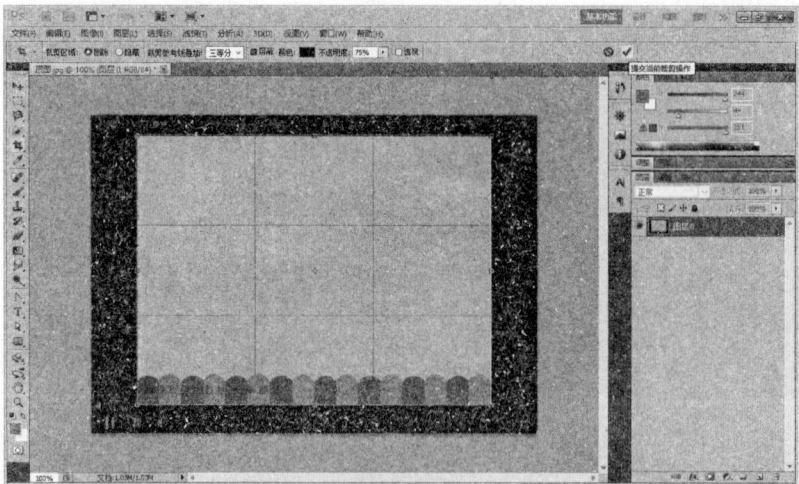

图 4-2-18

图 4-2-19

步骤 4：新建图层 1，"窗口"—"导航器"面板放大图像，如图 4-2-20。单击"矩形选框"工具，框住想要的图像区域，如图 4-2-21。

图 4-2-20

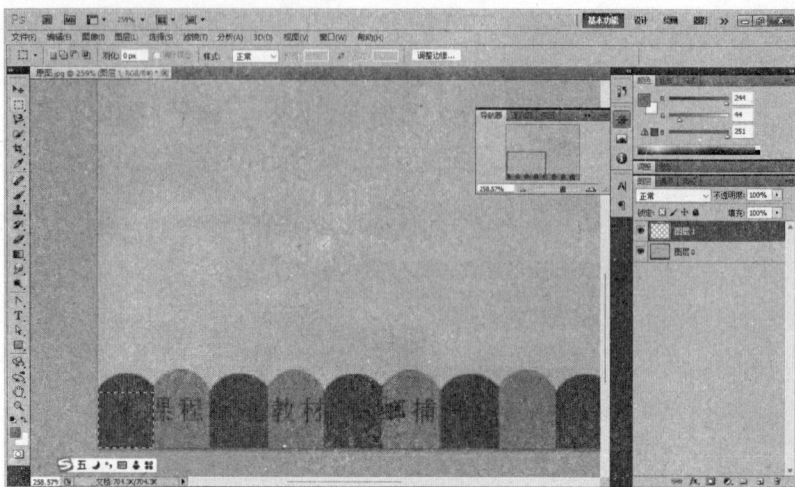

图 4-2-21

步骤 5：单击"椭圆选框"工具，工具属性栏设置为添加到选区，如图 4-2-22。绘制半椭圆，选中如图选区，如图 4-2-23。

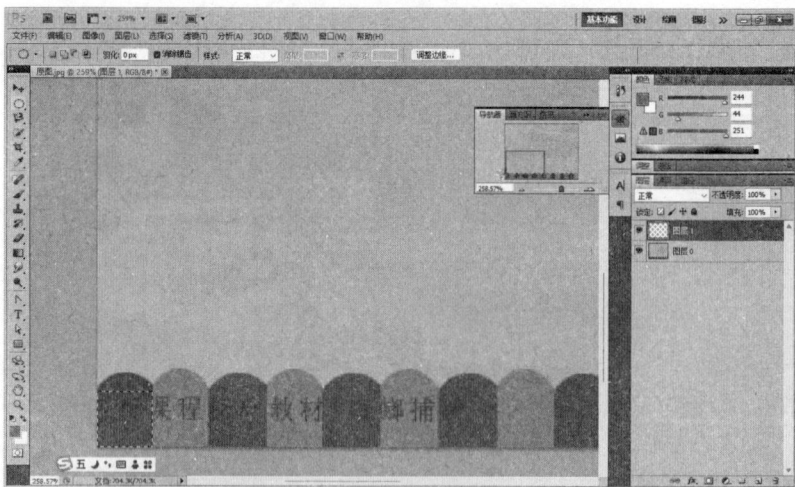

图 4-2-22

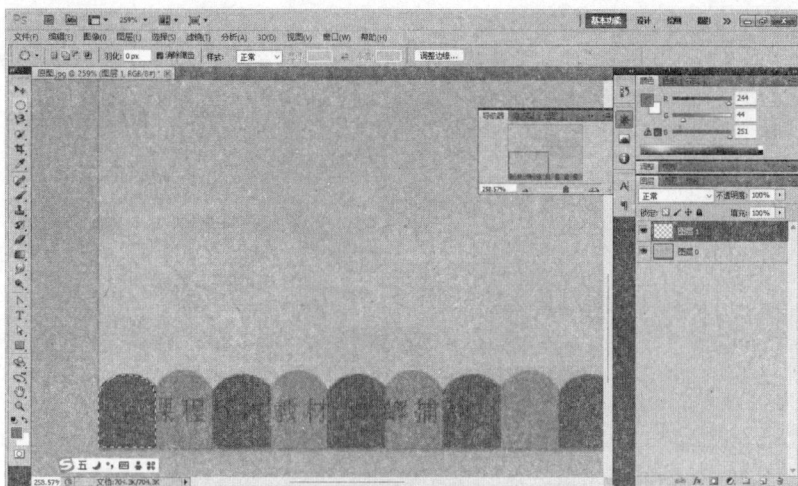

图 4-2-23

步骤 6：单击"吸管"工具，吸取合适的颜色，如图 4-2-24，再使用画笔工具涂抹图像需要修复的地方，如图 4-2-25。

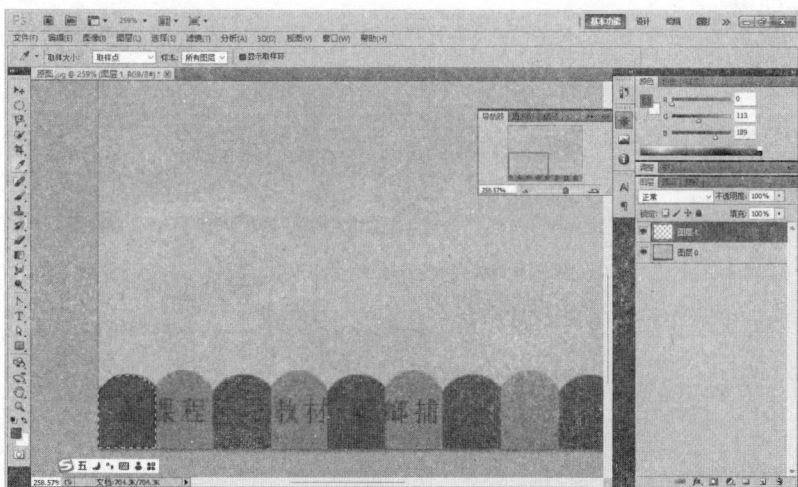

图 4-2-24

图 4-2-25

步骤7：使用相同的方法，编辑出下图效果，如图4-2-26。再执行"选择"—"取消选择"取消选区，使用导航器使图像缩小到合适大小，如图4-2-27。

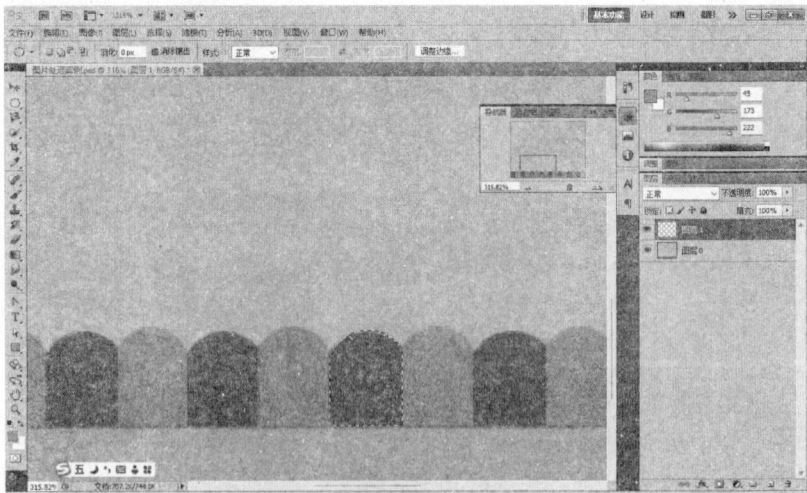

图 4-2-26

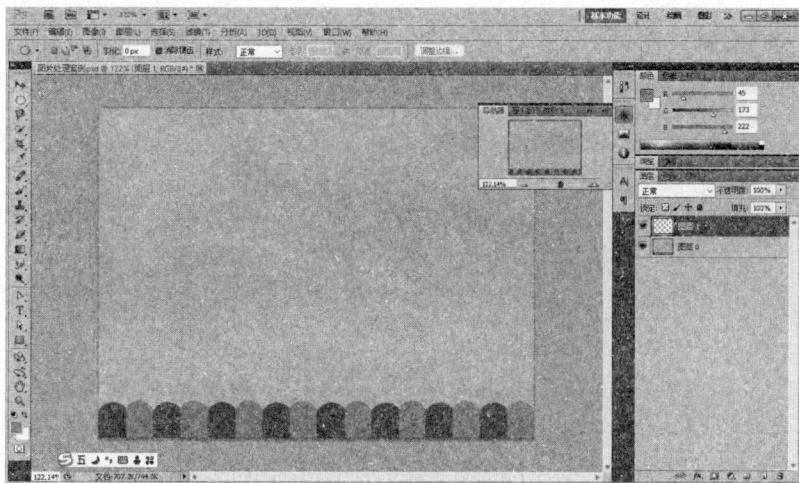

图 4-2-27

步骤 8：单击"横排文字"工具，如图 4-2-28，设置好文字字体、大小和颜色等，单击鼠标左键输入文字，如图 4-2-29；确定文字输入之后，再使用移动工具将文字移动到合适的位置，如图 4-2-30。

图 4-2-28

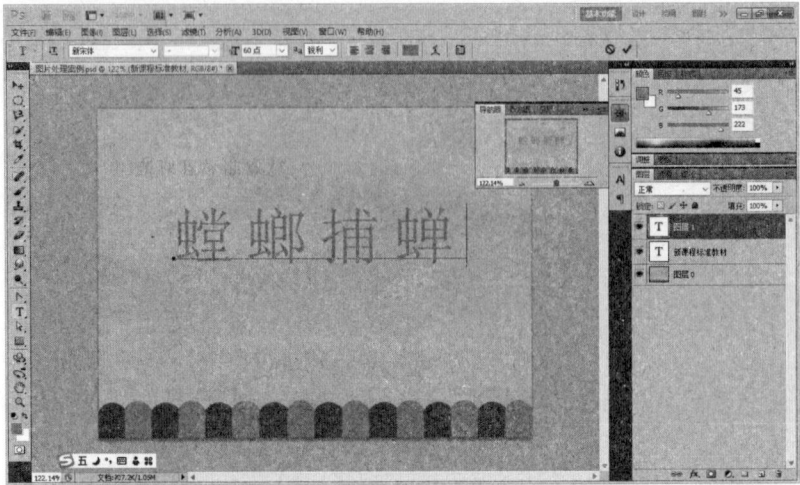

图 4-2-29

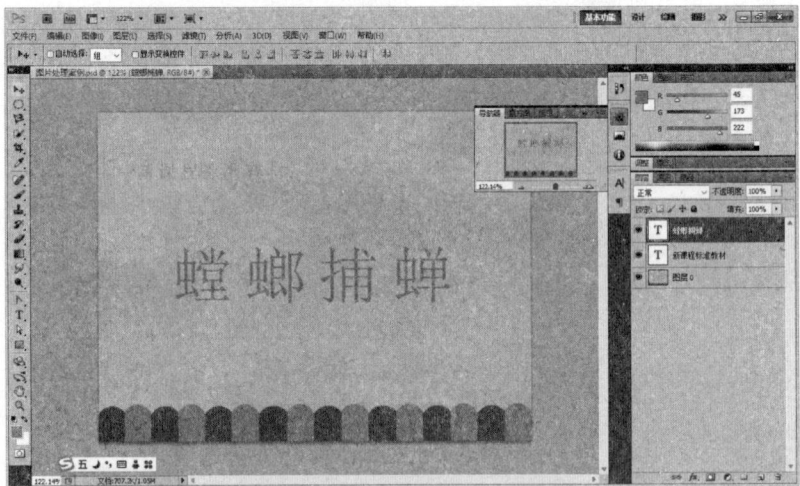

图 4-2-30

步骤9：单击"文件"—"存储"，保存已经处理好的图像，修改图片的格式为 png 或者 jpg，如图 4-2-31。

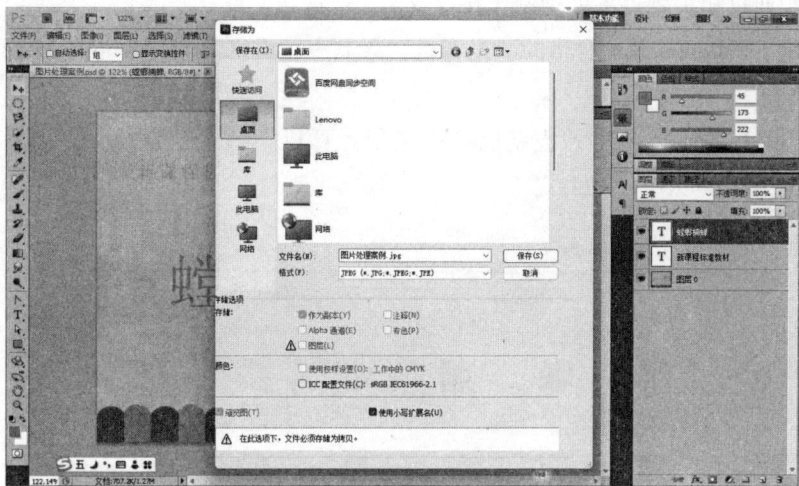

图 4-2-31

第三节 音视频素材的收集与处理

一、音视频素材的收集

声音是人们用来传递信息的一种重要方式，在教学过程中声音媒体的重要性更是尤为突出，上课过程就是一个教师通过声音媒体这种形式向学生传授知识的过程。在多媒体技术中，存储音频信息的文件格式主要有 WAV 文件、MP3 文件和 RealAudio 文件等。

视频（Video）泛指将一系列静态影像以电信号的方式加以捕捉、纪录、处理、储存、传送与重现的各种技术。连续的图像变化每秒超过 24 帧（frame）画面以上时，根据视觉暂留原理，人眼无法辨别单幅的静态画面；看上去是平滑连续的视觉效果，这样连续的画面叫作视频。随着信息技术的发展，出现了数字化视频的概念，视频数字化就是将视频信号经过视频采集卡转换成数字视频文件存储在数字载体——硬盘中。

常见的音视频的采集方式主要有：

- 通过处理已有的数字化音视频来获取。
- 通过网络搜索引擎检索与下载音视频文件。
- 通过相关设备去录制音视频文件。

● 通过相关软件去处理制作获得数字化音视频文件。

利用 Windows 系统自带的"录音机"录制声音文件（以 Windows 11 操作系统为例）：

步骤 1：确保音频输入设备已经连接到计算机。单击电脑桌面"开始"——"所有应用"，如图 4-3-1。

图 4-3-1

步骤 2：在"所有应用"找到录音机，如图 4-3-2。

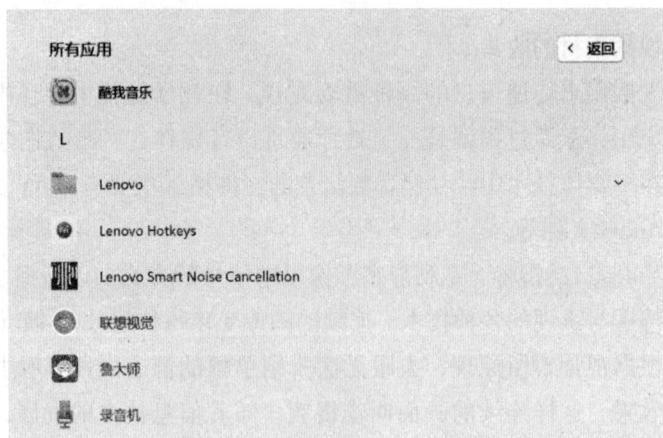

图 4-3-2

步骤 3：Windows 操作系统正在更新录音机程序，如图 4-3-3。

图 4-3-3

步骤 4：录音机程序打开，如图 4-3-4。

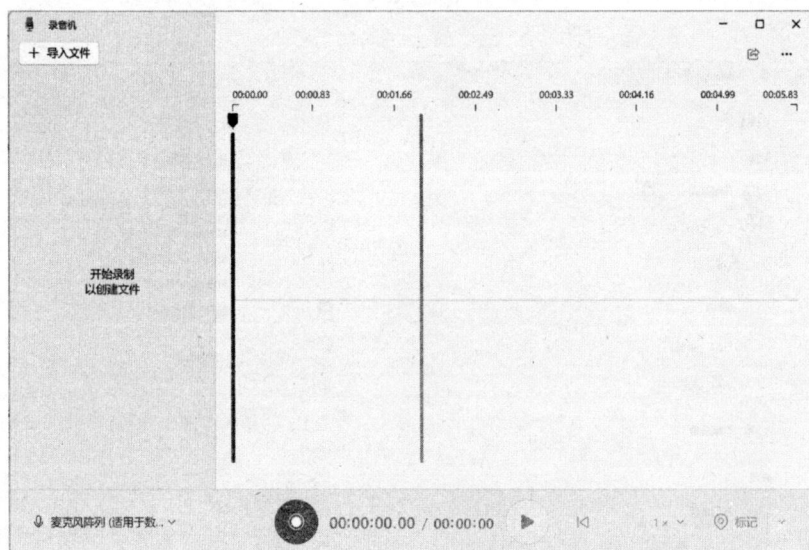

图 4-3-4

步骤 5：单击程序右上角"…（更多录制选项）"，如图 4-3-5；设置录制格式等操作，如图 4-3-6。

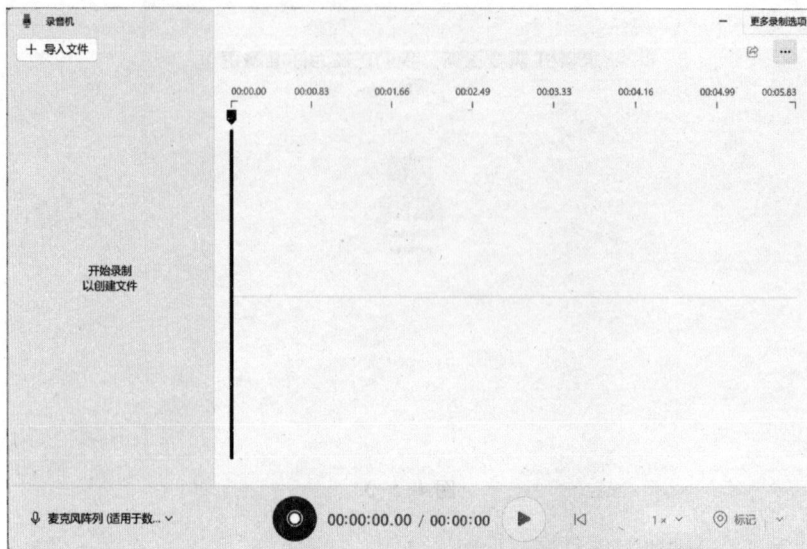

图 4-3-5

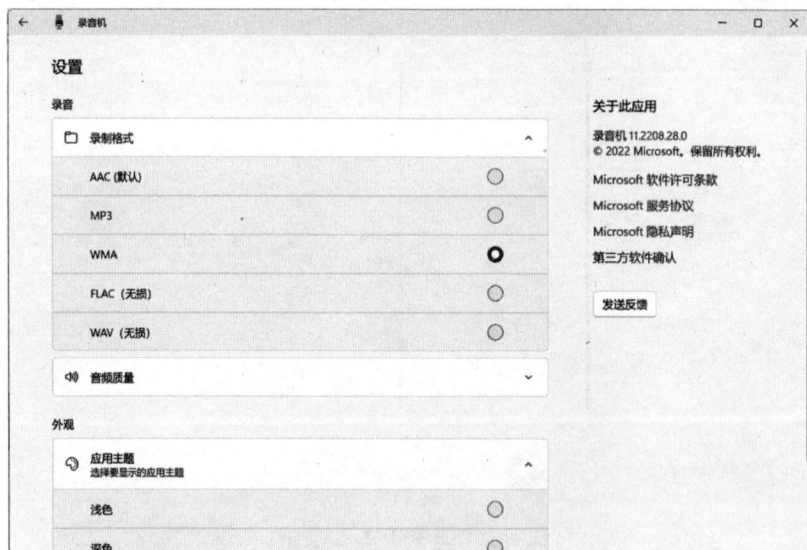

图 4-3-6

步骤 6：单击"开始录制"红色按钮，当前录制了 5 秒，如图 4-3-7。

简单的音频文件录制可用 Windows 录音机，以前的 Windows 操作系统只能编辑最多 60 秒的音频，存储的文件格式为波形（WAV）文件，并且只能保存为

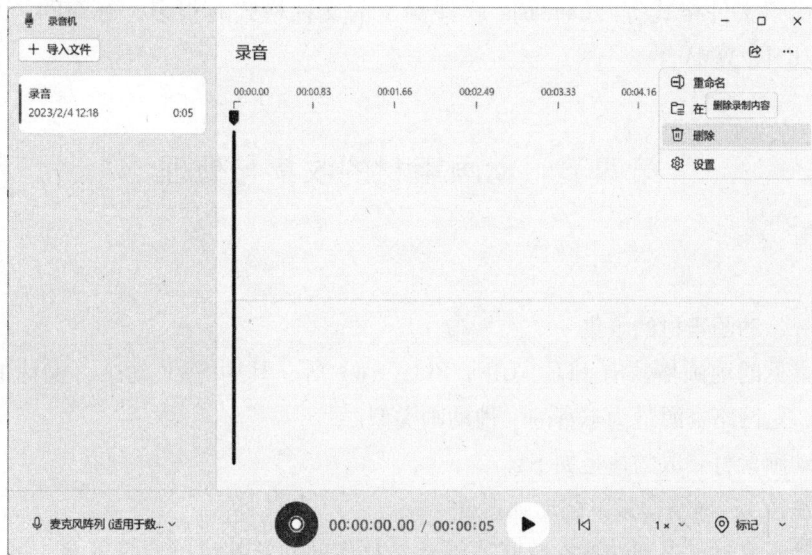

图 4-3-7

WAV 文件，但以 Windows 11 、64 位操作系统为例，基于 64 位的处理器目前的操作系统录制时间足够长，录制保存的格式也可以多种选择。

二、音视频素材的处理

常用的音频处理软件主要有 GoldWave、Adobe Audition。GoldWave 作为 WAV 文件编辑处理工具，支持从 MP3、MPG、AVI、ASF、MOV 等文件中提取音频进行编辑，所以除了它强大的编辑功能外，也可以把以上格式的音频转换成 WAV 文件。GoldWave 适合于进行音频素材采集与制作，它集音频录制和编辑于一体，不仅是一个录音程序，可以很方便地制作 CAI 课件的背景音乐、音效、录制 CD、转换音乐格式等。

常用的视频处理软件主要有绘声会影、Premiere。绘声会影视频编辑工具，操作简单，功能强悍，甚至可以挑战专业级的影片剪辑软件。Premiere 视频编辑工具功能强大、操作复杂、硬件要求高，是专业的影片剪辑软件。

本书主要以 Camtasia Studio 为例，讲解音视频的处理。Camtasia Studio 是美国 TechSmith 公司出品的屏幕录像和编辑的软件套装。软件提供了强大的屏幕录像、视频的剪辑和编辑等功能。使用 Camtasia Studio 软件，用户可以方便地进行屏幕操作的录制和配音、视频的剪辑、音频的简单处理，以及转场动画、添加说明字幕和水印、制作视频封面和菜单、视频压缩和播放。可以轻松地编辑与转换视频文件格式等。Camtasia 软件输出的文件格式有很多，有 MP4、AVI、GIF、RM、WMV 等。

第四节　动画素材的收集与处理

一、动画素材的收集

常见的动画格式有 FLC、GIF、FLI、SWF 等，其中 SWF 动画，也称 Flash 动画，是网络资源最为丰富的一种动画类型。

动画素材获取的途径如下：

途径 1：网络检索下载动画素材。

动画素材可以到动漫资源网站以及素材库网站等都可以搜索下载，进入网站后，点击"视频"—"MG 动画｜Flash"专区，就能下载需要的动画素材，如图 4-4-1。有 MG 动画模板，也有 AE 动画元素，Flash 动画等，如图 4-4-2。

图 4-4-1

途径 2："Internet 临时文件"中找到 SWF 动画文件。如果浏览器播放过 SWF 动画文件，单击浏览器窗口的"工具"菜单，选择"Internet 选项"，如图 4-4-3。在"常规"标签中，单击浏览历史记录选框内，"删除临时文件、历史记录、cookies..."旁边的"设置"按钮，在出现的"设置"对话框中，单击"查看文件"按钮，如图 4-4-4。这样就弹出一个新窗口，如图 4-4-5，将窗口

图 4-4-2

中的文件按"类型"排列，一般就能找到曾经浏览过的动画文件。

图 4-4-3

途径 3：各种动画交流群、素材群。有些 QQ 动画交流群或者素材群，可以获取到动画素材。

途径 4：专业软件制作动画。通过学习相应的动画制作软件，可以自制需要的动画素材。下一节将以 Flash 软件为例讲解动画的制作。

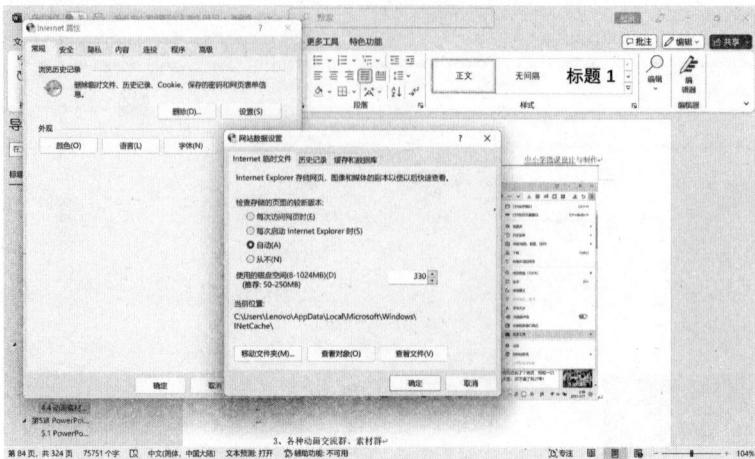

图 4-4-4

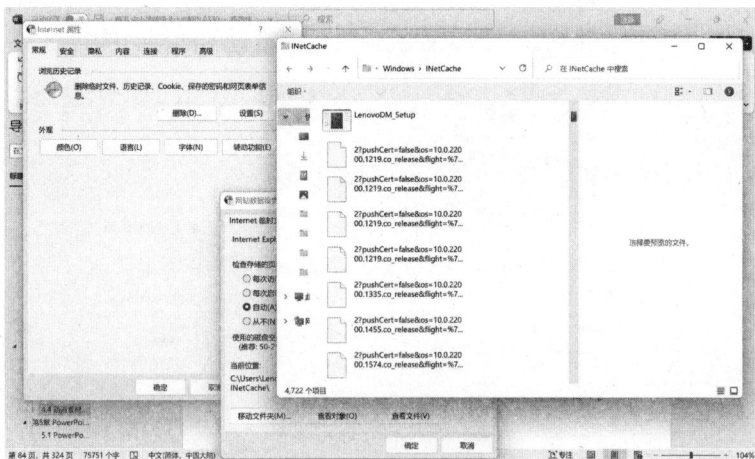

图 4-4-5

二、动画素材的处理

Flash 是由 Macromedia 公司推出的交互式矢量图和 Web 动画的标准，其开发的 SWF 动画文件是被大量应用于互联网网页的矢量动画文件格式，后被 Adobe 公司收购。2015 年 12 月 1 日，Adobe 将动画制作软件 Flash professional CC 2015 升级并改名为 Animate CC 2015.5，从此与 Flash 技术划清界限。虽然 Flash 软件目前已经停止升级，但可以继续使用，其开发的 SWF 文件仍被广泛应用。

Flash 是一种创作工具，设计人员和开发人员可使用它来创建演示文稿、应用程序和其他允许用户交互的内容。Flash 可以包含简单的动画、视频内容、复杂演示文稿和应用程序以及介于它们之间的任何内容。Flash 文件非常小，Flash 动画后缀名为 swf，该类型文件必须有 Flash 播放器才能打开，占用硬盘空间少。

本节通过两个动画实例介绍简单动画的制作方法和技巧，让大家了解 Flash 动画中的对象是怎样移动或变形的，激励大家进一步掌握动画的制作，由浅入深，提高制作动画的水平。

实例一："Hi 你好"动画制作

步骤1：启动程序。"文件"—"新建"如图 4-4-6。新建一个 Flash 文档，如图 4-4-7。

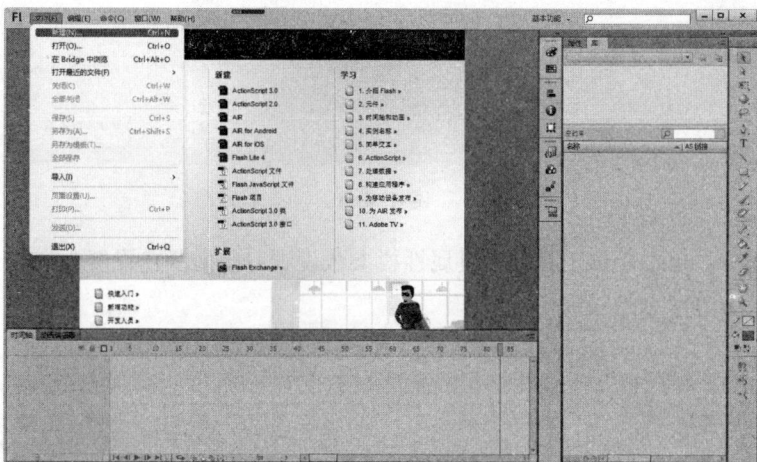

图 4-4-6

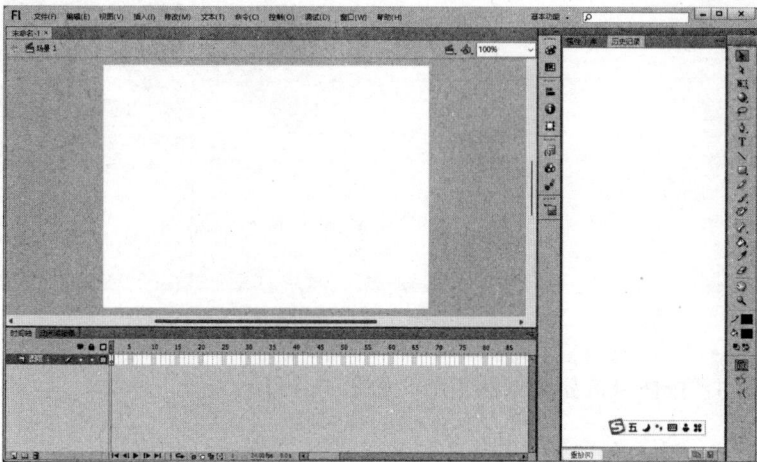

图 4-4-7

步骤2：鼠标左键按住矩形工具不松开，从展现的工具中选中椭圆工具，如图4-4-8。

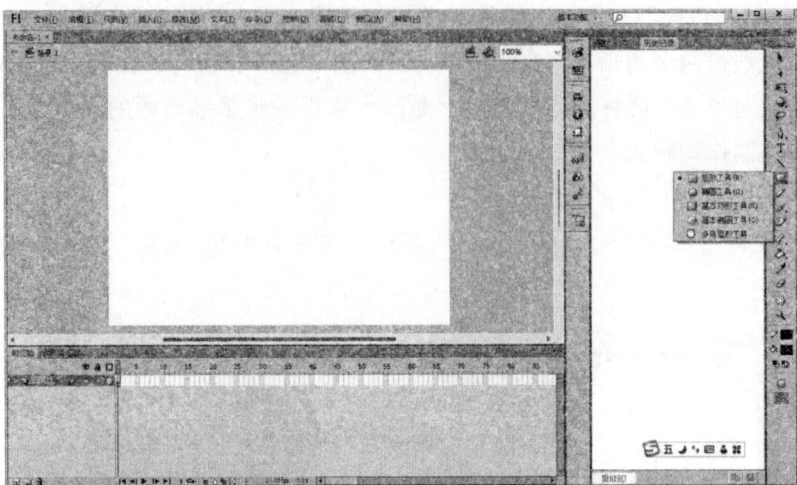

图 4-4-8

步骤3：单击矩形工具，工具属性栏参数设置：笔触颜色设置为红色，填充颜色设置为无，如图4-4-9。

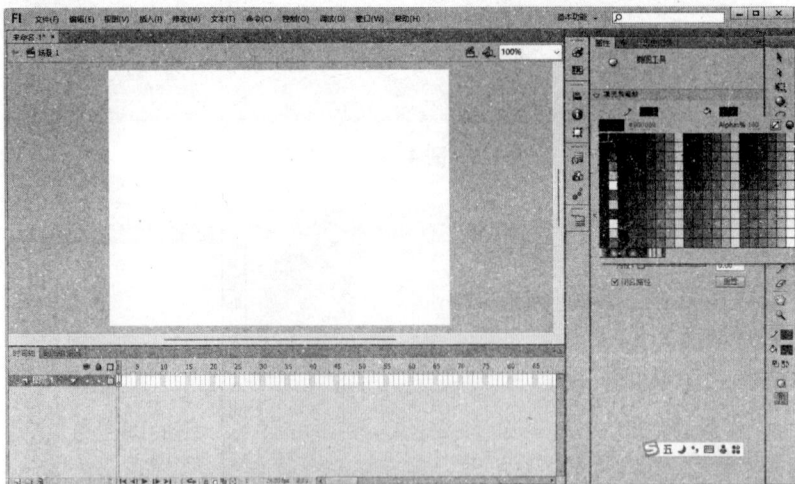

图 4-4-9

步骤4：按住 shift 键，绘制正圆，如图4-4-10。

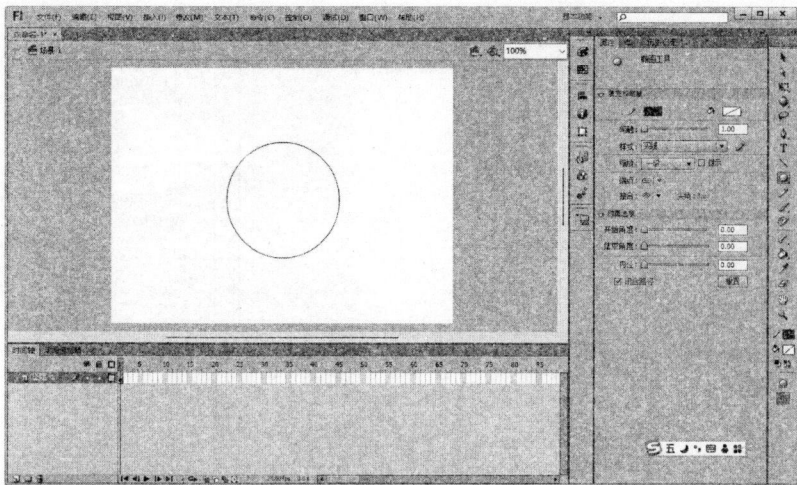

图 4-4-10

步骤 5：单击"线条工具"，工具属性栏参数设置：笔触颜色设置为红色，填充颜色设置为无，绘制一条直线，如图 4-4-11。

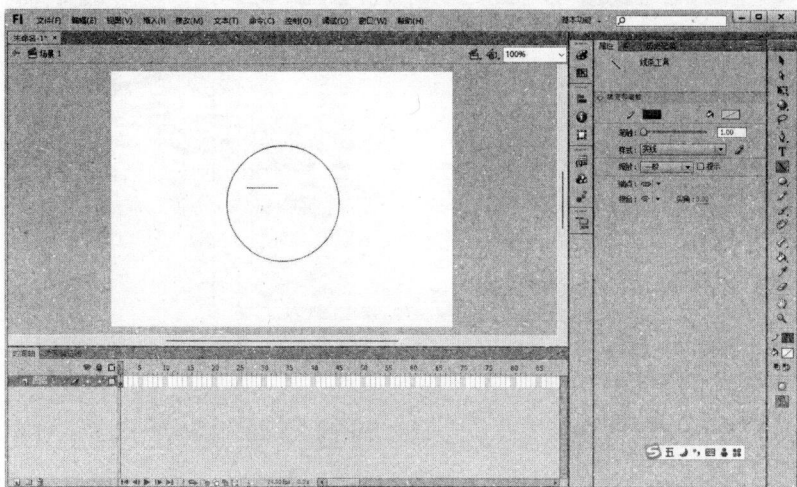

图 4-4-11

步骤 6：单击"选择工具"，靠近线条，当鼠标下方带弧线时，按住鼠标左键，改变线条的形状，如图 4-4-12。

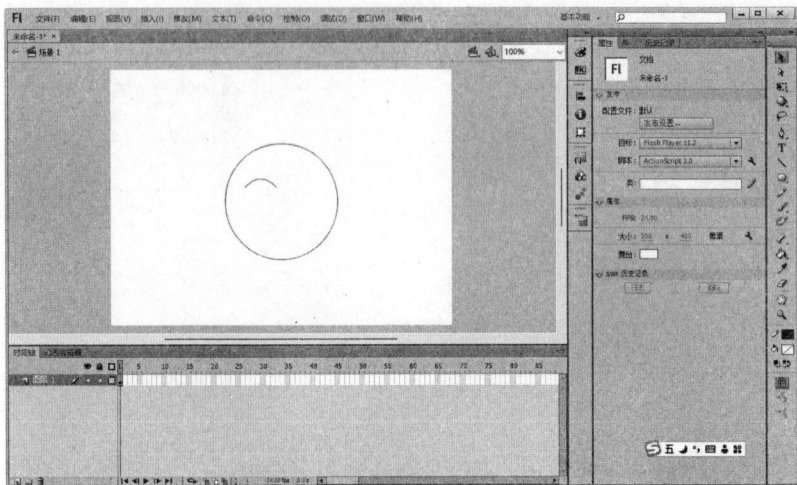

图 4-4-12

步骤7：选中改变形态的线条，Ctrl+C 复制，Ctrl+V 粘贴，如图 4-4-13。

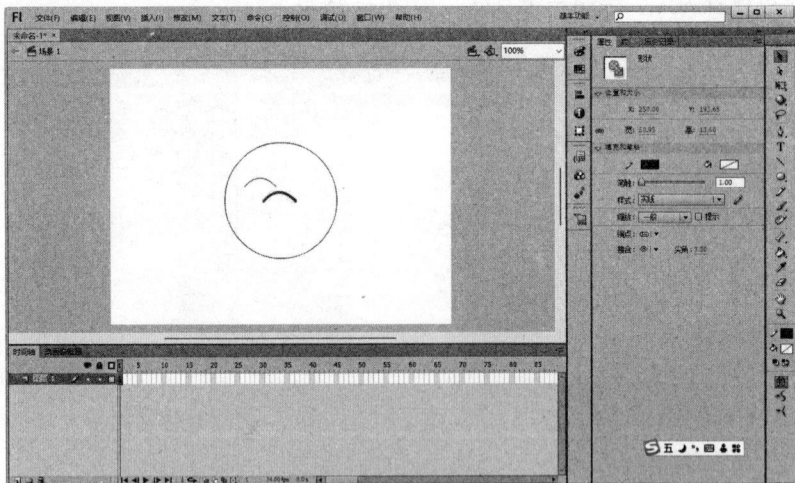

图 4-4-13

步骤8：选中粘贴的线条，移动位置，并执行"修改"—"变形"—"水平翻转"，如图 4-4-14。

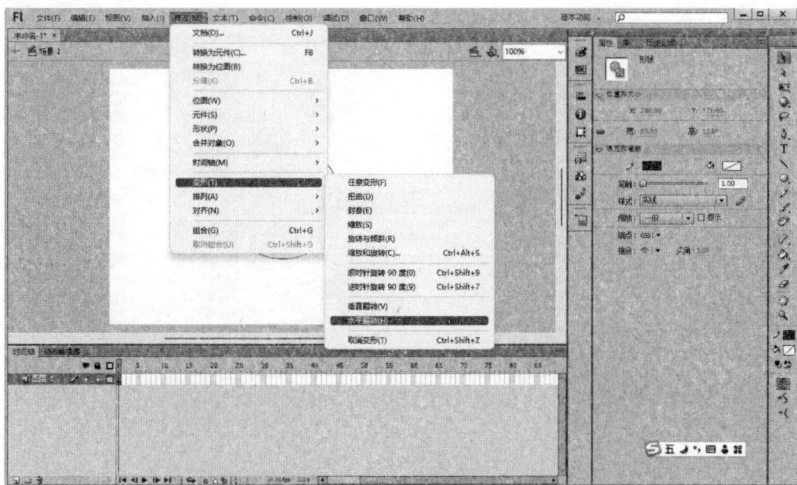

图 4-4-14

步骤 9：单击"线条工具"，绘制直线，如图 4-4-15。

图 4-4-15

步骤 10：单击"选择工具"选中"直线"，执行"修改"—"形状"—"将线条转换为填充"，如图 4-4-16。

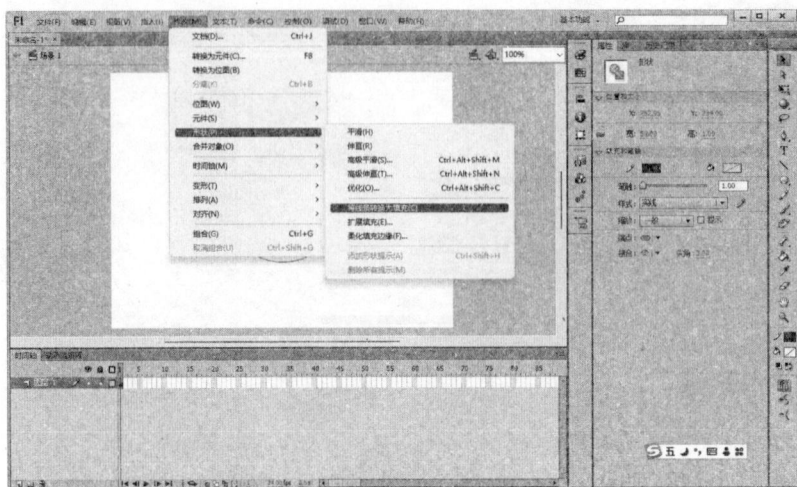

图 4-4-16

步骤 11：单击"选择工具"，取消选中，选择工具靠近线条，当鼠标下方带弧线时，按住鼠标左键拖动，如图 4-4-17。改变已经转换为形状对象的外形，如图 4-4-18。

图 4-4-17

图 4-4-18

步骤 12：选中第 5 帧，右击，弹出菜单，如图 4-4-19，选中"插入关键帧"命令，如图 4-4-20。

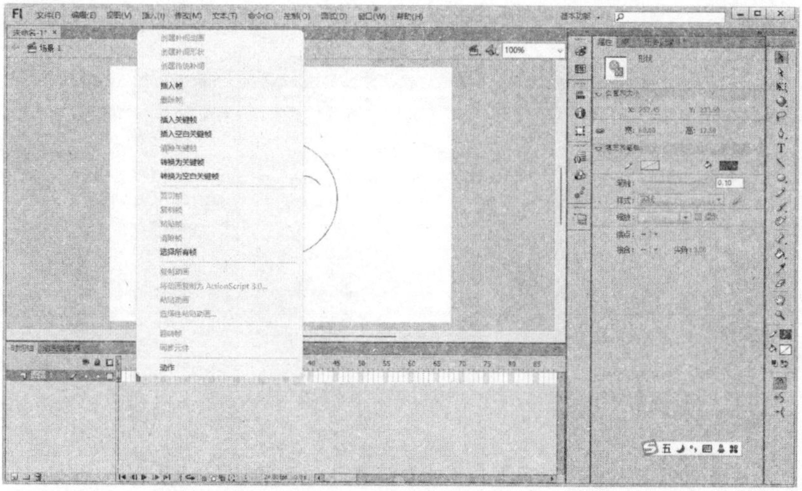

图 4-4-19

图 4-4-20

步骤 13：在编辑区域空白处单击鼠标，取消选中，选择工具靠近嘴巴形状下方，当鼠标下方带弧线时，按住鼠标左键，改变嘴巴形状的大小，如图 4-4-21。

图 4-4-21

步骤 14：单击时间轴面板下方"新建图层"图标，如图 4-4-22，新建图层 2。

图 4-4-22

步骤 15：选中图层 2 第 5 帧，右击选中"插入空白关键帧"，如图 4-4-23。

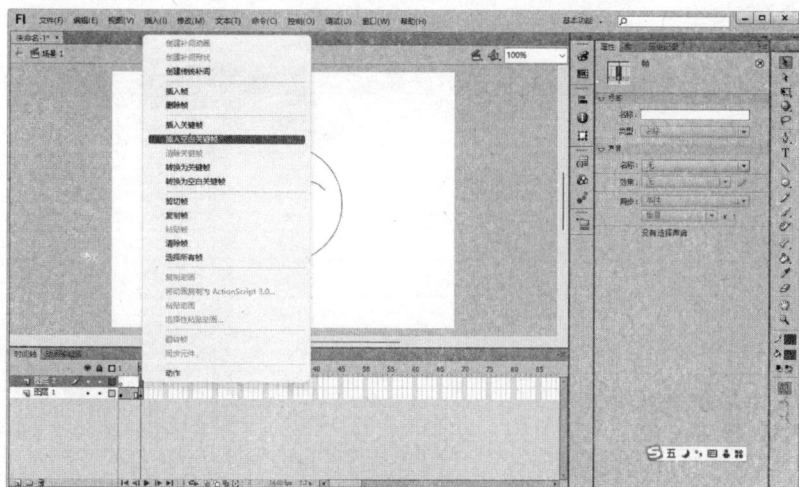

图 4-4-23

步骤 16：单击"文本工具"，工具属性栏设置为：华文行楷，大小 40，输入文字"Hi，你好"，如图 4-4-24。

图 4-4-24

步骤 17：单击"选择工具"，移动文字的位置，Ctrl+Enter 键测试影片，如图 4-4-25。

图 4-4-25

步骤 18：根据需要改变帧频（FPS）的大小，如图 4-4-26。单击"文件"—"保存"，将文件保存到电脑，如图 4-4-27。

图 4-4-26

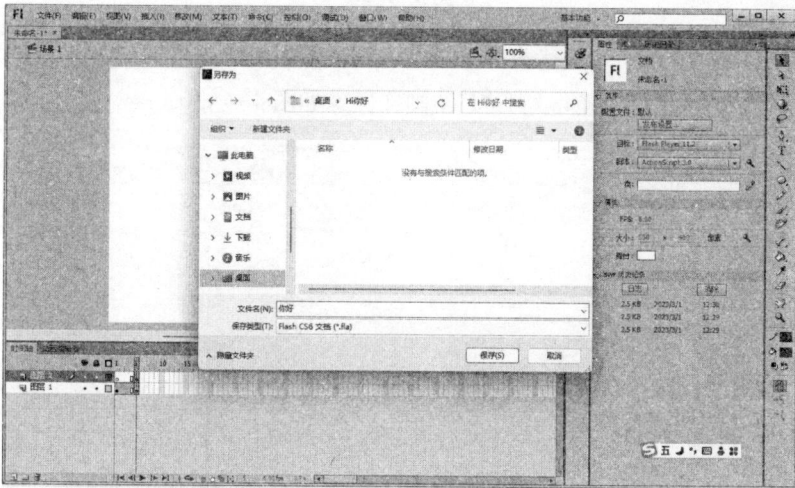

图 4-4-27

步骤 19：保存之后，再次 Ctrl+Enter 键测试影片，就会在保存的文件夹看到 SWF 动画文件，如图 4-4-28。

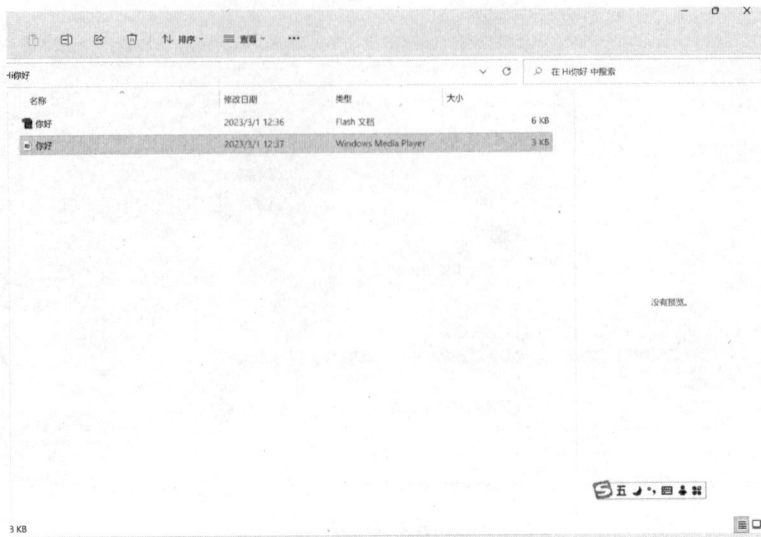

图 4-4-28

步骤20："文件"—"发布设置"设计想要发布的格式，如图 4-4-29。
"文件"—"发布"也能得到SWF动画文件，如图 4-4-30。

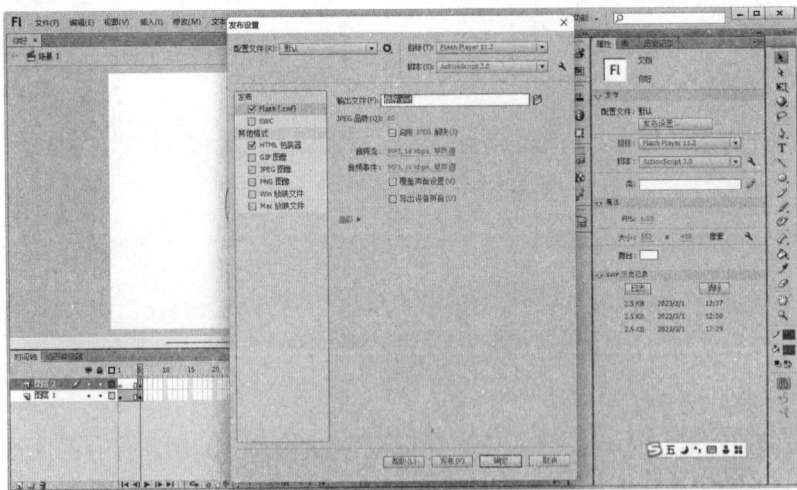

图 4-4-29

图 4-4-30

实例二："跳动的红心"动画制作

步骤 1："文件"—"新建"，新建一个 flash 文档，如图 4-4-31。在"新建文档"窗口中改变文档的属性（350×350），如图 4-4-32。

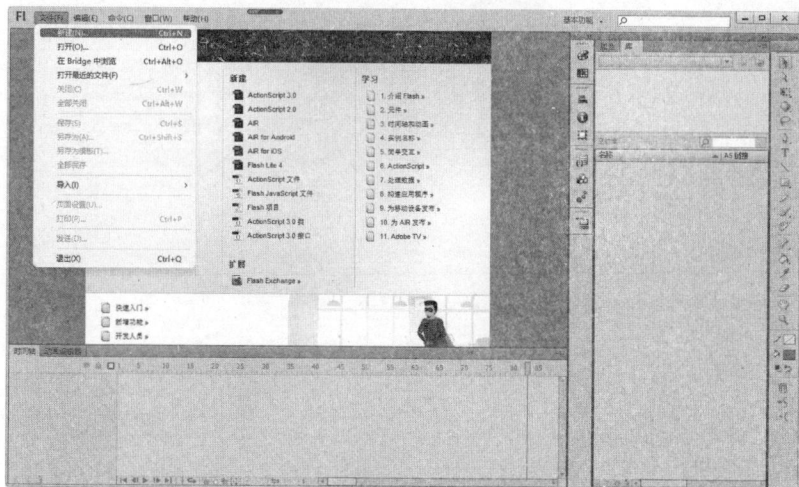

图 4-4-31

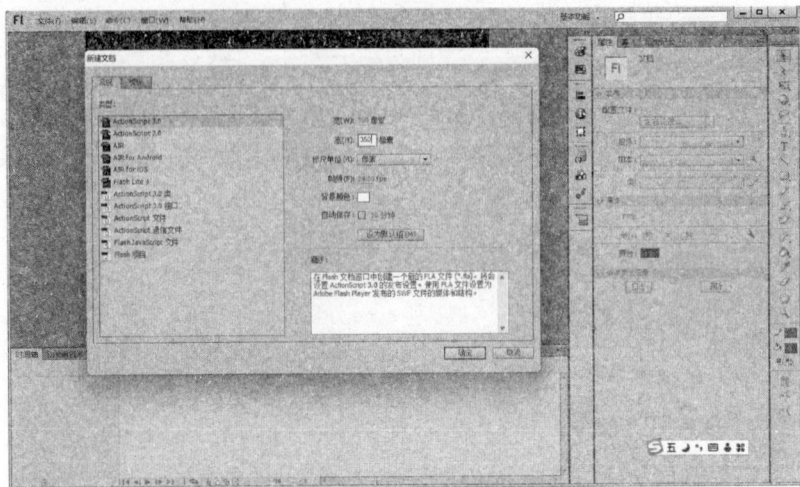

图 4-4-32

步骤 2："插入"—"新建元件"，如图 4-4-33。新建"影片剪辑"元件，修改名称为"心"，如图 4-4-34。

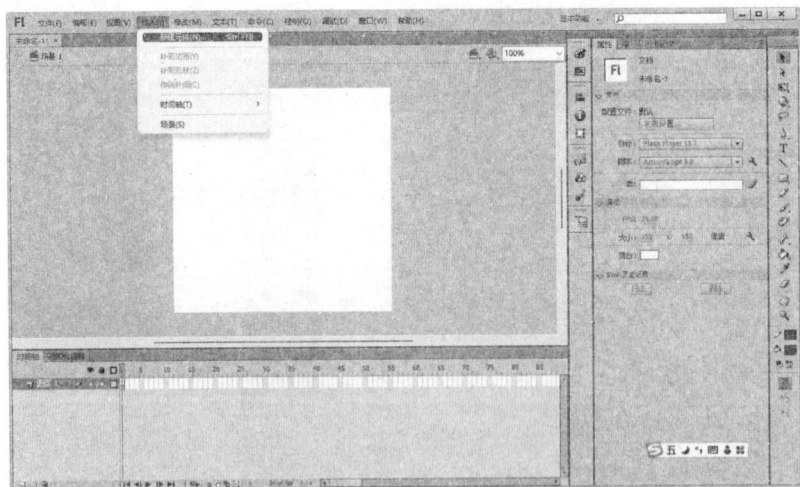

图 4-4-33

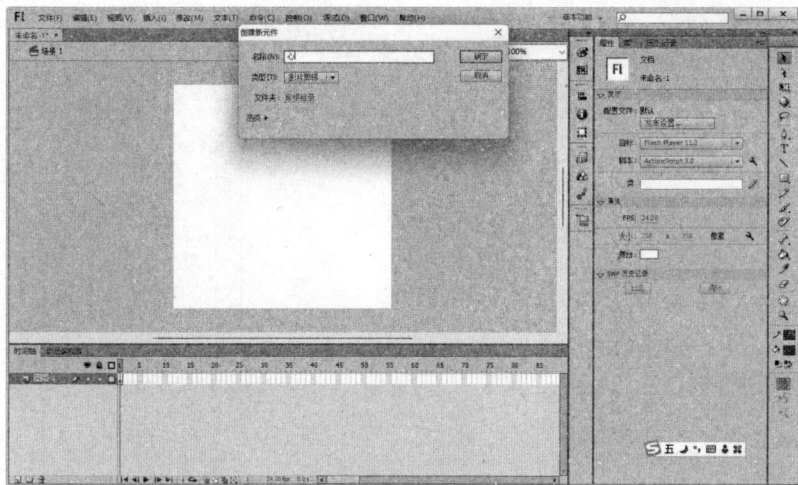

图 4-4-34

步骤 3：在"心"元件编辑区域，使用钢笔工具绘制心形轮廓，如图 4-4-35。

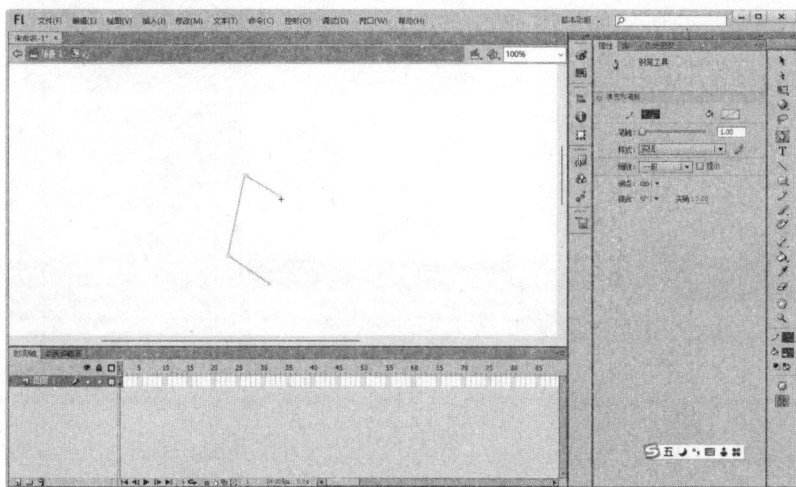

图 4-4-35

步骤 4：单击"转换锚点工具"调整心形轮廓，如图 4-4-36 与图 4-4-37。

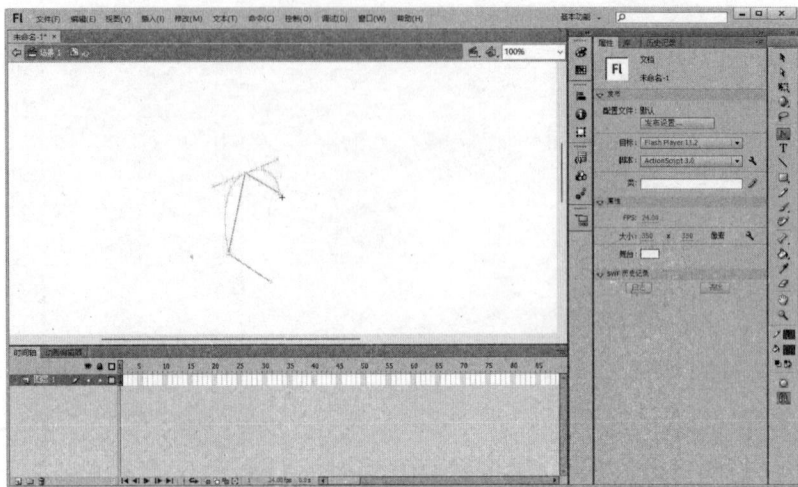

图 4-4-36

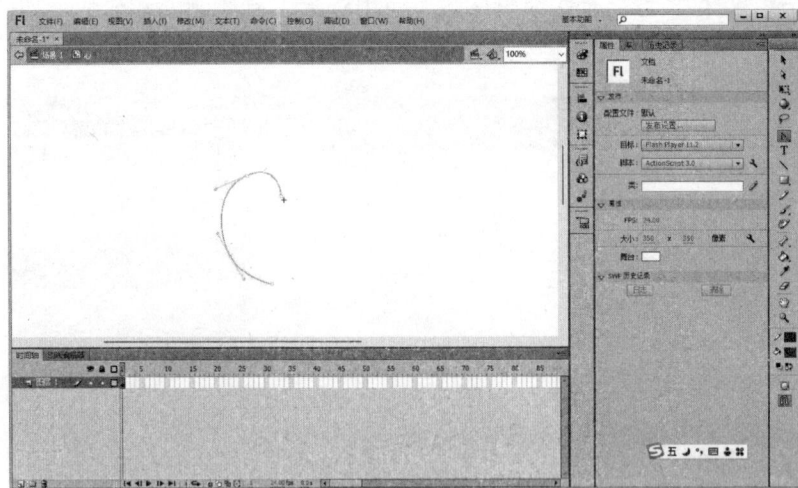

图 4-4-37

步骤5：单击"部分选取"工具改变锚点的位置，如图4-4-38。

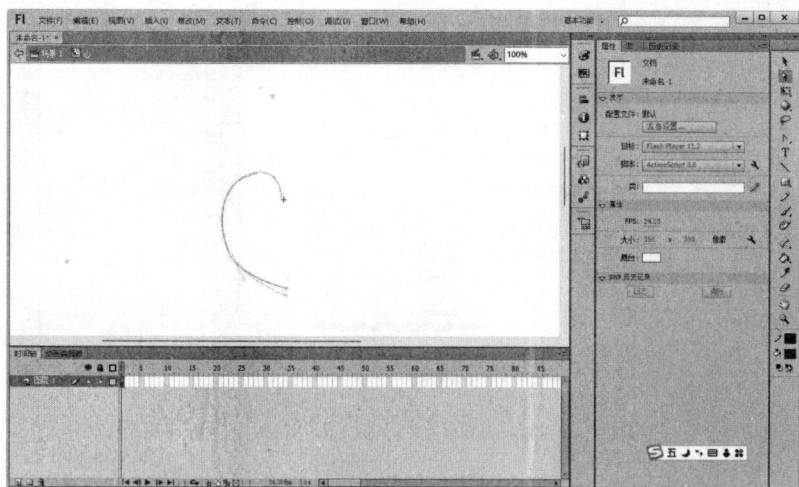

图 4-4-38

步骤 6：单击"选择工具"，选中线条，Ctrl+C 复制，Ctrl+V 粘贴，如图 4-4-39。

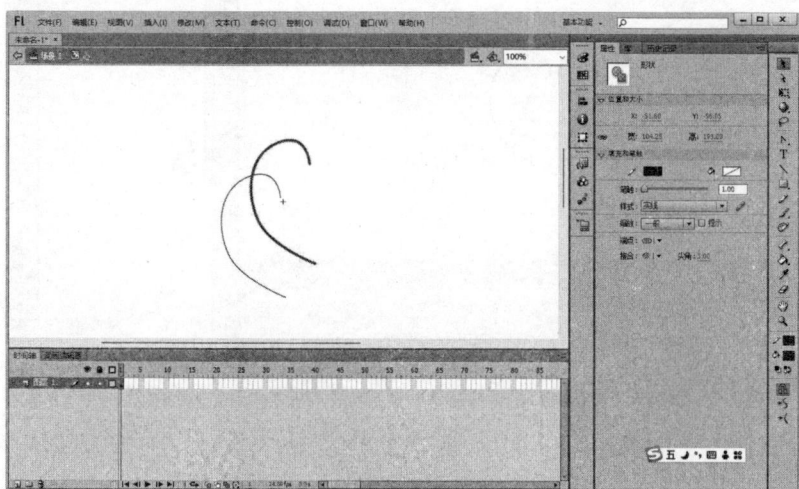

图 4-4-39

步骤 7："修改"—"变形"—"水平翻转"，如图 4-4-40。通过翻转得到心形另一边轮廓，如图 4-4-41。

89

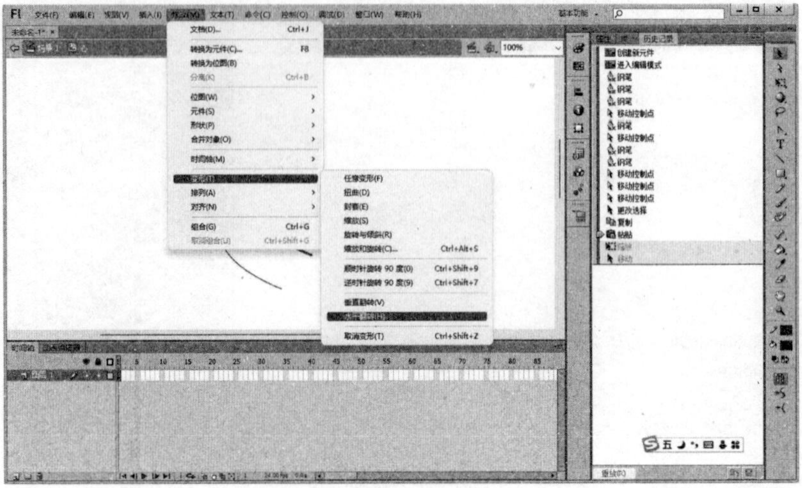

图 4-4-40

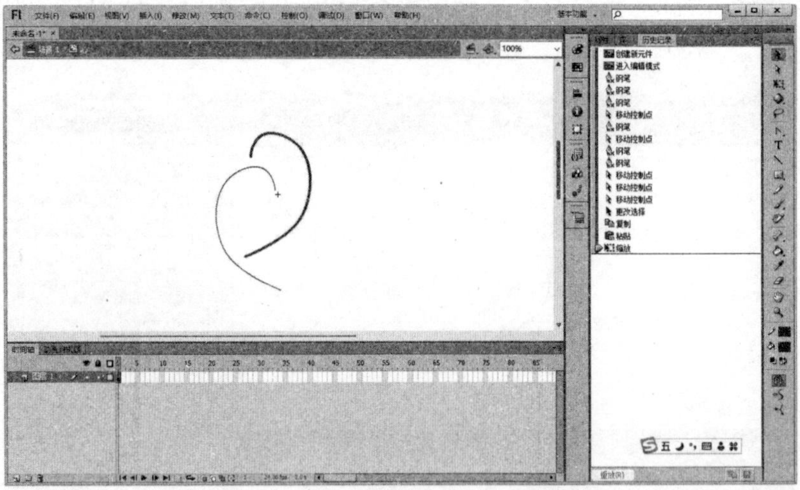

图 4-4-41

步骤8：单击"选择工具"，移动线条，将两个线条组成心形轮廓，如图4-4-42。

图 4-4-42

步骤9：单击"颜料桶工具"，改变填充颜色，如图4-4-43。在心形内部单击，如图4-4-44。

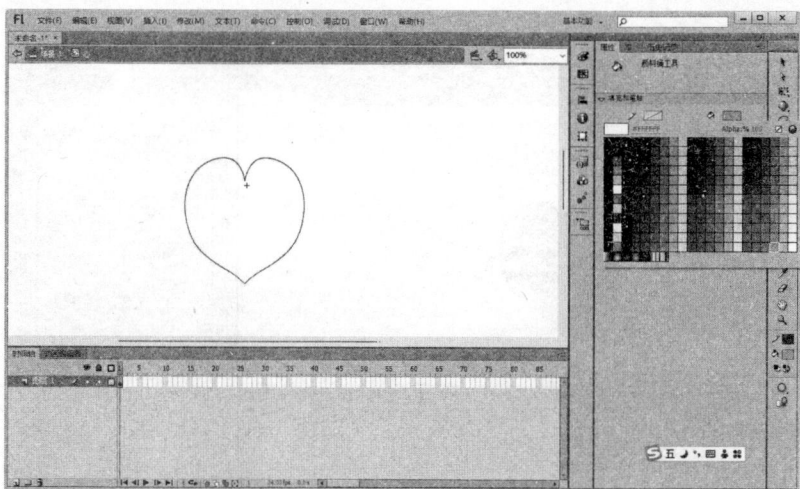

图 4-4-43

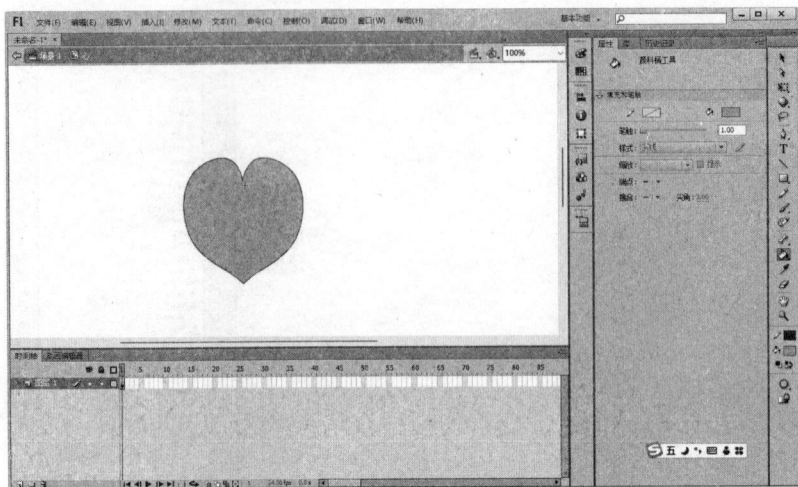

图 4-4-44

步骤 10：单击"选择工具"选中心形轮廓，如图 4-4-45，按 delete 键删除。

图 4-4-45

步骤 11：单击"选择工具"选中心形，如图 4-4-46。执行"修改"—"形状"—"柔化填充边缘"，如图 4-4-47。

图 4-4-46

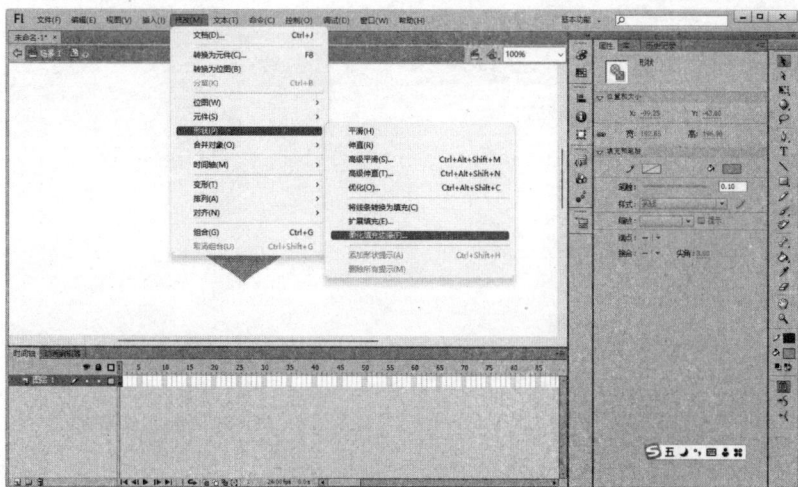

图 4-4-47

步骤12："柔化填充边缘"参数如图4-4-48。

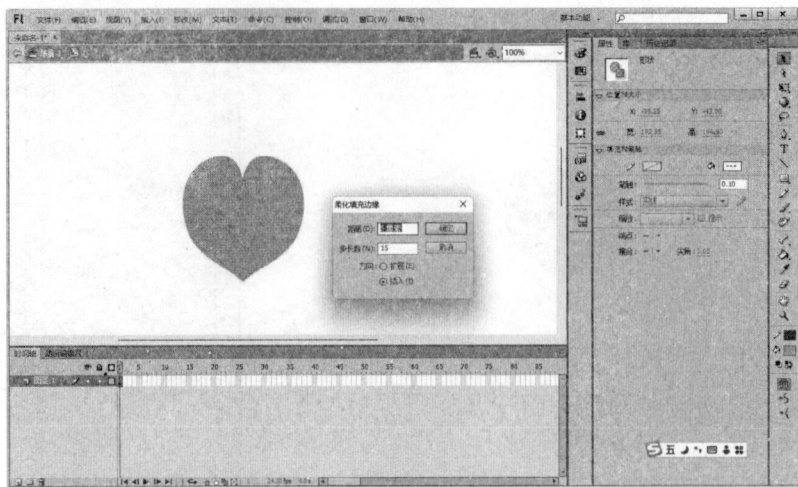

图 4-4-48

步骤 13：单击"场景 1"，返回场景 1 编辑区域，如图 4-4-49。

图 4-4-49

步骤 14：打开库面板，将"心"元件拖动到图层 1 的第 1 帧。第 50、100 帧右击插入关键帧，如图 4-4-50 与图 4-4-51。

94

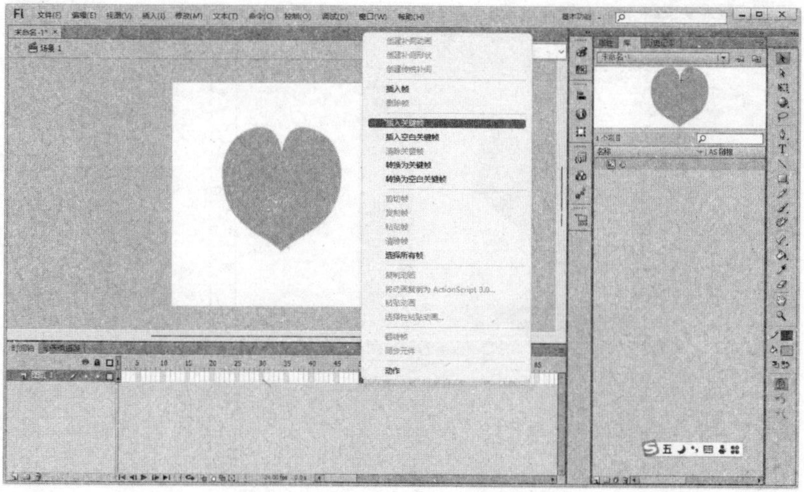

图 4-4-50

图 4-4-51

步骤 15：选中第 50 帧，再选中编辑区域的"心"元件实例，将宽度值和高度值锁定在一起，缩小元件实例，如图 4-4-52。

图 4-4-52

步骤 16：第 1 帧和第 50 帧，以及第 50 帧和第 100 帧之间创建传统补间，如图 4-4-53。

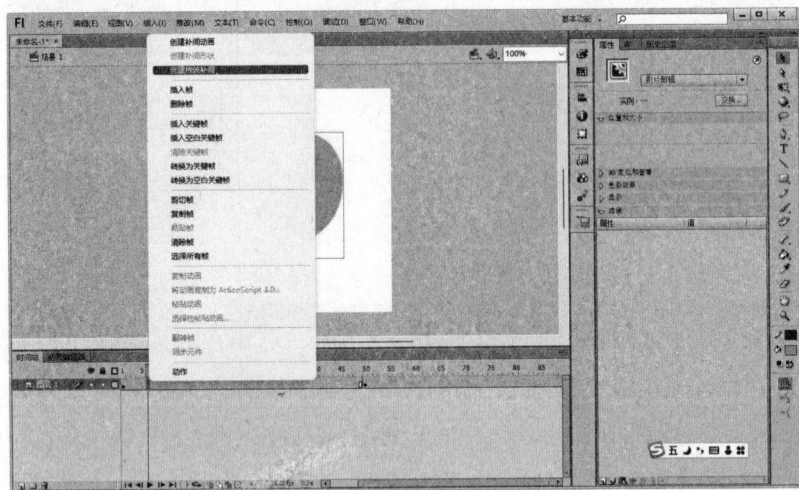

图 4-4-53

步骤 17：Ctrl+Enter 键测试影片，出现动画效果，如图 4-4-54。

图 4-4-54

步骤 18："文件"—"保存"，如图 4-4-55。

图 4-4-55

步骤 19：再次 Ctrl+Enter 键测试影片。就会在保存的文件夹看到 SWF 动画文件，如图 4-4-56。

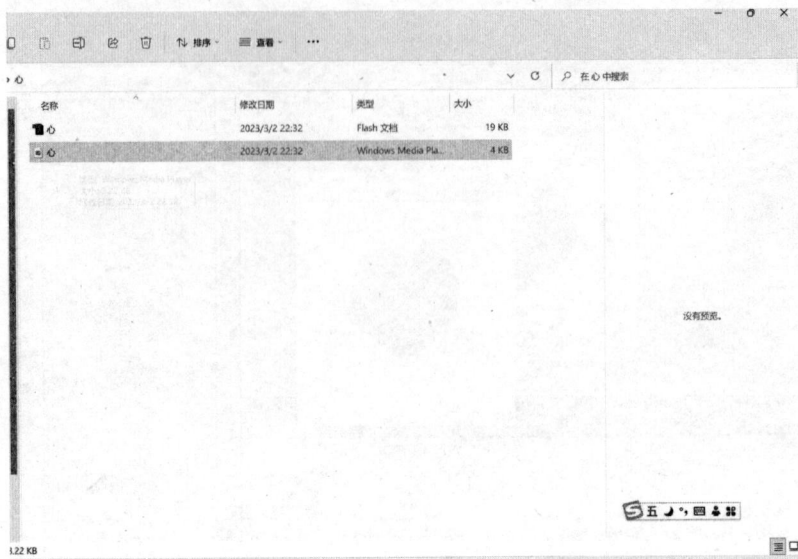

图 4-4-56

第五章　PowerPoint 课件的设计与制作

【章节学习目标】

1. 了解 PowerPoint 课件的定义；

2. 掌握 PowerPoint 母版的编辑；

3. 掌握 PowerPoint 模板的应用；

4. 掌握 PowerPoint 动画的类型；

5. 掌握 PowerPoint 不同类型动画的制作。

第一节　PowerPoint 基本介绍

PowerPoint 是微软公司的演示文稿软件，其文件格式后缀名为 ppt、pptx，或者也可以保存为 pdf、图片格式等。Microsoft Office 系列软件是 Windows 平台下的应用软件，里面有 Word、Excel、PowerPoint 等软件，Microsoft Office Power-Point 演示文稿软件是针对多媒体课件中每一页幻灯片时间的先后顺序进行播放。整个课件由许多页幻灯片组成，每一页幻灯片内是由若干个"对象"组成的，图、表、声音、视频图像和文字均可作为对象。

一、创建演示文稿

创建演示文稿有两种方式：利用"主题演示文稿"进行制作、利用"空演示文稿"进行创建。

（一）根据"内容提示向导"创建演示文稿

1. 启动 PPT 软件。

2. 单击"开始"，在右边新建选项栏，选择一个提供的主题演示文稿，如图 5-1-1，也可以单击更多主题，浏览并选择一个主题演示文稿，如图 5-1-2。

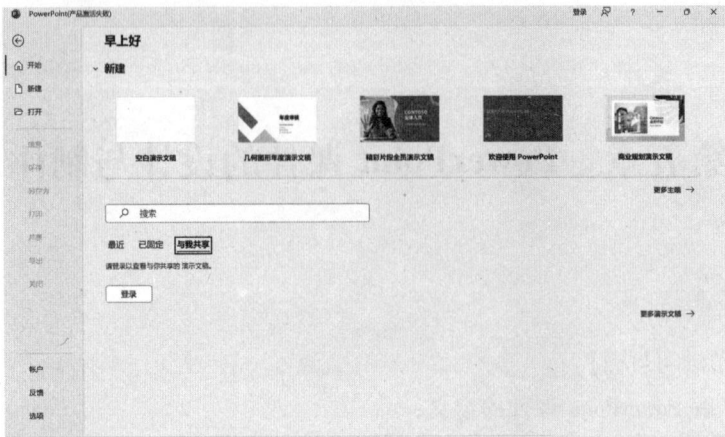

图 5-1-1

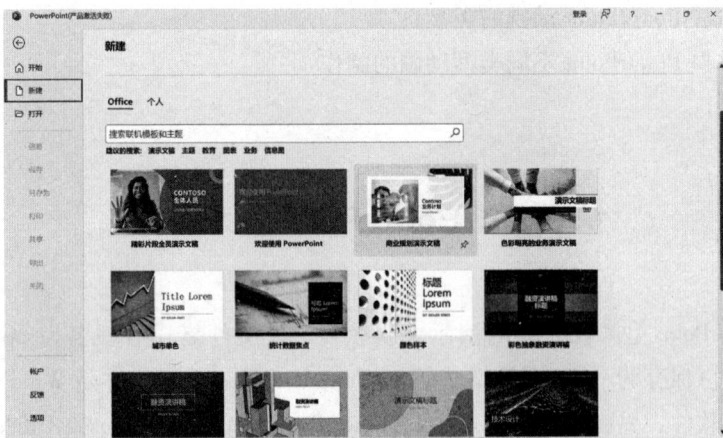

图 5-1-2

（二）创建空白演示文稿

1. 启动 PPT 程序。

2. 单击"开始"—"新建"—"空白演示文稿"按钮。

二、PowerPoint 视图

PowerPoint 具有许多不同的视图。最常用的三种视图是普通视图、幻灯片浏览视图和幻灯片放映视图。

（一）普通视图

PowerPoint 普通视图状态下包含三种窗格：大纲窗格、幻灯片窗格和备注窗格。拖动窗格边框可调整不同窗格的大小,幻灯片窗格是编辑区域,可以在幻灯片中添加图形、影片和声音,并创建动画等。

(二)幻灯片浏览视图

在幻灯片浏览视图中,可以同时看到演示文稿中的所有幻灯片以缩略图显示。可以很容易地调换幻灯片的顺序,以及进行幻灯片复制、粘贴、删除等。

(三)幻灯片放映视图

在幻灯片放映视图,可以通过单击"幻灯片放映"启动幻灯片放映或预览演示文稿。

三、多媒体对象的插入

在幻灯片中,可以插入文本、图片、声音、影片、动画等各种多媒体对象。

1. 添加文本,主要包括横排竖排文本的输入,以及艺术字的插入。

2. 添加图像,主要包括插入剪辑库中的剪贴画或者图片,或者插入从其他程序和位置导入的图片或扫描的图片。

3. 添加图形,主要包括绘制自选图形。

4. 添加声音视频对象,在幻灯片上插入声音或视频以使在幻灯片放映时进行播放。

四、动画设置

Microsoft Office PowerPoint 可以为幻灯片添加动画效果。例如,在幻灯片翻页时产生百叶窗动画效果,为文本设置淡入淡出的动画效果等。Microsoft Office PowerPoint 包括两种类型的动画:自定义动画和幻灯片切换动画。自定义动画主要是对幻灯片中的各个对象设置的动画,幻灯片切换动画是在幻灯片切换时给整张幻灯片设置的动画。

1. 选择要设置动画效果的对象,例如,文本框、图片、自选图形等。

2. 打开"动画"选项卡,点击"添加动画"命令。

3. 提供了进入、强调、退出、动作路径等动画效果。

4. 添加好动画效果后,点击"动画窗格"命令,会在右侧的动画窗格设置框内,显示该动画,可以对该动画的属性进行一些调整。

五、交互设置

Microsoft Office PowerPoint 提供了超级链接交互方式和触发器交互方式。

通过对文字或者图片添加超级链接,幻灯片放映时可以单击文字或者图片,打开链接的内容。首先在 PPT 幻灯片编辑区域，选中要添加的文字或图片，单击鼠标右键，在弹出的命令窗口选中"超链接"。然后在弹出的"超链接"窗口选择要链接的文件，选择好这个文件或者页面，再点击"确定"按钮即可。

通过触发器，实现 PPT 动画操作步骤：

步骤1：启动 PPT，在幻灯片窗口编辑好各对象，如图 5-1-3。

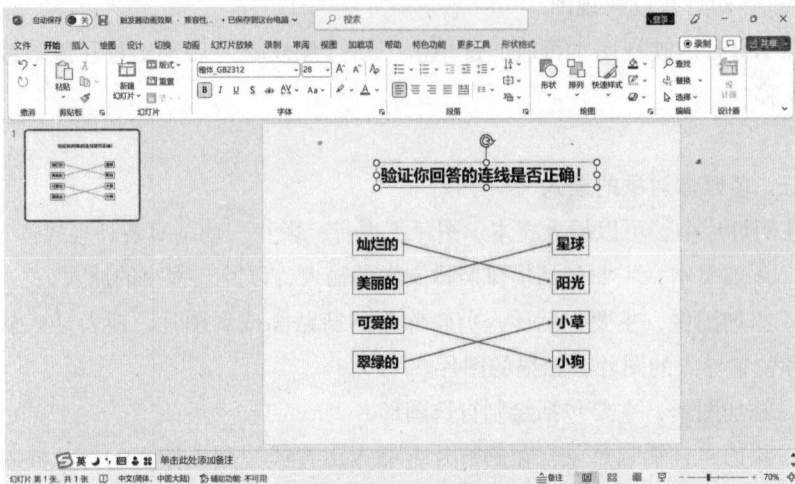

图 5-1-3

步骤2：假定要实现利用"对象 1 美丽的"触发"对象 2 箭头"的动画效果，在"对象 2"上点击，选择"动画"选项卡，选择"擦除"动画效果，如图 5-1-4。

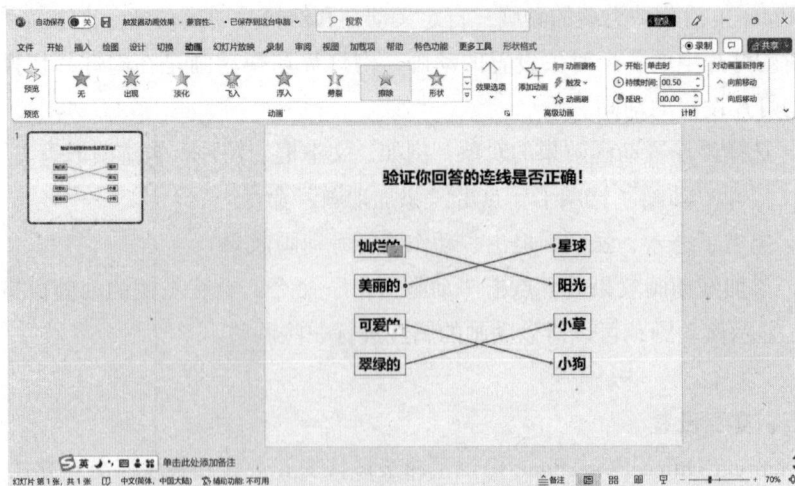

图 5-1-4

步骤3：在右侧的"动画窗格"中右击该动画标志，在弹出的对话框中选择"计时"选项卡，如图5-1-5。

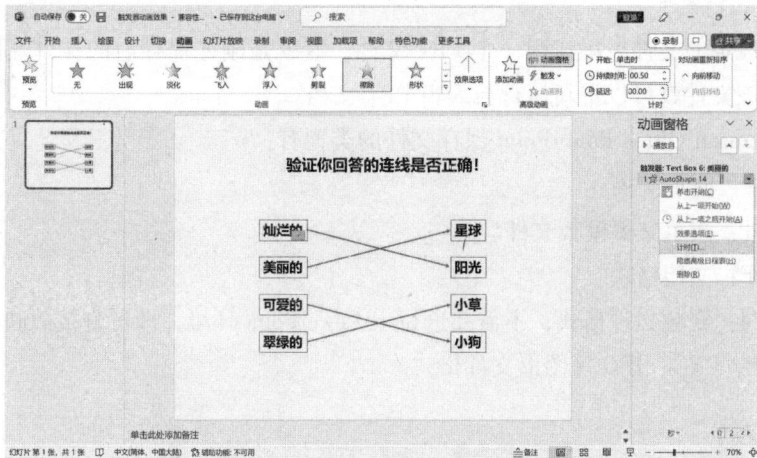

图 5-1-5

步骤4：单击"触发器"的"单击下列对象时启动效果"选项，在右侧的下拉框中选择"对象1美丽的"，"确定"即可，如图5-1-6。幻灯片放映时，单击"美丽的"，就会出现箭头的动画效果。

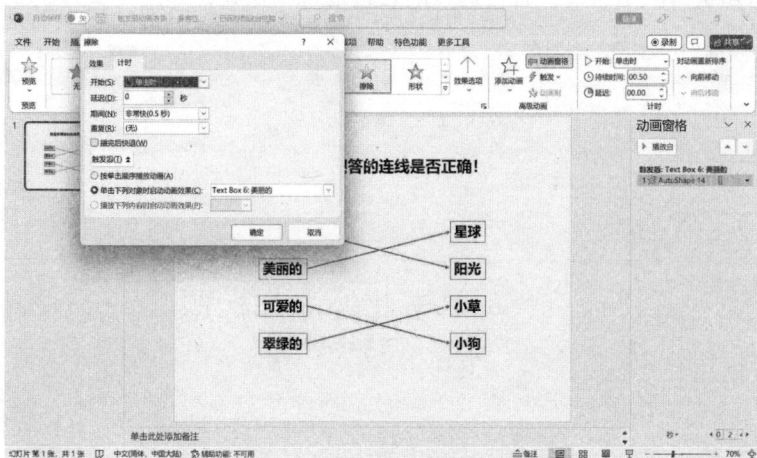

图 5-1-6

六、保存

第一步：做好PPT文档后，保存此文档，"文件"—"保存"。

第二步：在保存对话框内，输入保存此文档使用的名字。

第三步：用"浏览"可选择保存位置，选择好保存的位置后，"确定"后即可。

在选定的文件夹里找到一个 PPT 文件，这就是刚才保存后的文件。此时双击打开该文件就可以重新运行与编辑 PPT 文档。

Microsoft Office PowerPoint 保存文件的类型有：

PPT：演示文稿。

POT：演示文稿模板文件。

PDF：文档格式。

MP4：视频文件格式，不需要进行入 PowerPoint 环境，即可直接放映。

GIF、PNG、JPG 等图形文件格式。

第二节　PowerPoint 模板的设计与应用

实例一：编辑母版，制作需要的个性化 PowerPoint 模板

步骤 1：启动 PowerPoint 程序，可在"开始"选项卡中单击"空白演示文稿"，新建空白演示文稿，直接进入的是普通视图模式，如图 5-2-1。

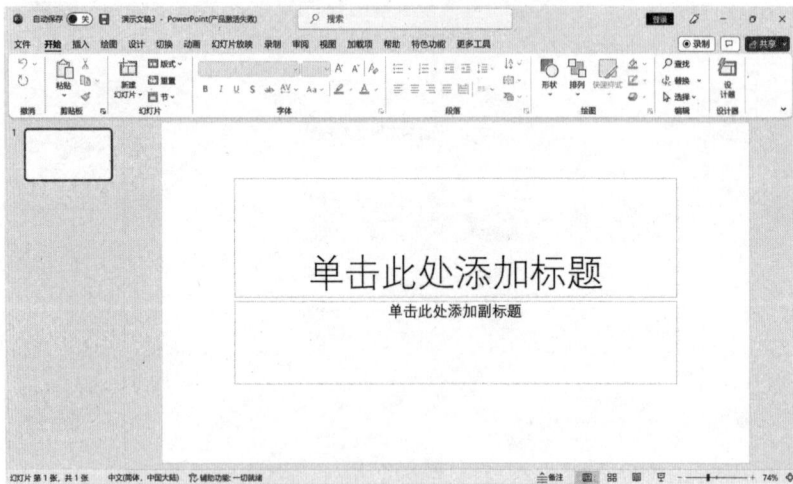

图 5-2-1

步骤 2：如果图片直接复制粘贴在 PPT 普通视图中，我们可以很轻易地编辑，但如果背景图片放在母版里，在普通视图就无法修改了。单击"视图"—

"幻灯片母版"，即可进入幻灯片母版的编辑模式，如图 5-2-2。

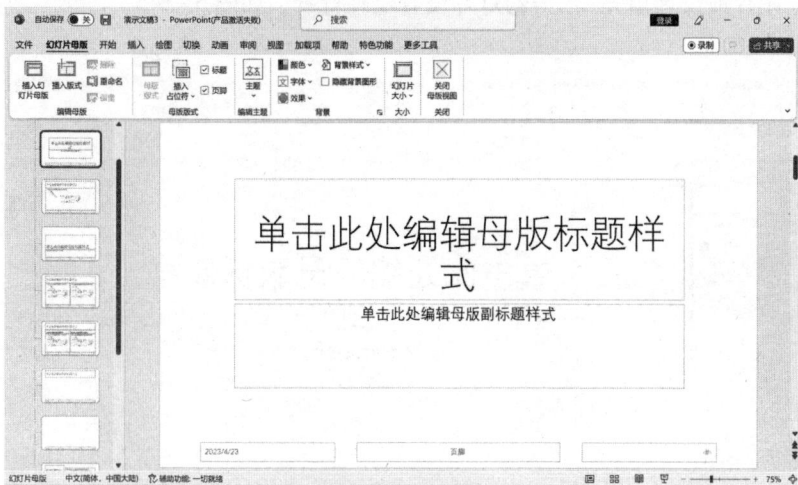

图 5-2-2

步骤 3：在母版模式下可以编辑经常出现的信息，比如公司 logo、联系信息等。从左侧的预览中可以看出，PPT 提供了 12 张默认幻灯片母版页面。其中第 1 张为基础页，对它进行的设置，自动会在其余的页面上显示，如图 5-2-3。

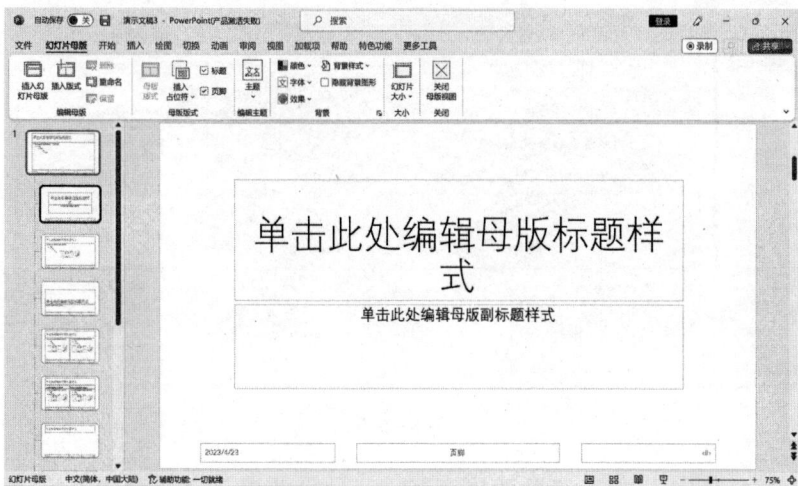

图 5-2-3

步骤4：右击选择"设置背景格式"命令，如图5-2-4。在弹出的对话框选择"图片或纹理填充"，为幻灯片设置纹理背景，如图5-2-5。

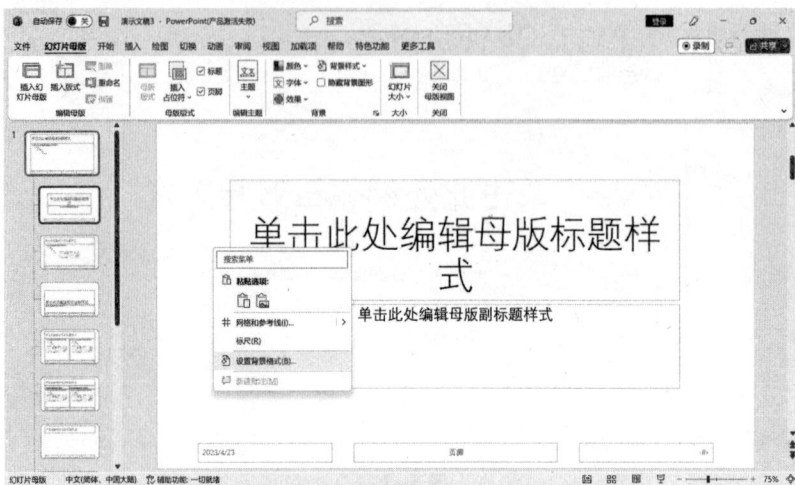

图 5-2-4

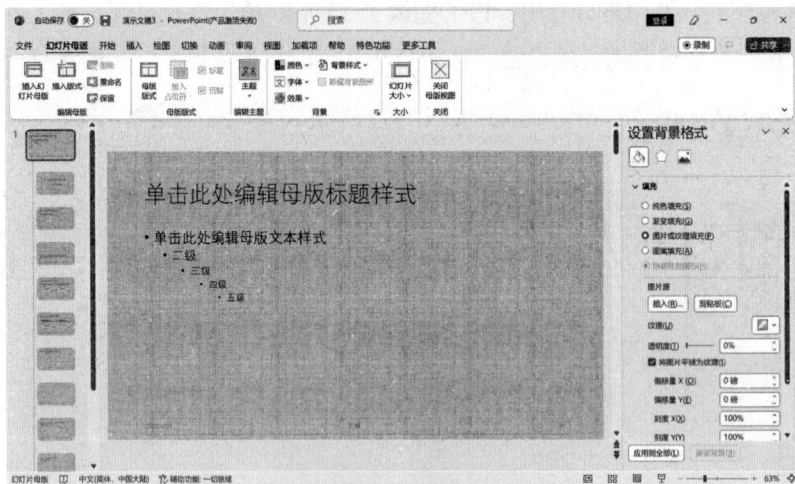

图 5-2-5

步骤5：也可以单击"渐变填充"—"预设渐变"以及渐变颜色、类别，根据个人需求调整增加或减少"渐变光圈"，如图5-2-6。

从刚才幻灯片设置纹理和渐变填充颜色过程中可知，在修改幻灯片的背景时，在母版里操作时不仅第1张的背景图片换掉了，所有12张默认的PPT页面都被换掉了。所以可以说，第1张PPT基础页是母版中的母版，一变全变。而

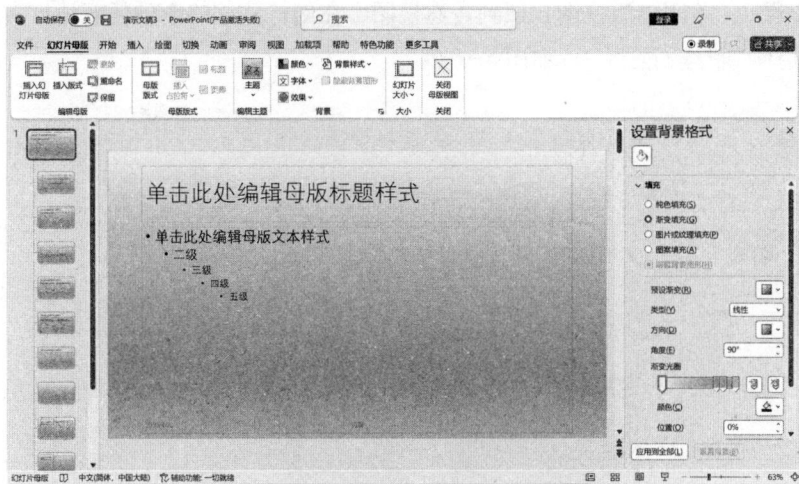

图 5-2-6

且下面 11 张 PPT 页面的背景图片都没有办法选择和修改，要想改变的话只有在幻灯片上面插入覆盖。

步骤6：在 PPT 母版中，第 2 张一般用于封面，所以我们想要使封面不同于其他页面，只有在第 2 张母版页单独插入一张图片覆盖原来的，这样只有第 2 张发生了变化，其余的还是保持原来的状态，如图 5-2-7。也可以返回普通视图再插入图片。

图 5-2-7

步骤7：关闭母版视图，回到普通视图，在幻灯片缩略图的任意地方右键单击，选择"新建幻灯片"，如图5-2-8。

图5-2-8

步骤8：我们可以发现，新增的PPT幻灯片也是渐变颜色背景，也就是我们刚刚在第1张母版中设置的背景，如图5-2-9。

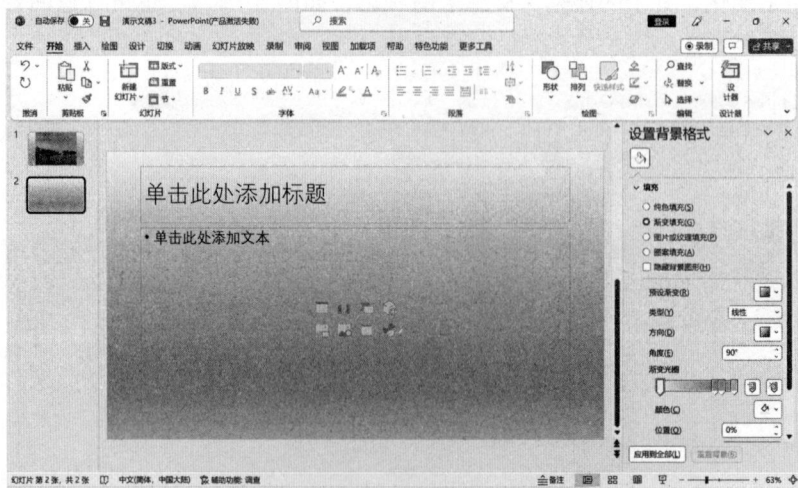

图5-2-9

实例二：应用下载的 PPT 主题模板

步骤 1：启动 PowerPoint 程序，在"开始"选项卡中单击"空白演示文稿"，新建空白演示文稿，如图 5-2-10。

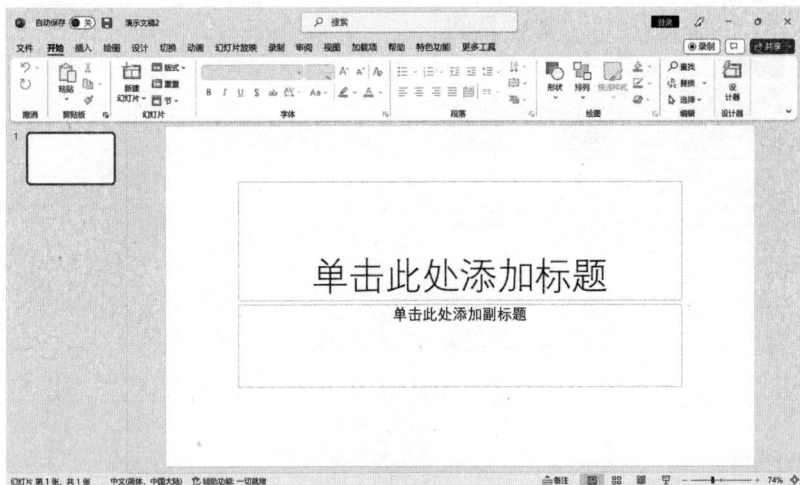

图 5-2-10

步骤 2：点击"设计"选项卡，可以看到 Office 主题的一些样式，可以选定一个主题样式应用于选定幻灯片或者所有幻灯片，如图 5-2-11。

图 5-2-11

步骤 3：也可以单击"浏览主题"，如图 5-2-12，找到下载的 PPT 模板演示文稿，选定后单击"应用"按钮即可，如图 5-2-13。

图 5-2-12

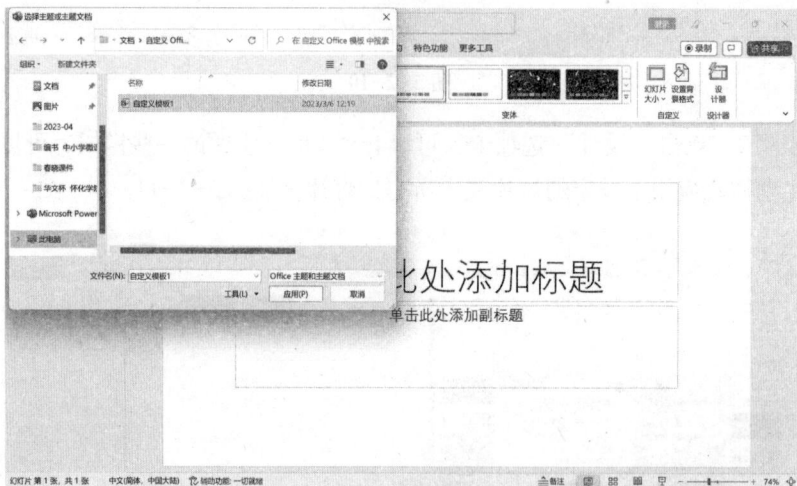

图 5-2-13

第三节　PowerPoint 动画的实现与应用

PowerPoint 动画主要分为两种动画效果：PowerPoint 幻灯片切换动画效果和 PowerPoint 自定义动画效果。PowerPoint 幻灯片切换动画主要是对每张相邻的幻灯片设置动画效果，PowerPoint 自定义动画首先选中需要添加动画的对象，然后设置自定义动画。

1. 进入，即设置对象进入幻灯片的方式。PowerPoint 2010 进入方式分成了基本型、细微型、温和型和华丽型。

2. 强调，即为了强调对象内容，使已经存在于幻灯片中的对象做出各种强调动作，比如可以改变对象的大小、形状、颜色和字体等。

3. 退出，即设置对象退出幻灯片的方式。退出的动作方式与"进入"类似。

4. 动作路径，即设置对象的动作线路。该选项不仅提供了多达数十种的路径选项，而且还允许用户对这些路径进行修改或是自定义直线、曲线、任意多边形和自由曲线的路径。

一、PowerPoint 幻灯片切换动画

在 PowerPoint 中，幻灯片切换动画是对前一张幻灯片切换到下一张幻灯片动画效果的设置。为演示文稿的幻灯片添加切换效果，可以在"幻灯片切换"任务窗格中进行设置。

步骤 1：打开需要设置切换动画效果的 PPT 文稿，如图 5-3-1。

图 5-3-1

步骤 2：打开 PPT 演示文稿后，在功能区选择"切换"选项卡，在切换到此幻灯片中选择一个你需要的切换效果，如图 5-3-2。如果还想选更多的切换效果就点击"其他"，然后再选择。

图 5-3-2

步骤 3：如果想让不同的幻灯片的切换效果不一样，选择需要设置切换效果的幻灯片，重复步骤 2 的操作，如图 5-3-3，也就是单独选中每张幻灯片进行设置。在设置完成后，要随时进行预览或是幻灯片浏览，观察其使用效果，防止播放时出错。

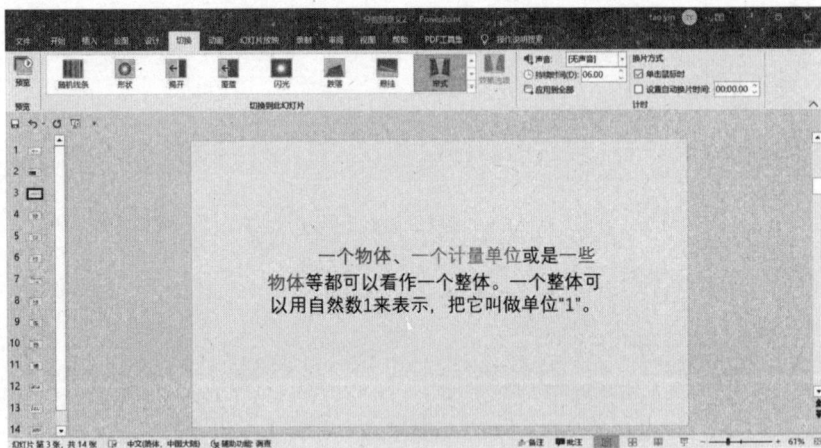

图 5-3-3

二、PowerPoint 自定义动画

PowerPoint 自定义动画，则是对其演示文稿中的文本、图片、形状、表格、SmartArt 图形和其他对象制作成动画，赋予它们进入、退出、大小或颜色变化甚至移动等视觉效果。具体分为以下四种自定义动画效果。

第一种"进入"效果。在 PowerPoint 菜单的"动画"—"添加动画"里面"进入"或"更多进入效果",如图 5-3-4,都是自定义动画对象的出现动画效果,比如百叶窗,或者从边缘飞入幻灯片或者跳入视图中等。

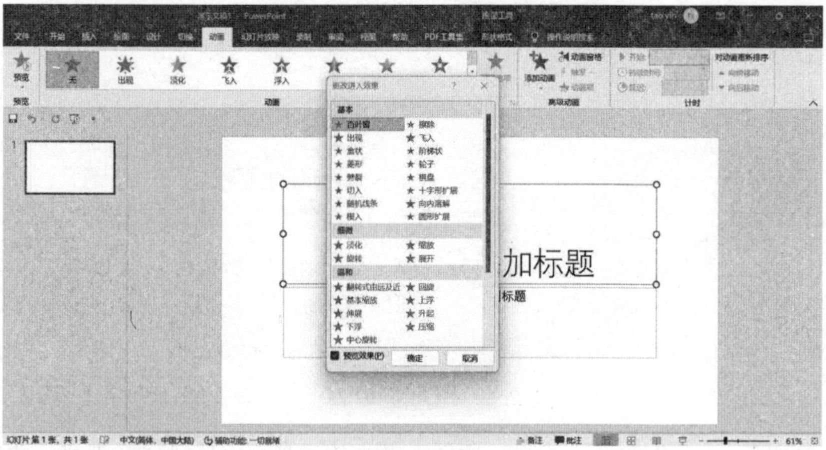

图 5-3-4

第二种"强调"效果。同样在 PPT 菜单的"动画"—"添加动画"里"强调"或"更多强调效果",如图 5-3-5,有"基本型""细微型""温和型"以及"华丽型"四种特色动画效果,这些效果的示例包括使对象缩小或放大、更改颜色或沿着其中心旋转。

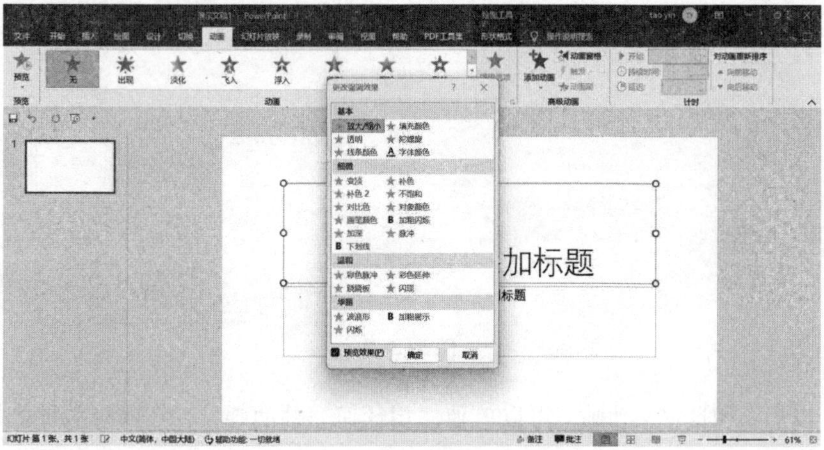

图 5-3-5

第三种"退出"效果。这个自定义动画效果的区别在于与"进入"效果类似,但是相反,它是自定义对象退出时所表现的动画形式,如让对象飞出幻灯片、从视图中消失或者从幻灯片旋出，如图5-3-6。

图 5-3-6

第四种，"动作路径"效果。这一个动画效果是根据形状或者直线、曲线的路径来展示对象游走的路径，使用这些效果可以使对象上下移动、左右移动或者沿着星形或圆形图案移动，图5-3-7。

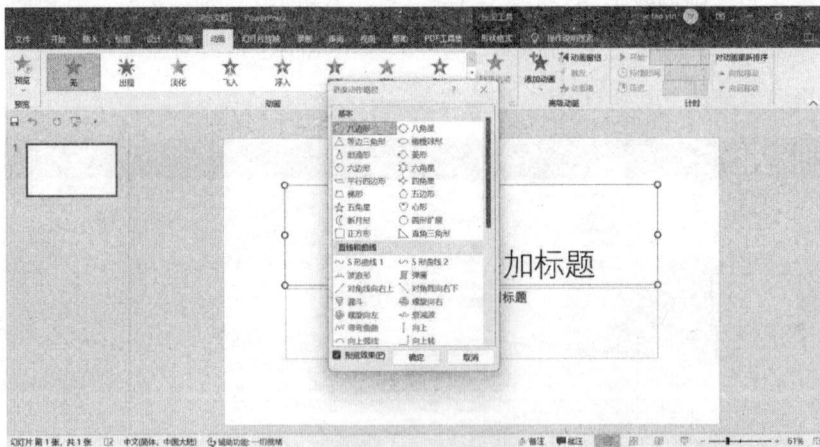

图 5-3-7

以上四种自定义动画，可以单独使用任何一种动画，也可以将多种效果组合在一起。动画效果的组合，可以是多个对象的组合同时出现同一效果或多个效果，也可以是对选中一个对象添加多个动画效果，再通过调整自定义动画设置出现的顺序以及开始时间，延时或持续动画时间等，以达到自己所需的动画效果。

多个组合对象设置动画效果，操作步骤如下：

1. 鼠标左键点击选中一个对象，然后按住"Ctrl"键，鼠标这时出现加号，可点击增加其他对象。

2. 鼠标右击，在弹出的菜单选择"组合"—"组合"，此时多个对象组合成一个对象。

3. 单击"动画"选项卡，再选择需要的动画效果。

第四节 PowerPoint 课件实例制作

本节以《比较图形的面积》微课课件部分幻灯片的制作为例，讲解其制作过程。

步骤 1：打开 PowerPoint，设置母版背景格式。在"视图"菜单栏中选中"幻灯片母版"，对模板进行编辑，如图 5-4-1，编辑结束后点击"关闭母版视图"。

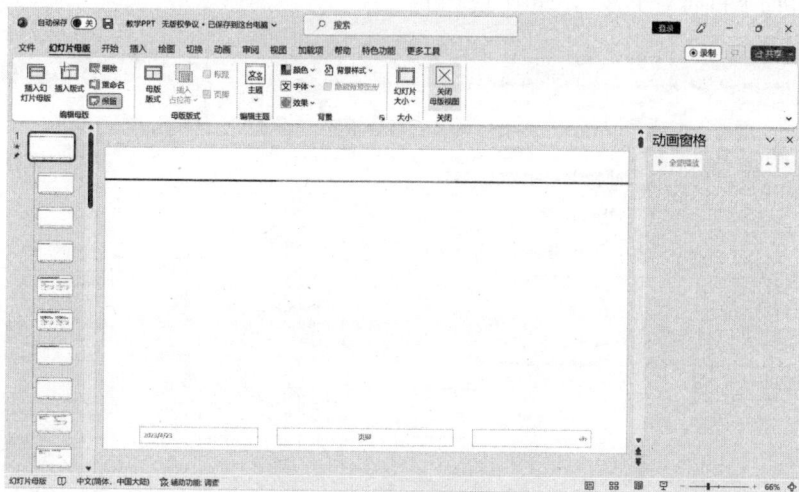

图 5-4-1

步骤 2：图形绘制。"插入"—"形状"，绘制好两个大小一样，颜色不同的三角形，以及一个同底同高的平行四边形，如图 5-4-2。

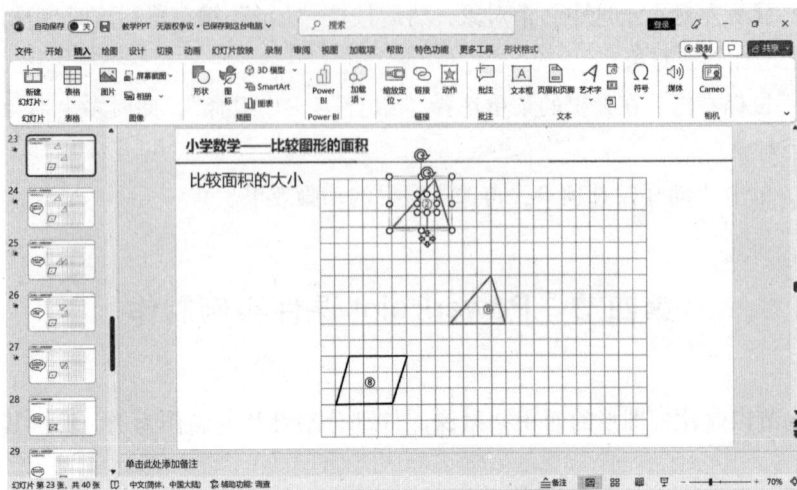

图 5-4-2

步骤3：绘制对话框图形，如图5-4-3。右击图形编辑文字，输入文字"先将图②向下再向右平移"，如图5-4-4。

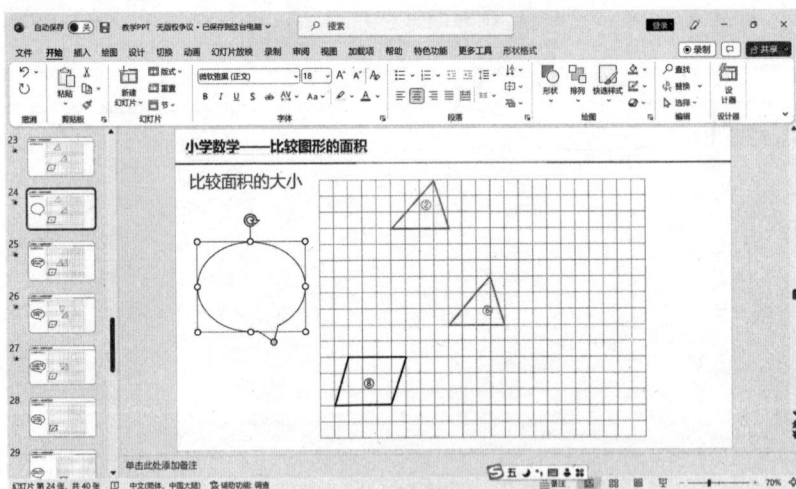

图 5-4-3

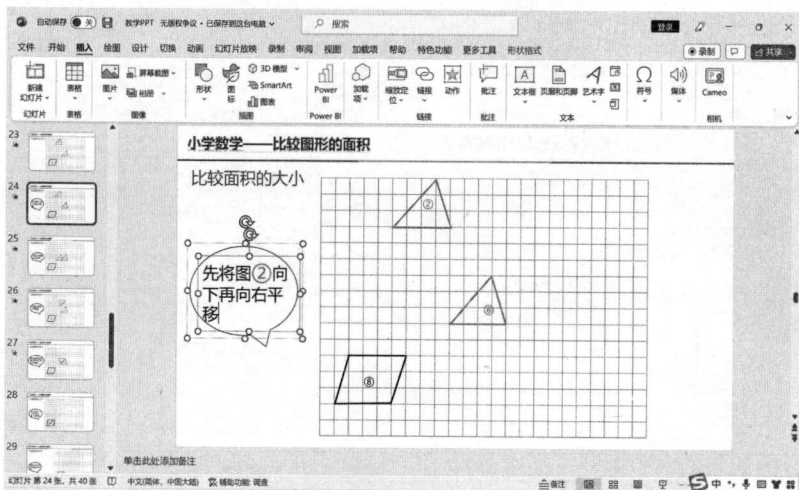

图 5-4-4

步骤 4：选中三角形②设置动画效果，"动作路径"—"直线"，设置向下的动画，如图 5-4-5。

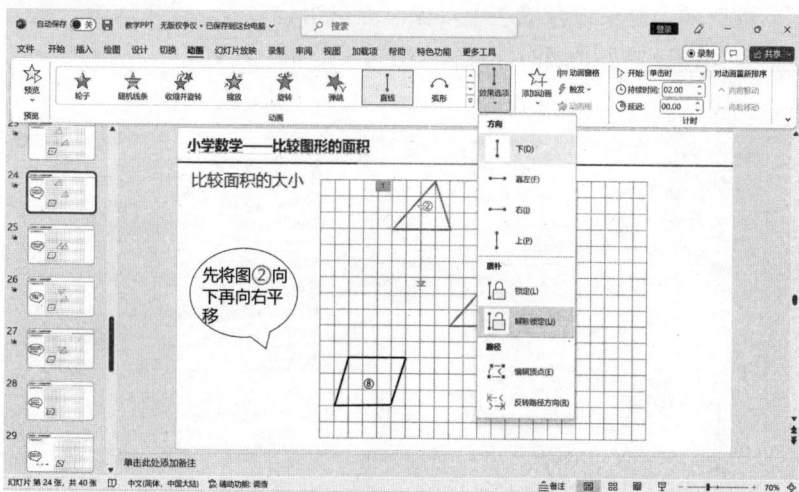

图 5-4-5

步骤 5：复制幻灯片 24，得到幻灯片 25。插入形状红色圆点，修改对话框图形内文字，如图 5-4-6。

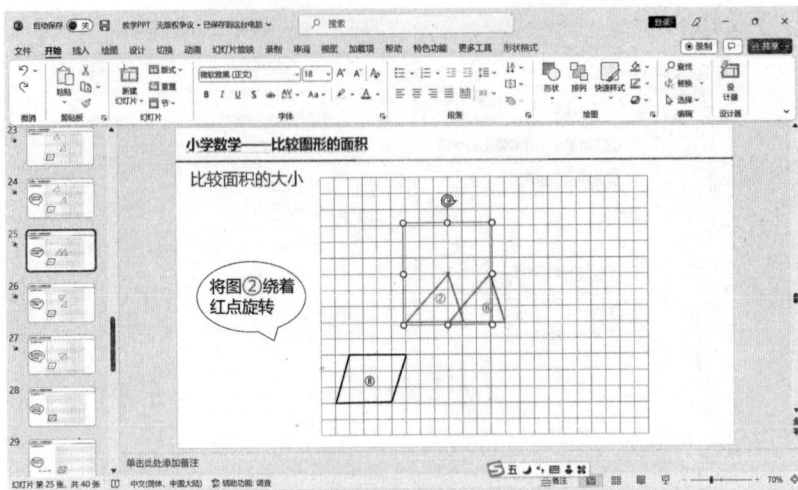

图 5-4-6

步骤 6：红点和三角形②组合对象设置动画效果。单击其中红点对象，按住"Ctrl"键，鼠标继续点击三角形②，右击鼠标，从弹出的窗口选择"组合"—"组合"，此时两个对象组合成一个对象。点击组合对象，设置动画"强调"—"陀螺旋"，属性设置为"顺时针旋转 180 度"，如图 5-4-7。

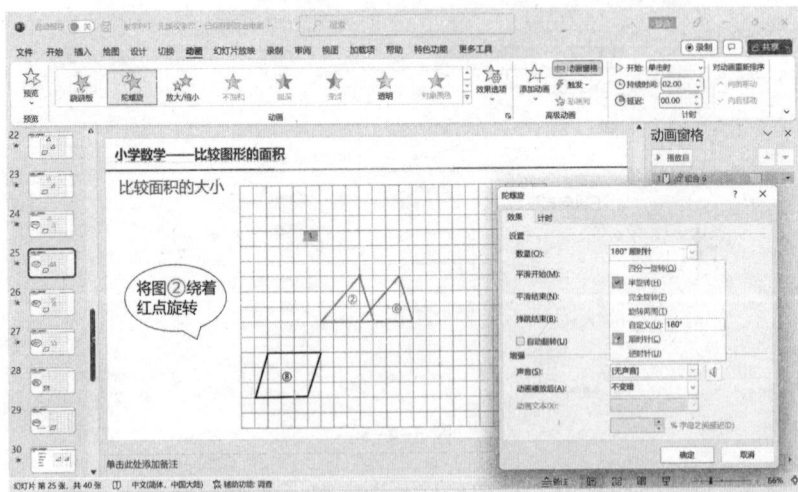

图 5-4-7

步骤7：复制幻灯片25，得到幻灯片26，选中三角形②进行垂直翻转，其形状修改为如图5-4-8。

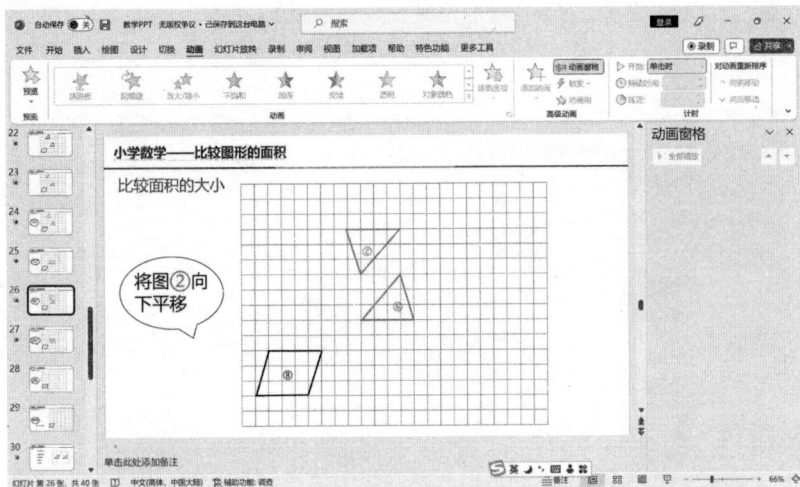

图 5-4-8

步骤8：复制幻灯片26，得到幻灯片27，将三角形②往下移动并和三角形⑥组合成一个平行四边形对象，如图5-4-9。

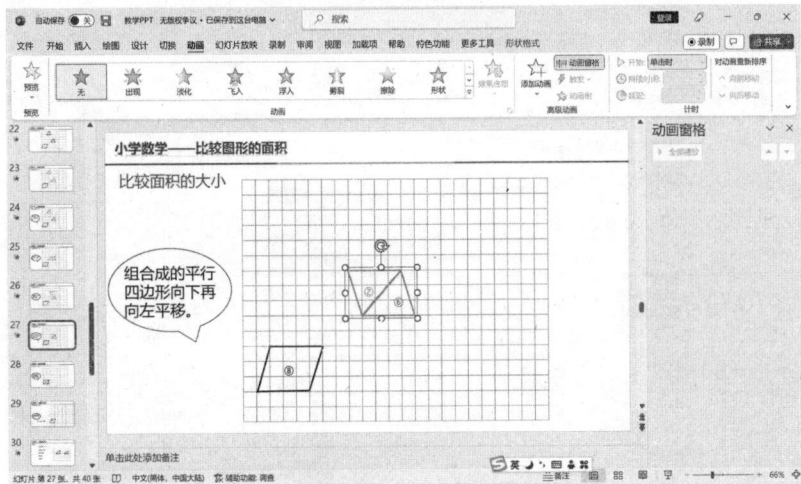

图 5-4-9

步骤9：复制幻灯片27，得到幻灯片28，选中三角形②和三角形⑥组合对象往下移动，并添加红点形状，一起组合成一个对象，如图5-4-10。

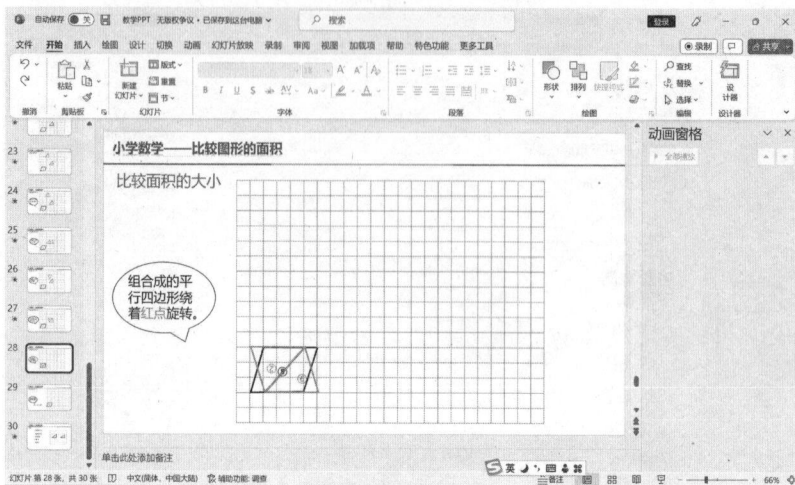

图 5-4-10

步骤10：选中三角形②、三角形⑥和红点形状的组合对象，设置动画，"强调"—"陀螺旋"，属性设置为"顺时针旋转90度"，如图5-4-11。

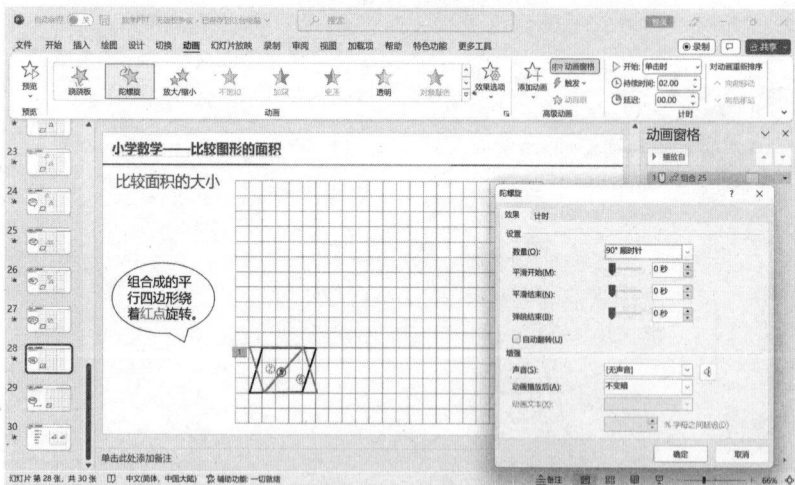

图 5-4-11

步骤11：复制幻灯片28，得到幻灯片29，将组合对象旋转，并将三角形⑥垂直翻转，目的是和平行四边形⑧重合，如图5-4-12。

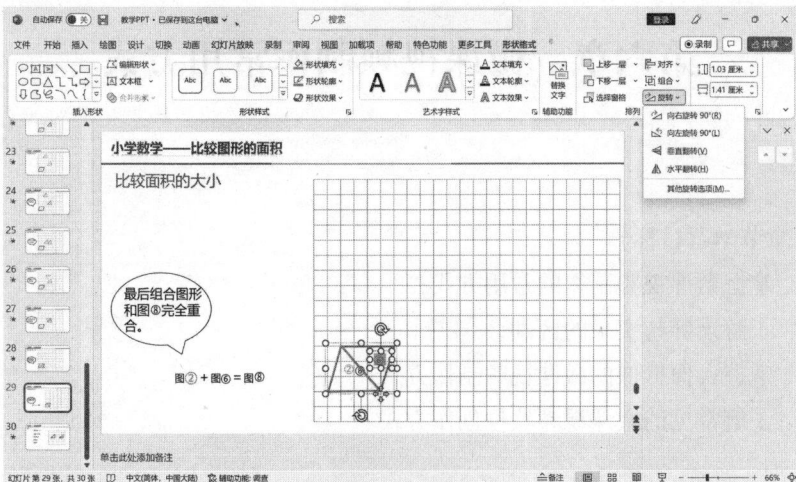

图 5-4-12

步骤12：新建幻灯片30，输入文字，绘制方格与三角形图形，如图5-4-13，进行总结温故。

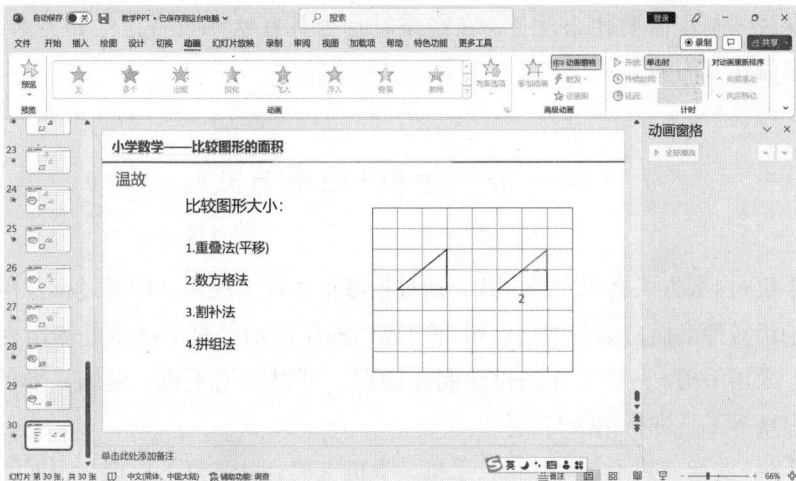

图 5-4-13

第六章 微课视频制作常用方式

【章节学习目标】

1. 掌握微课视频制作的常用方式；
2. 了解录屏与实录的区别；
3. 掌握人像抠像的微课视频制作方式；
4. 了解常见的微课视频软件创作方式。

学科性质决定了学科知识的特点，不同类型的微课制作工具适用于不同学科。拍摄类微课制作工具适用于理工科实验，比如生物、物理、化学实验的拍摄，以及体育、美术、音乐等课程示范片段的拍摄等。录屏类微课制作工具适用于对学科课件边讲解边录屏，适用的学科比如语文、英语、数学等。还要考虑微课视频制作需要什么设备，在制作时是否具有这些设备，比如美术绘画、手工品制作方面的微课，需要有支架和灯光设备。

第一节 手机+白纸方式

手机+白纸方式属于实录方式，通过拍摄得到微课视频，即通过影像摄像设备，拍摄教师桌面白纸范围内其讲解内容、操作演示等真实场景并输出视频的方式。采用手机+白纸方式拍摄法制作微课，可以运用手机、电脑、平板、支架、白纸等工具进行拍摄与制作。

手机+白纸方式工具与软件：手机、手机支架、补光灯、白纸、不同颜色的笔、相关教学主题的教案、视频编辑硬件与软件等。

手机+白纸方式拍摄微课视频过程简述：

第一步：针对微课主题，进行详细的教学设计，形成教案。

第二步：摆放拍摄手机、补光灯，以及纸张的位置，确定拍摄的纸张范围。

第三步：用笔在白纸上展现出教学内容，用手机将教学过程拍摄下来。尽量保证语音清晰、画面稳定、演算过程或教授过程明了易懂。

第四步：通过视频编辑软件，对拍摄的视频可以进行必要的编辑和美化，比如添加视频片头。

第二节　录屏方式

录屏方式是通过实时录屏和后期制作得到视频，即利用录屏软件实时录制电脑屏幕上的文档，加上后期制作再输出视频的方式。适用录频方式制作微课的软件大致可分为三类——文档制作软件、录屏软件、后期制作软件。当然，现在有许多软件集录屏功能与后期编辑功能于一体。文档制作软件有PowerPoint，录屏软件有超级录屏、屏幕录像专家、Camtasia Studio 等，后期制作有 Camtasia Studio、剪映、爱剪辑等。采用录屏方式制作微课，除了运用上述软件外，首先也需要进行教学主题的教学设计。

录屏方式制作微课视频过程简述：

第一步：针对微课教学主题，进行详细的教学设计，形成教案。

第二步：基于教案，运用 PowerPoint 等课件制作工具制作教学课件。

第三步：打开录屏软件，对课件进行实时录屏。要求在安静的环境中进行，减少不可控因素的干扰。

第四步：运用视频编辑软件对视频进行配音、编辑和美化，进一步完善视频。

第三节　实录+录屏方式

实录+录屏方式指录音、录像与录屏同时进行，即实时录制屏幕上的课件时，打开麦克风和摄像头，将声音和人像也一同录入。因需要实录人像和声音，对录制场景要求较高。录制场景要保证安静，背景简单大气与课件色调相符。此外，笔记本还需收音效果好。

实录+录屏方式制作视频过程简述：

第一步：针对微课教学主题进行教学设计，形成教案。

第二步：基于教案，运用课件制作工具制作教学课件。

第三步：打开录屏软件，对课件进行录屏。

第四步：确定好实录内容，调整好摄像头拍摄范围、位置等开始实录。

第五步：运用视频编辑软件对录屏视频和实录视频进行配音、编辑和美化，进一步完善视频。

第四节 人像抠像+录屏方式

人像抠像+录屏方式是通过实时录屏得到视频，再后期添上人像得到视频的方式。使用人像抠像+录屏方式制作微课，主要分为两部分——人像抠像和录屏。录屏所需软件以及制作过程和录屏方式的软件和制作过程一致。人像抠像运用的工具和软件有：蓝布/绿布、摄像机、手机、手机支架、补光灯、Power-Point、剪映等。

人像抠图+录屏方式制作微课视频过程简述：

第一步：针对教学主题，进行详细的教学设计，形成教案。

第二步：基于教案，运用 PowerPoint 制作教学课件。

第三步：运用录屏软件，对课件进行录屏，得到基础视频。

第四步：用蓝布/绿布布置背景，摆放拍摄手机、补光灯，以及确立教师站立位置，拍摄人像。

第五步：使用剪映打开基础视频，运用画中画效果中色度抠图，抠出人像并调整大小放置合适位置。

第六步：运用 Camtasia Studio、剪映等视频处理软件对视频进行必要的编辑、美化，进一步完善视频。

第五节 软件创作方式

软件创作方式是利用相关应用软件直接制作微课视频，或者利用软件制作动画后，再进行配音合成并输出视频的一种方式。软件创作方式在硬件方面需要电脑、麦克风等设备，而软件方面有万彩动画大师、FOCUSKY、Flash、易企秀、PowerPoint 等可供选择。每款软件各有优劣，可根据需求选择。

一、万彩动画大师

（一）万彩动画大师介绍

万彩动画大师是一款动画制作软件，可以制作出企业宣传动画、动画广告、营销动画、多媒体课件、微课视频等。其具有强大的动画功能，操作界面简洁，操作简单容易，短时间内便可学会制作出专业级水平的动画视频。如图 6-5-1 是万彩动画大师 3.0.000 版本界面，万彩动画大师软件更新速度非常快，可以访问官网网址下载软件并进行安装。

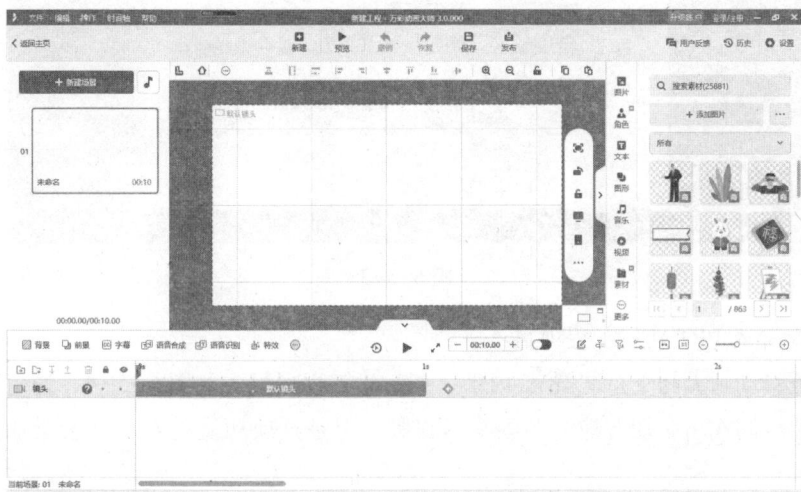

图 6-5-1

1. 大量精美模板场景

万彩动画大师模板有教育、饮食、健康、生活等多个主题模板，如图 6-5-2、图 6-5-3，使用模板可以快速制作出精美的动画宣传视频、微课视频等。

图 6-5-2

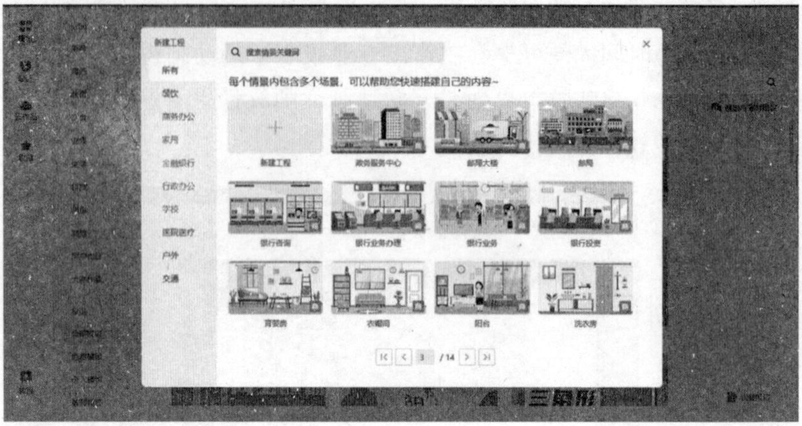

图 6-5-3

2. 导入 PPT 新建工程项目

万彩动画大师支持"导入 PPT"来新建工程项目，如图 6-5-4，通过简单加工即可制作出生动有趣的动画演示视频，但是这项功能需要 VIP 会员版才能使用。

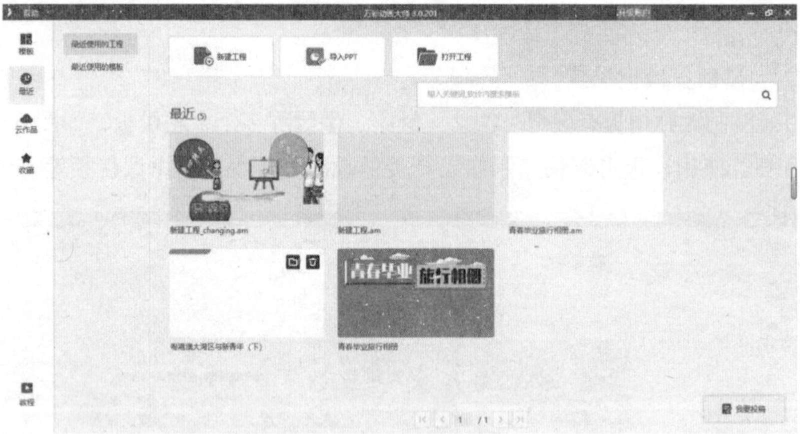

图 6-5-4

3. 丰富的动画特效

万彩动画大师拥有自定义场景元素的进场、强调及退出动画特效，如图 6-5-5，可以提高微课视频、动画视频的动感与吸引力。

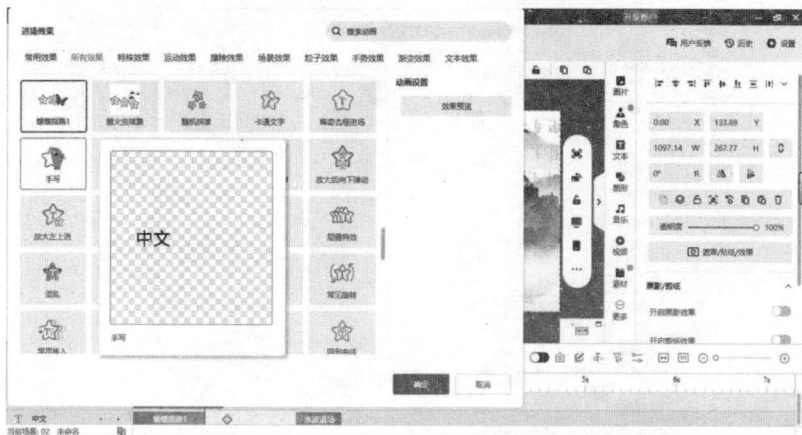

图 6-5-5

4. 栩栩如生的动画角色

软件拥有大量的动画角色，如单人角色与群演角色，表情多样，种类繁多，如图 6-5-6。

图 6-5-6

5. 大量的矢量图片素材库

软件拥有大量的动态与静态矢量图片，如图 6-5-7，可在场景内添加高清矢量图片，轻松制作个性化的动画视频。

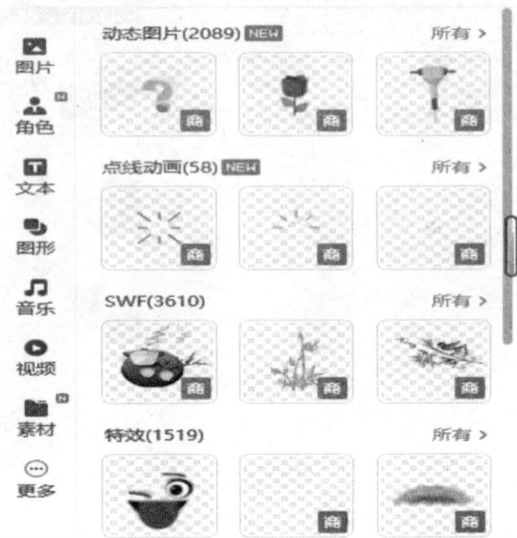

图 6-5-7

6. 丰富的场景过渡动画效果

软件内置多种过渡动画效果，如推移、梦幻波浪、跌落、梳理、立方体等，如图 6-5-8，丰富的过渡动画效果可以使场景间动态切换，提升了整个动画视频的视觉效果。

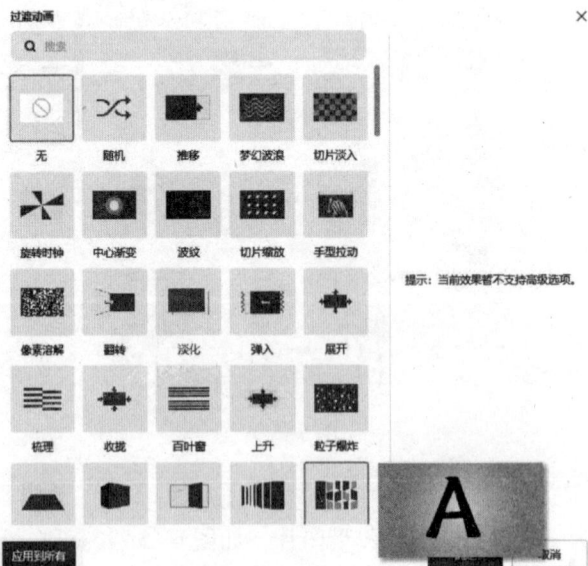

图 6-5-8

7. 语音合成

软件拥有语音合成功能，只要输入文本，就可以生成不同语音（男音、女音、普通话、方言、英语、卡通人物语言等），还可以调节语音的音量和音速，如图 6-5-9。

图 6-5-9

8. 大量的音频资源

软件拥有大师的电闪雷鸣声，各类乐器声，虫鸣鸟叫声，爆炸声，键盘点击声等各类音效，如图 6-5-10。

图 6-5-10

9. 输出视频格式

软件支持输出多种格式（mp4、wmv、avi、flv、mov、mkv）的视频，并可自定义输出设置，如图 6-5-11。

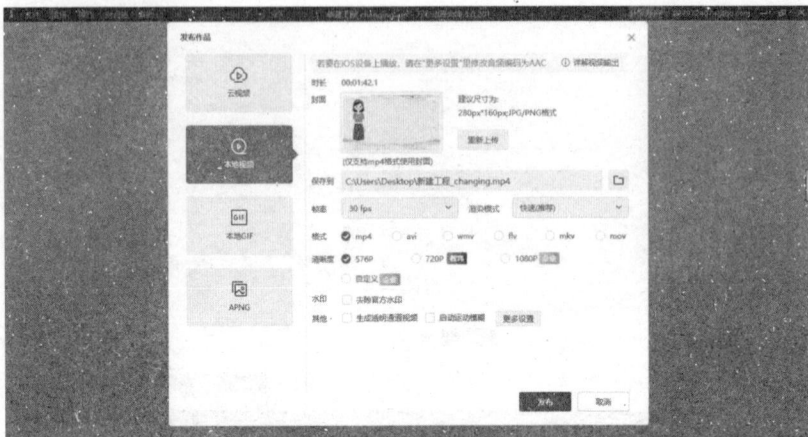

图 6-5-11

（二）使用万彩动画大师导出功能创建视频

步骤 1：点击软件正上方中间的【发布】，如图 6-5-12。

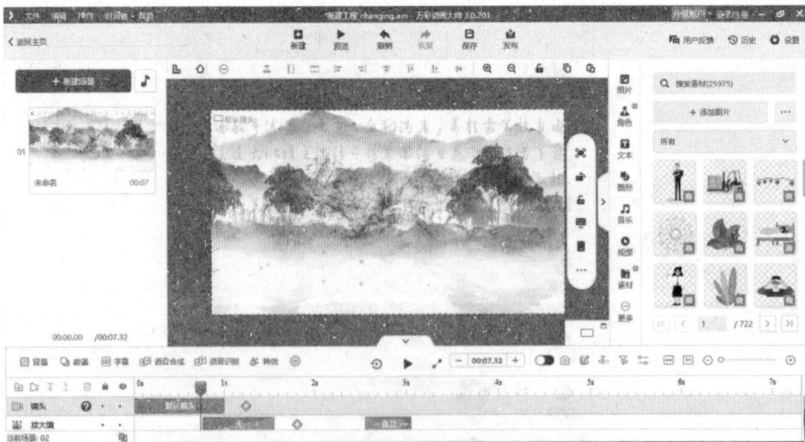

图 6-5-12

步骤 2：点击【发布】后，可以设置保存位置、帧率、格式、清晰度、水印等。但是免费版不能去水印和不能使用 576P 以上的清晰度，再点击"发布作品"窗口下方的【发布】按钮，如图 6-5-13，在保存的相应路径文件夹就能找到视频。

图 6-5-13

二、FOCUSKY

(一) FOCUSKY 介绍

FOCUSKY 动画演示大师是一款高效、新型的幻灯片制作软件,能制作具有3D 镜头伸缩、旋转和平移等动画效果的演示文稿。目前,FOCUSKY 有免费版、永久个人版、永久教育版和永久企业版四个版本,其中永久企业版能使用软件所有功能,如图 6-5-14。图 6-5-15 是 FOCUSKY 4.7.101 版本界面,FOCUSKY动画演示大师软件更新速度非常快,可以访问官网网址下载软件并进行安装。

图 6-5-14

1. 操作界面简洁,简单易学。

FOCUSKY 操作界面简洁直观,适用初学者,所有操作点击相应按钮即可,在漫无边界的画布上,插入移动对象非常方便。此外,还有内置内容布局和内置帧布局，灵活应用了矩形帧、方括号帧、圆形帧和不可见帧进行布局，每种布局都体现了缩放、平移和旋转的动态效果，如图 6-5-15。

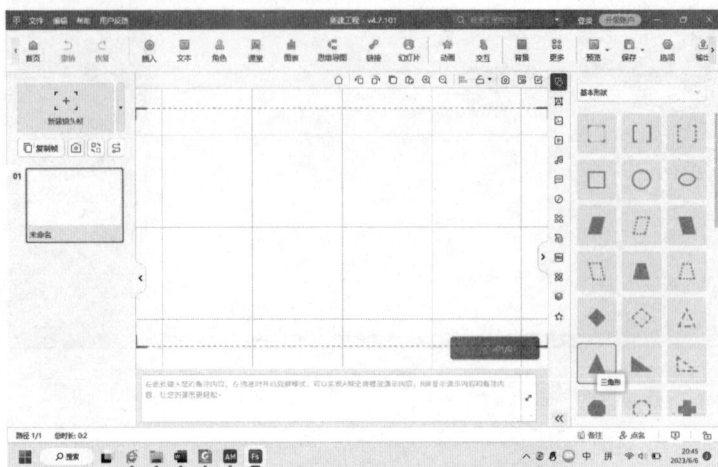

图 6-5-15

2. 大量模板和素材

FOCUSKY 有大量在线模板、背景模板、动画角色、集成矢量素材等优势。

（1）在线模板

使用在线主题模板可以快速高效地制作出精美的课件。在线主题的模板涵盖了多个领域，如教育、商务汇报、节日、计划、产品介绍、商演等，点击使用后立即可进行编辑，将内容替换成自己的内容，如图 6-5-16。

图 6-5-16

（2）背景模板

采用 3D 背景模板，不仅看上去更有立体感和空间，还很漂亮酷炫，还支持编辑，添加或者替换成自己的内容，如图 6-5-17。

图 6-5-17

（3）动画角色

软件拥有非常多的动态与静态的动画角色，涵盖许多动作类型，包括人物说话，表情喜怒哀乐，动作站立奔跑坐等，如图 6-5-18，通过应用 GIF 动画角色，轻松吸引观众注意力。

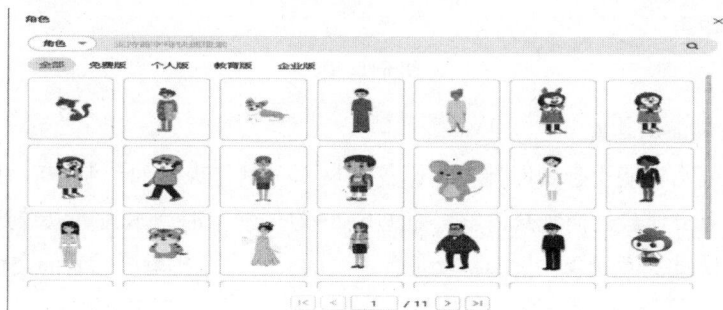

图 6-5-18

（4）矢量素材

拥有大量时尚矢量素材，直接输入关键词，便可找到所需矢量素材，如图 6-5-19。

图 6-5-19

3. 多种图形，自由曲线，任意绘图

多种多样的图形、自由曲线，任意自由组合，任意绘画，可以描绘出各种各样的图案，如图 6-5-20。

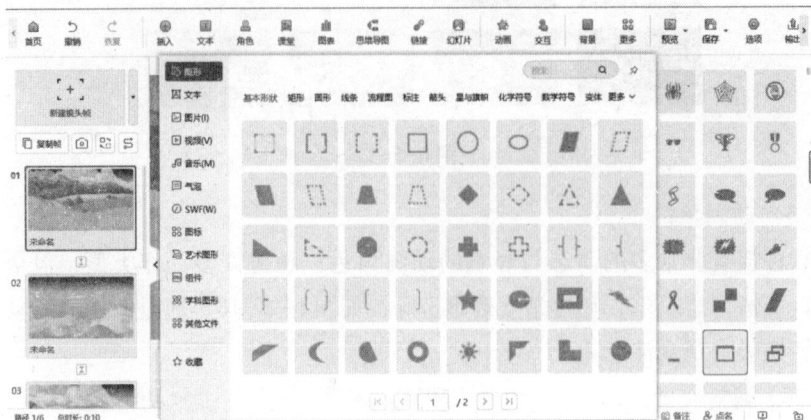

图 6-5-20

4. 分屏演示功能

分屏演示功能用于其课件在投影仪的展示。制作课件时，制作者可以加入备注信息以方便自己向观众讲解，如图 6-5-21。演示时，本人可以看到视图以及备注的信息，而观众在投影幕上是看不到的，有利于提醒演示者的文稿演示。

图 6-5-21

5. 演示时手写注释功能

在演示时，可直接在幻灯片演示文稿中添加注释，比如箭头、文字、方框等，如图 6-5-22。

图 6-5-22

6. 设置倒计时功能

在有限的时间内做演讲演示时，设置倒计时功能有助于提醒，提示演讲者剩余时间，及时调整演示节奏，把握演示时间，如图 6-5-23。

图 6-5-23

7. 丰富的动画效果

（1）对象动画特效

合理运用进入、强调、退出动画特效，给对象添加动画特效，如图 6-5-24，让幻灯片演示内容生动有趣，让演讲与演示不再平淡无奇。

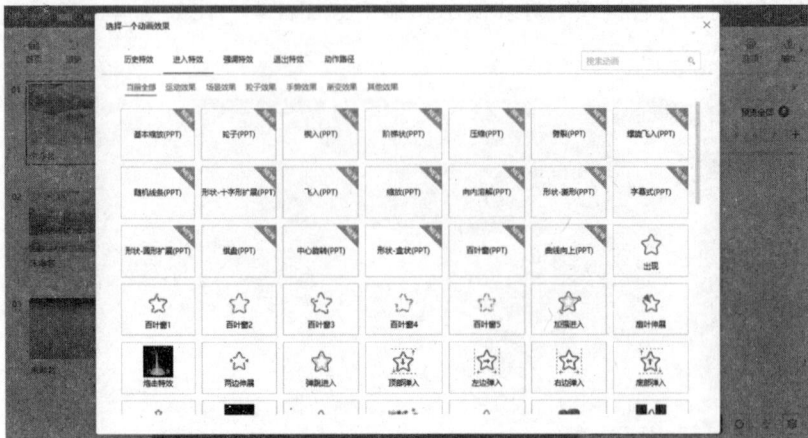

图 6-5-24

（2）自定义动作路径

动作路径特效，如图 6-5-25，使物体对象沿着预设路径移动，让幻灯片演示的图片、视频、图形等内容动起来，还能发挥制作者的想象力，自定义更酷炫的动作路径。

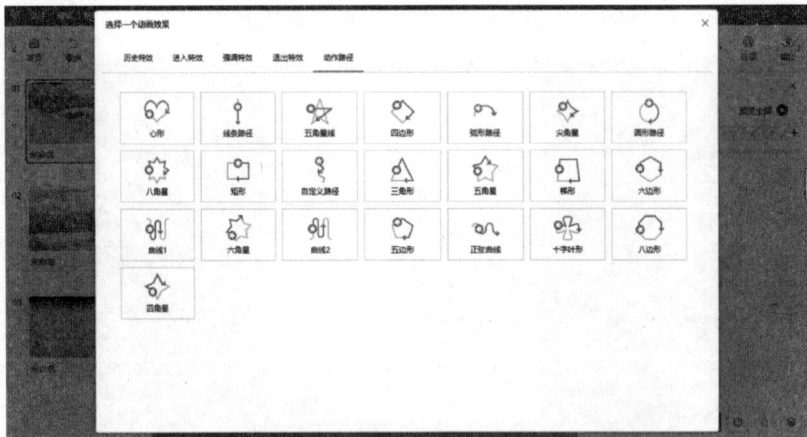

图 6-5-25

（3）交互设计

给对象添加交互动作，从而改变另一个物体的属性、动画效果、不透明度以及样式等，如图 6-5-26。

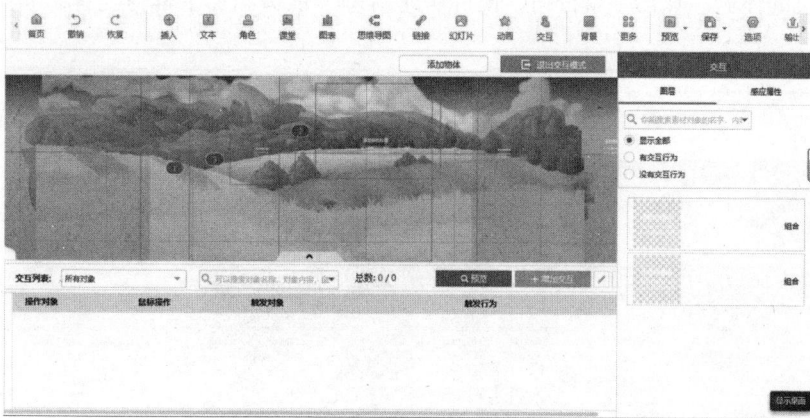

图 6-5-26

8. 多种输出格式

可以输出多种文件格式，exe 可在 Windows 电脑本地直接打开浏览，zip 压缩文件可以传输与分享，mp4 格式可以上传到视频网站，本地浏览等；再有是直接输出为 pdf 文档，方便浏览打印与分享，html 可上传到网站服务器或浏览器离线预览，如图 6-5-27。

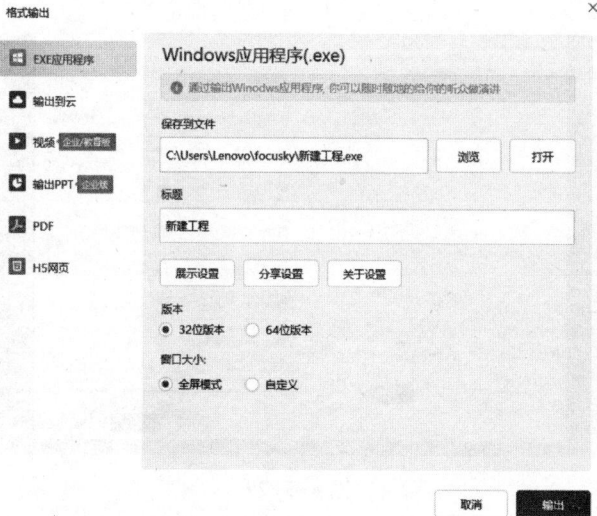

图 6-5-27

9. 字幕及配音的支持

酷炫的镜头播放与切换，搭配上合适的字幕与配音，给观众带来电影般有声有色的体验。点击字幕按钮，便可快速给每个镜头添加字幕与配音，如图 6-5-28。

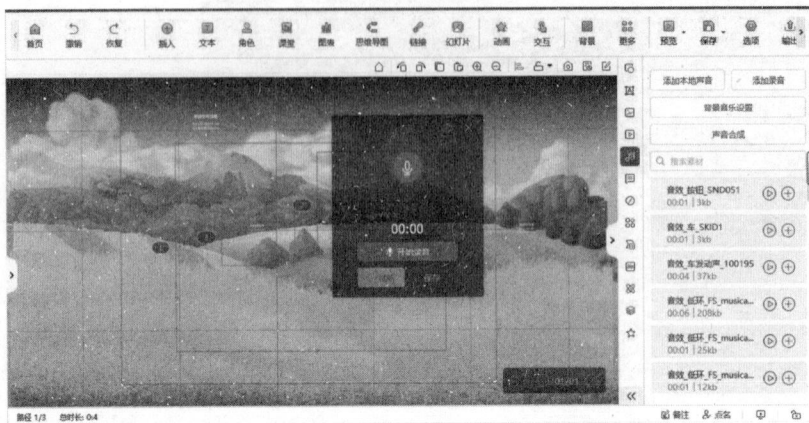

图 6-5-28

10. 文字转语音功能

有了文字转语音的功能，用户无须再担心配音问题，而且种类非常多，男声、女声、英语、普通话、粤语等其他方言，并且语速、音量都可以调节，如图 6-5-29。

图 6-5-29

11. 屏幕录制

点击屏幕录制按钮，如图 6-5-30，便可实现屏幕视频录制，录制视频直接显示在演示文稿中。

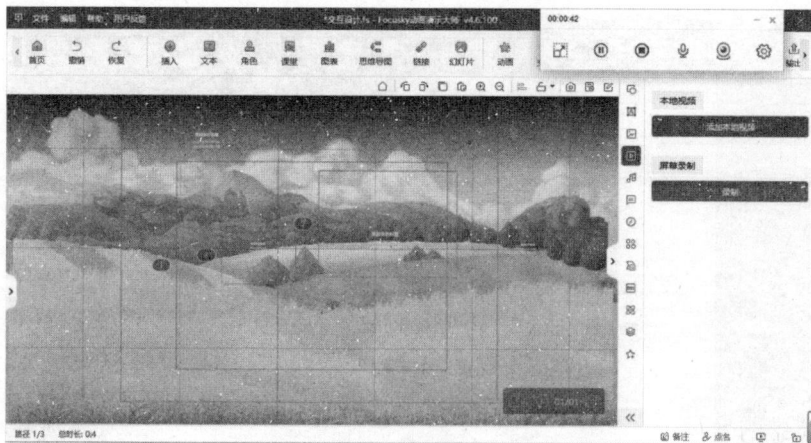

图 6-5-30

（二）使用 FOCUSKY 导出功能创建视频

步骤 1：点击软件右上方"输出"—"视频"，如图 6-5-31。

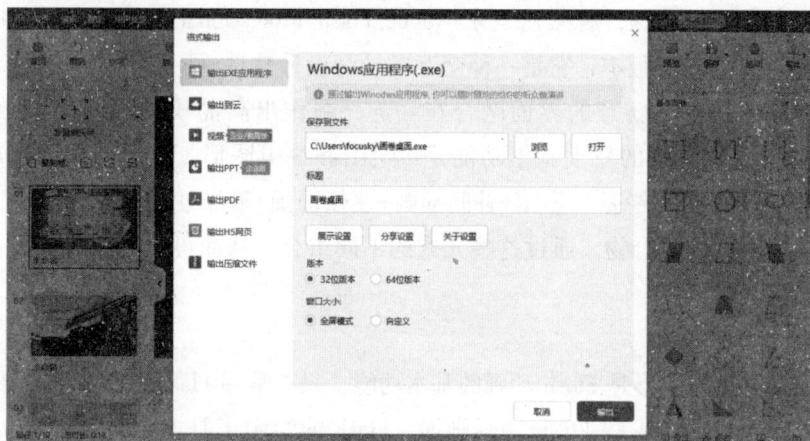

图 6-5-31

步骤 2：首次使用根据需求点击支付，如图 6-5-32，也可以去网络购买一次性会员账号导出视频。若不是首次使用，设置相关数据，点击保存，然后就能到保存的相关位置找到视频。

三、Flash

（一）Flash 介绍

Flash 是美国的 MacroMedia 公司于 1999 年 6 月推出的优秀动画设计软件。

图 6-5-32

曾与 Dreamweaver 和 Fireworks 并成为"网页三剑客"，2007 年被 Adobe 公司收购并进行后续开发，Macromedia 最后一个版本为 Flash 8，Adobe 收购后第一个发布的版本为 Flash CS，后续研发了 Adobe Flash Professional CS 3、Adobe Flash Professional CS 6 等版本，它是一种交互式动画设计软件，用它可以将音乐、声效、动画以及富有新意的界面融合在一起，制作出高品质的二维动画效果。Flash 动画设计软件的三大基本功能是：绘图和编辑图形、补间动画和遮罩动画，Flash 动画可以说是"绘图+补间动画+逐帧动画+遮罩动画"与元件（主要是影片剪辑）的混合物，通过这些元素的不同组合，从而可以创建千变万化的动画效果。

1. 编辑图形

绘图和编辑图形是 Flash 动画的基本功能，只有掌握 Flash 绘图和编辑图形，才能绘制出栩栩如生的 Flash 动画画面，Flash 的绘图工具主要包括画笔工具、铅笔工具、矩形工具、椭圆工具等。默认情况下，Flash 使用合并绘制模式，也可以启用对象绘制模式。

2. 逐帧动画

它是 Flash 一种常见的动画形式，在时间帧上逐帧绘制帧内容，每一帧中的内容不同，连续播放形成的动画就被称为逐帧动画，由于是一帧一帧地画，所以逐帧动画具有非常大的灵活性，几乎可以表现出任何想表现的动画效果。在 Flash 中将 jpg、png 等格式的静态图片连续导入到 Flash 中，逐帧连续播放就会产生一段逐帧动画。导入 gif 动态图片，其就会在场景中一帧帧地显示出 gif 动态图片的不同画面内容，逐帧连续播放就形成动画了。

3. 补间动画

它是整个 Flash 动画的核心，也是 Flash 动画的最大优点，Flash 补间动画有动作补间和形状补间两种形式。

（1）动作补间动画

动作补间动画是 Flash 中非常重要的动画表现形式之一，在 Flash 中制作动作补间动画的对象必须是"元件"或"组成"对象。在一个关键帧上放置一个元件，然后在另一个关键帧上改变该元件的大小、颜色、位置、透明度等，再在两个帧之间创建传统补间动画，Flash 根据两者之间帧的值自动所创建的动画，被称为动作补间动画。Flash CS 3 版本以后，动画补间动画开始分成了两种，一种是传统补间，一种是补间动画。

（2）形状补间动画

在一个关键帧中绘制一个形状，然后在另一个关键帧中更改该形状或绘制另一个形状，Flash 根据两者之间帧的值或形状来创建的动画称为"形状补间动画"。所谓的形状补间动画，实际上是由一种对象变换成另一个对象，而该过程只需要在两个帧上绘制不同的形状，然后对两个帧之间添加形状补间动画，中间的渐变过程将由 Flash 自动完成。形状补间动画可以实现两个图形之间颜色、形状、大小、位置的相互变化。在创建形状补间动画的过程中，如果使用的元素是图形元件、文字等，则必须先将其执行"分离"命令，词组还必须执行"分离"命令二次，然后才能创建形状补间动画。

4. 引导路径动画

在 Flash 中，将一个或多个层链接到一个运动引导层，使一个或多个对象沿同一条或多条路径运动的动画形式被称为"引导路径动画"。在 Flash 中引导层是用来引导元件运行的，所以路径应该绘制在引导层。引导层中的内容可以是用钢笔、铅笔、线条、椭圆工具、矩形工具或画笔工具等绘制的线段。被引导层中的对象是被引导的，可以使用影片剪辑、图形元件、按钮、文字等，但不能是形状。被引导层的对象要吸附在引导层路径的两端点，即路径的起始点与终止点，并且路径中间是连通的。

5. 遮罩动画

在 Flash 作品中，经常看到很多惊奇的动画效果，如聚光灯、MTV 歌词、百叶窗、放大镜等，就是利用"遮罩动画"的原理来制作的。遮罩动画是 Flash 动画创作的出彩点，使用遮罩动画以及补间动画，便可以创建出非常多的丰富多彩的动画效果。

在 Flash 动画中，遮罩动画就是通过遮罩图层与被遮罩图层相互作用，动态显示被遮罩图层的内容而实现的，被遮罩图层中的对象只能透过正上方遮罩图层中的对象显现出来，被遮罩图层内可使用影片剪辑元件、图形、位图、文字、线条等。

（二）使用 Flash 导出功能创建视频

步骤 1：单击"文件"—"导出"—"导出影片"，如图 6-5-33。

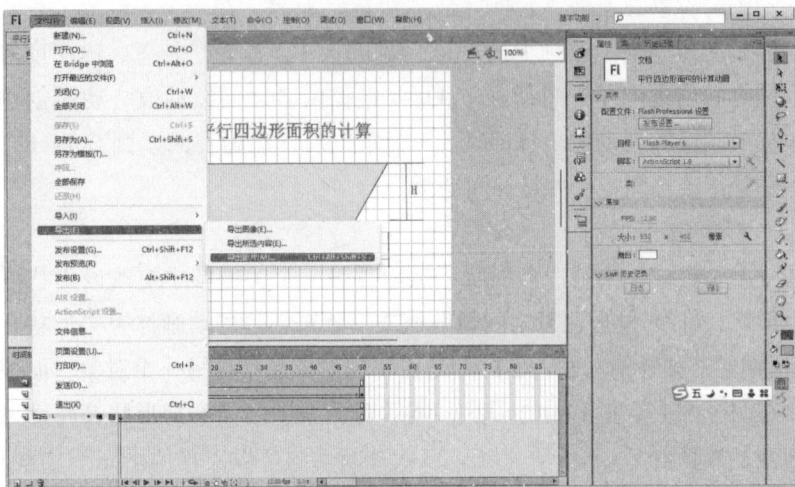

图 6-5-33

步骤 2：选择 Windows avi 格式，设置好保存的位置，点击"保存"，如图 6-5-34。

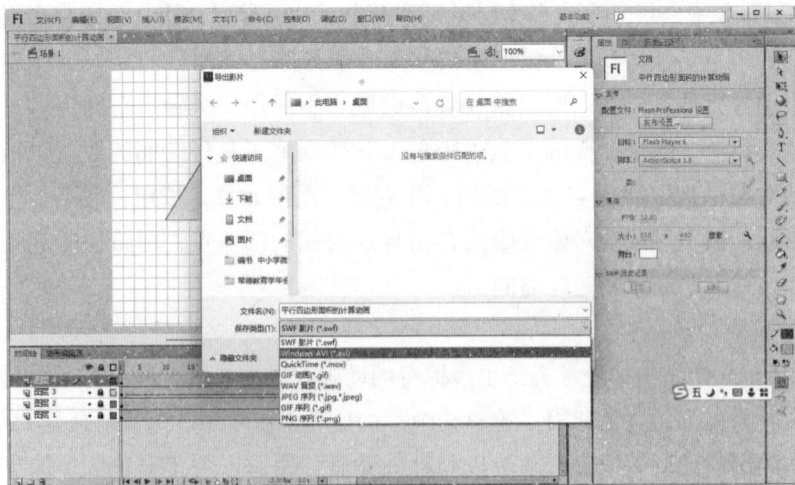

图 6-5-34

步骤 3：在导出 Windows avi 对话框，设置好高宽参数，一般默认 Flash 文档的大小是 550×400；视频格式是 24 位彩色或者 32 位彩色；声音格式是 44kHz 16 位立体声，如图 6-5-35，点击"确定"。

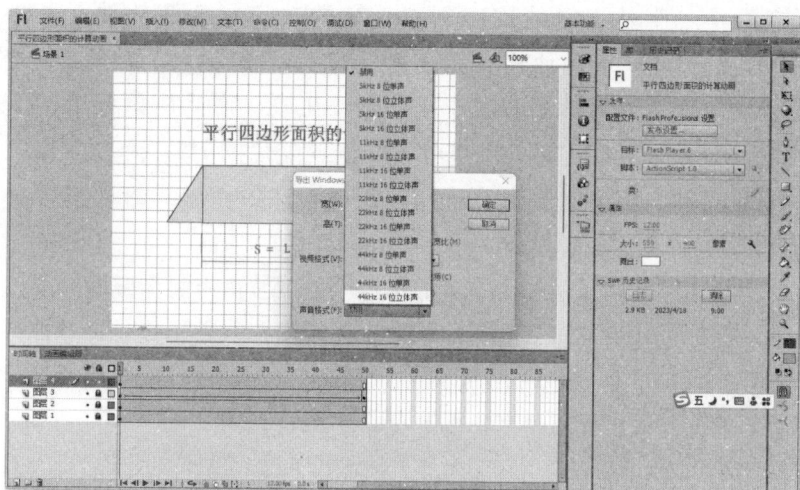

图 6-5-35

步骤 4：导出完成之后，可以使用影音播放器播放导出的视频，如图 6-5-36。

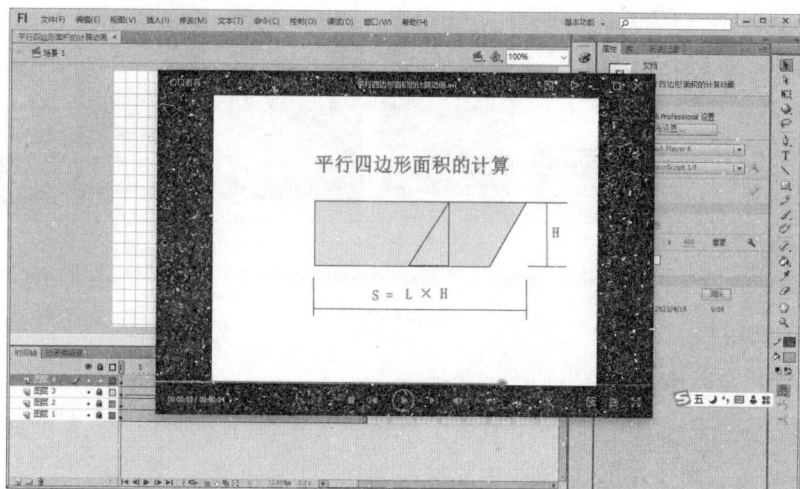

图 6-5-36

四、易企秀

(一) 易企秀介绍

易企秀是一个基于智能内容创意设计的数字化营销软件，支持 PC、App、小程序、WAP 多端使用。易企秀内置 H5、轻设计、长页、易表单、互动、视频六大品类编辑器和数十款实用小工具，产品简单好用，让毫无技术和设计功底的用户，简单操作就可以生成酷炫的 H5、海报图片、营销长页、问卷表单、互动抽奖小游戏和特效视频等各种形式的创意作品，如图 6-5-37。

易企秀用于制作微课是一个不错的选择。运用易企秀制作微课主要使用易企秀中视频智能创作功能。视频智能创作支持视频在线剪辑优化，多种特效可选；支持多平台同步播放，内置倒计时、特效字、背景特效、经典场景、卡通动画等各种高光特效；还支持字幕组等效果。

图 6-5-37

(二) 使用易企秀导出功能创建视频

步骤 1：视频编辑好之后，点击"预览与生成"，若视频标题、封面没有编辑，可点击"前往设置"，如不需要设置点击"仍要生成"，如图 6-5-38。

图 6-5-38

步骤 2：设置标题、封面、片尾等完成，点击"保存"，如图 6-5-39。

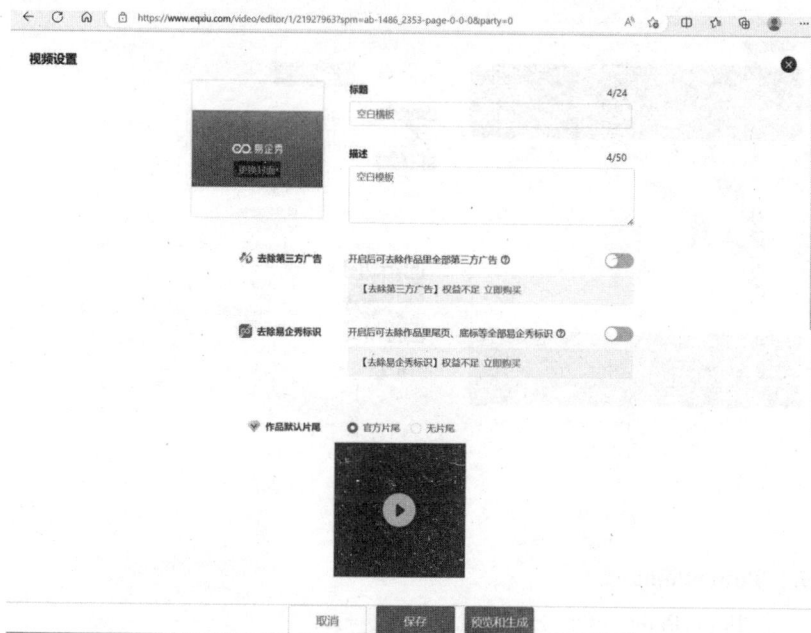

图 6-5-39

步骤 3：下载视频有会员专享（高清无水印）、会员专享（表情无水印）、免费（表情有水印）三个按钮共选择，点击相应位置，视频下载完成，如图 6-5-40。

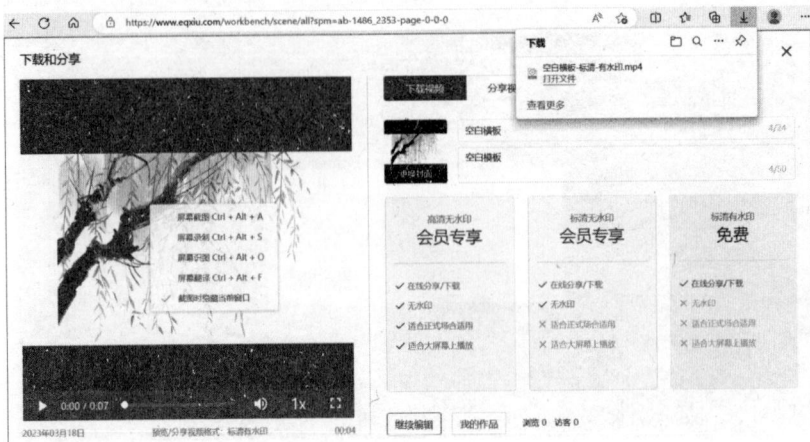

图 6-5-40

也可以以链接形式分享视频，如下图 6-5-41。

图 6-5-41

五、PowerPoint

（一）PowerPoint 介绍

PowerPoint 是微软公司推出的专门制作演示文稿的软件，可以制作出包括文字、图片、声音、影片、表格甚至是图表的动态演示文稿，广泛应用于产品宣传、课件制作和公益宣传等领域。前面第五章节已经介绍过 PowerPoint 相关功能，这里不再阐述，下面将介绍直接使用 PowerPoint 导出功能创建视频。

（二）使用 PowerPoint 导出功能创建视频

演示系统版本：Windows 11

演示软件版本：Microsoft PowerPoint 16

步骤 1：点击"文件"—"导出"—"创建视频"，如图 6-5-42。

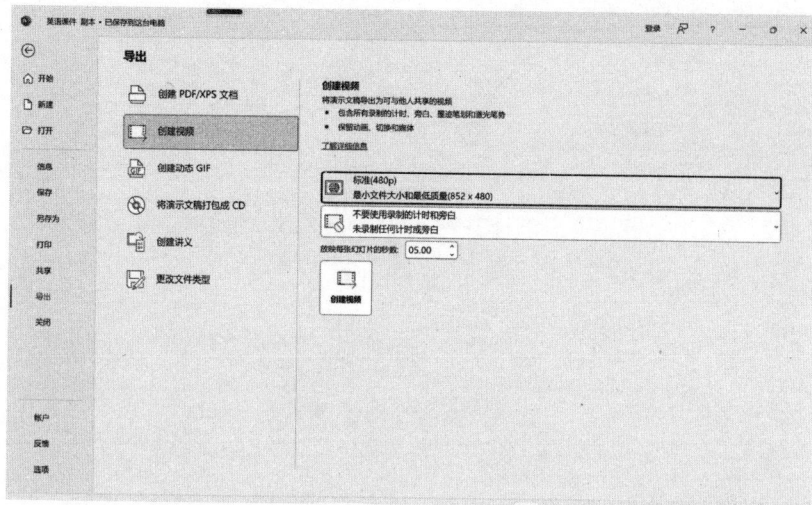

图 6-5-42

步骤 2：在创建视频时，可以选择视频的清晰度，越清晰文件越大，转化时间也就越长，没有特殊情况，选择"全高清 1080p"即可，如图 6-5-43。

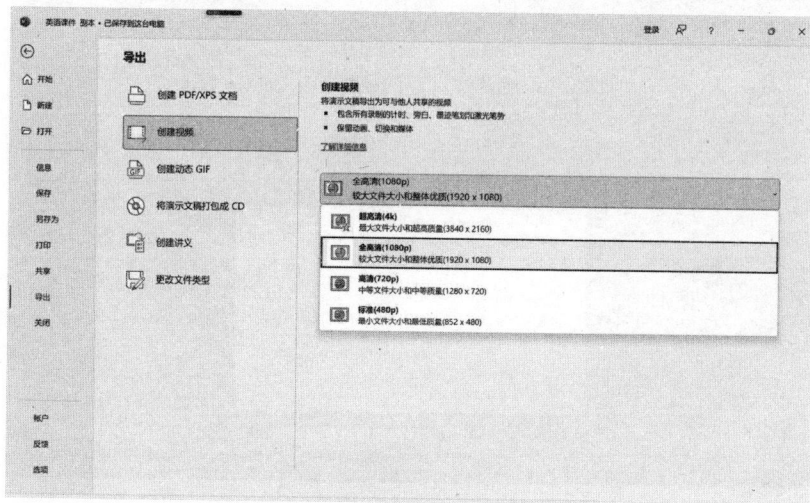

图 6-5-43

步骤3：创建视频可以设置每张幻灯片的秒数，这个5秒，只适合于目前还是单击换页的这种页面，它会自动改成5秒。如果通过排练计时，或者通过录制幻灯片演示，或者是手动设置了切换时间，它就会以自己设置的切换时间为准，如图6-5-44。

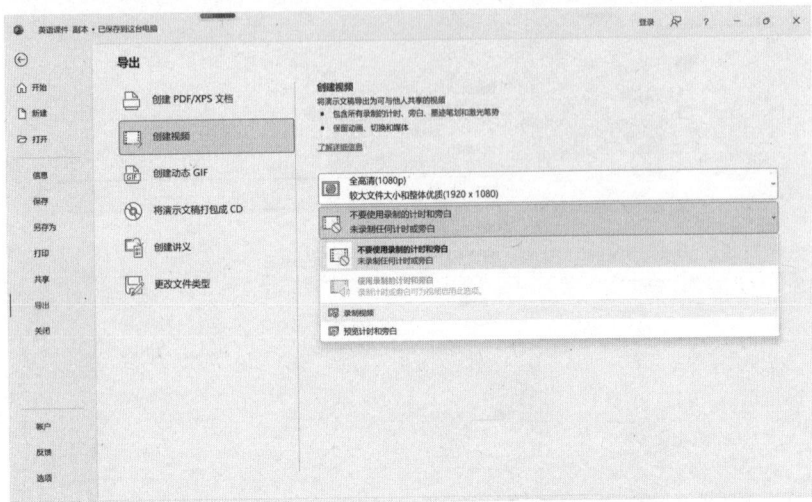

图 6-5-44

步骤4：单击红色圆点开始录制，如图6-5-45。

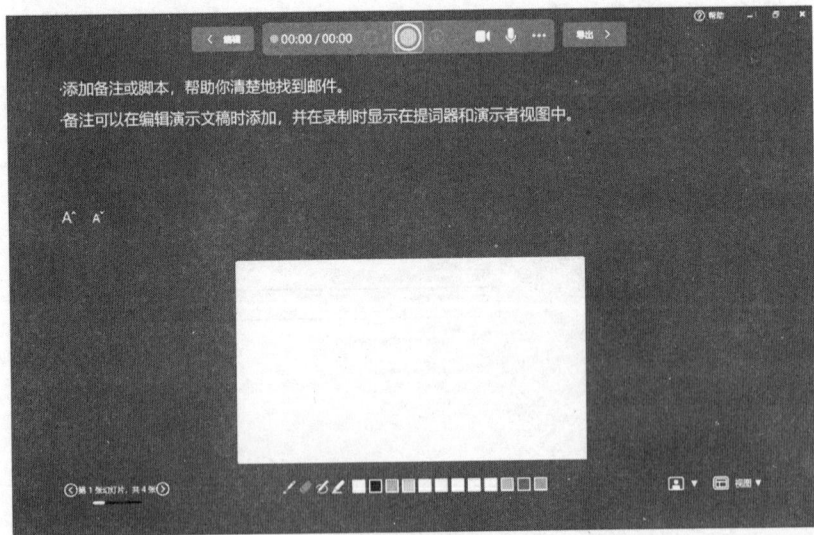

图 6-5-45

步骤 5：单击"导出视频"按钮，如图 6-5-46。就会在电脑保存的文件位置看见生成的视频了。

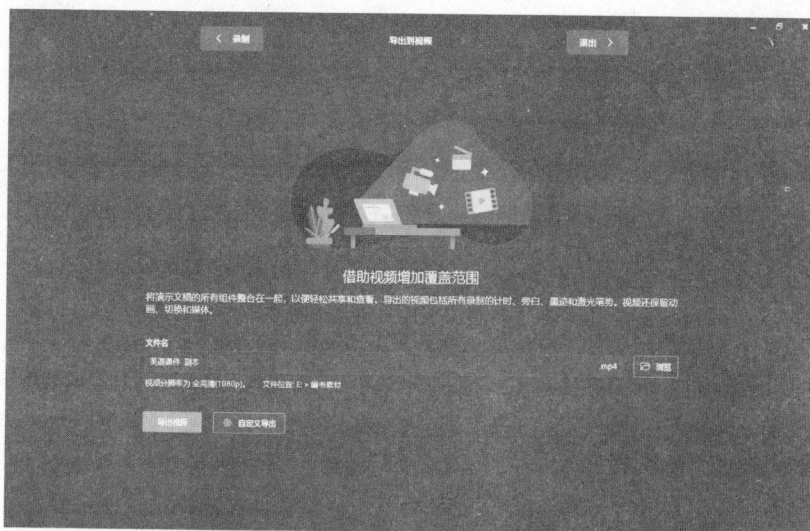

图 6-5-46

注意：Microsoft PowerPoint 版本不同时，其导出视频的方式以及位置不同，如果 Microsoft PowerPoint 版本较低，建议使用录屏软件制作成视频。

第七章　Camtasia Studio 视频制作软件

【章节学习目标】

1. 了解 Camtasia Studio 软件的功能；

2. 掌握 Camtasia Studio 软件的安装；

3. 掌握 Camtasia Studio 屏幕录制；

4. 掌握 Camtasia Studio 视频处理。

第一节　Camtasia Studio 软件介绍

Camtasia Studio 是美国 TechSmith 公司出品的屏幕录像和编辑的软件，提供了强大的屏幕录像（camtasia recorder）、视频的剪辑和编辑（camtasi studio）等功能，提供从屏幕录制、视频编辑到视频输出整套功能。输出格式包括 MP4、AVI、MOV、MP3、GIF 动画等多种常见格式。其版本主要有 Camtasia Studio 6、Camtasia Studio 8、Camtasia Studio 2019（如图 7-1-1）、Camtasia Studio 2020 等，目前 Camtasia Studio 已经更新到 2022 版，官网也只能下载到最新版的软件了，只有一个月的试用期，试用期满后需要付费使用。

图 7-1-1

150

Camtasia Studio 拥有录制屏幕和配音、视频的剪辑和过场动画、添加说明字幕和水印、制作视频封面和菜单、视频压缩等功能，目前被广泛应用于微课教学视频录制与编辑等领域。

软件安装之后，首次启动软件，打开默认的项目，如图 7-1-2。

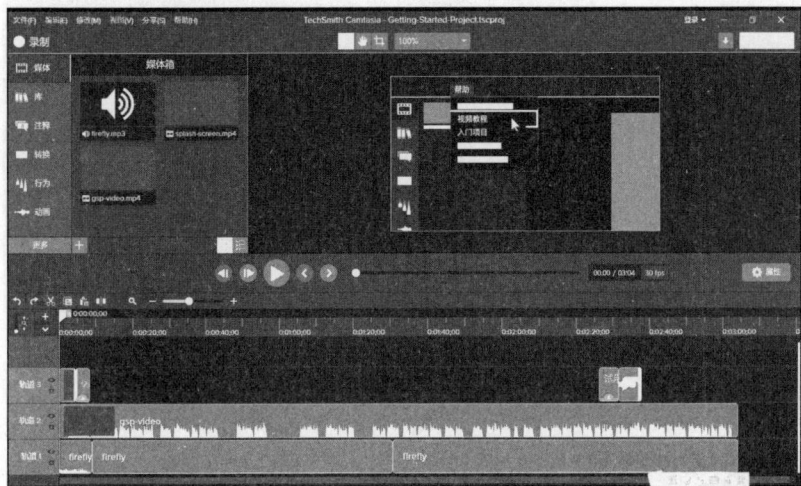

图 7-1-2

关闭软件，再次启动软件，出现对话框窗口，如图 7-1-3；点击"新建项目"按钮，新建一个无标题项目，如图 7-1-4。

图 7-1-3

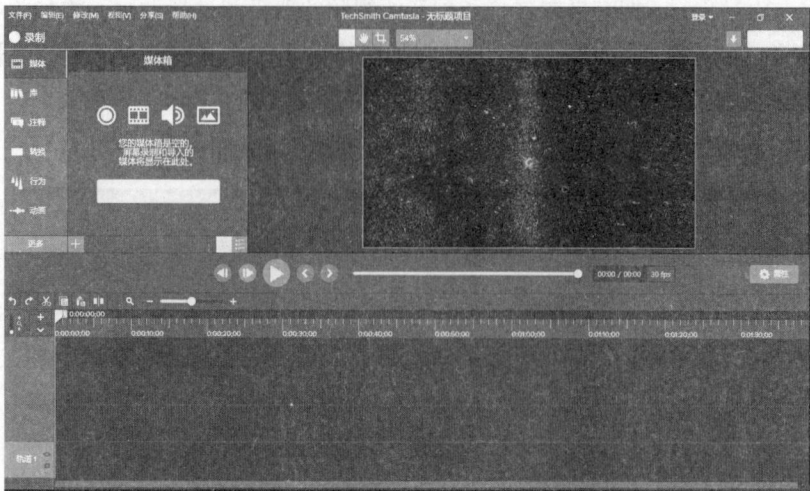

图 7-1-4

- 认识几个常用编辑工具

【撤销重做按钮】：主要是修正操作中的失误。

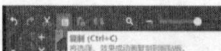

【复制工具】：主要是复制所选择的视频段。

【剪辑工具】：主要是剪辑或者删除所选择的视频段。

【分割工具】：能在时间线上将视频段切割开来，便于删除加入特效等操作。

- 认识几个高级编辑工具

【媒体】：素材工具箱，点击此按钮显示所有导入的待编辑的素材，图 7-1-5。

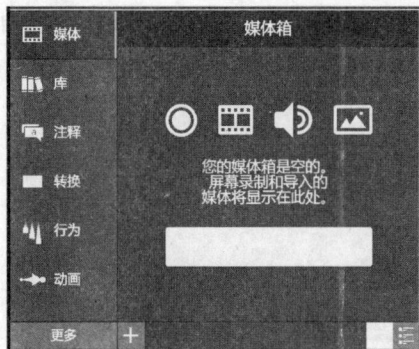

图 7-1-5

【库】：素材资料库，软件提供的主题资源库，可以从库里面选取动态主题，制作片头、片尾等，如图 7-1-6。

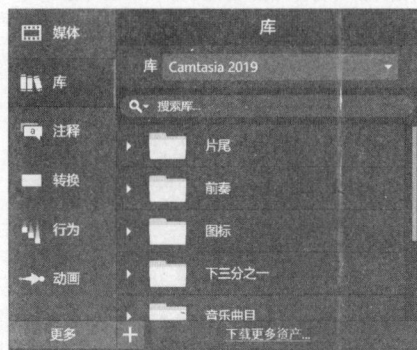

图 7-1-6

【注释】：动态标注符号，提供动态视频标注，可直接拖动到时间线，在视频预览区调试标注符号的大小、位置，以及出现的时长等，还可以在标注符号上加入文字说明，如图 7-1-7。

图 7-1-7

【转换】：视频转换特效，可以在视频与视频画面之间添加多种转场过渡特效，图7-1-8。

图 7-1-8

【行为】：对选中的媒体对象添加动态效果，如图7-1-9。

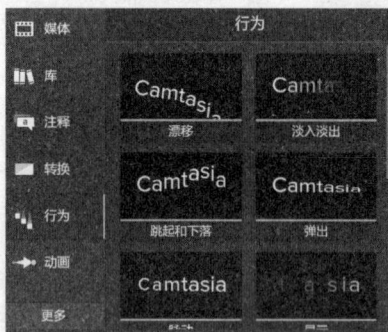

图 7-1-9

【动画】：包括"缩放与平移"与"动画"，"缩放与平移"主要用于设置画面放大缩小，点击此按钮后，直接在素材功能区拖动画面四周八个点进行画面缩放，如图7-1-10。"动画"主要用于设置视频画面的动态效果，图7-1-11。

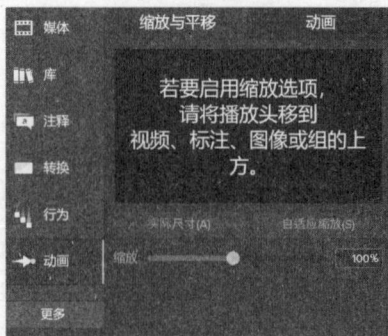

图 7-1-10

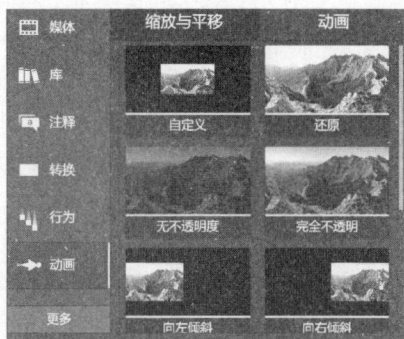

图 7-1-11

Audio：音频设置，可以设置静音、淡入、淡出，图 7-1-12。

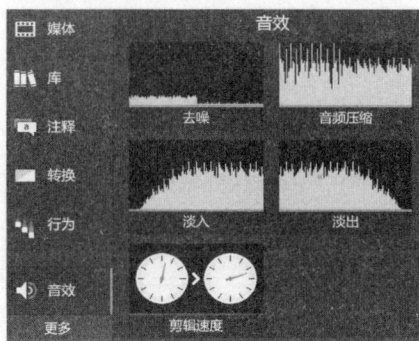

图 7-1-12

- 语音旁白

Camtasia 提供了旁白录制功能，可以在需要讲解的地方随时插入语音旁白，也可以直接录制替换有问题的音频。

- 添加字幕

Camtasia 有手动添加字幕的功能，并支持直接导入字幕文件（smi、sami、srt 格式）。

第二节　Camtasia Studio 安装

步骤 1：打开 Camtasia Studio 安装包所在文件夹。鼠标右击 Camtasia 2019 安装包应用程序，选择"以管理员身份运行"，如图 7-2-1。

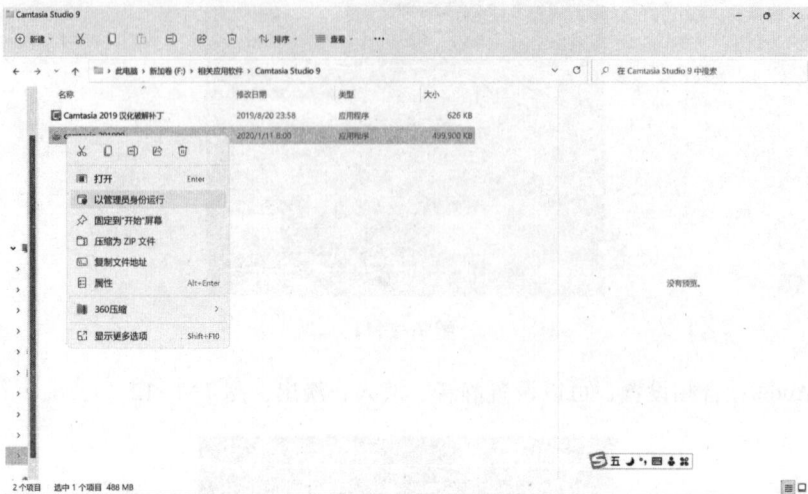

图 7-2-1

步骤2：选择一种语言，图7-2-2。

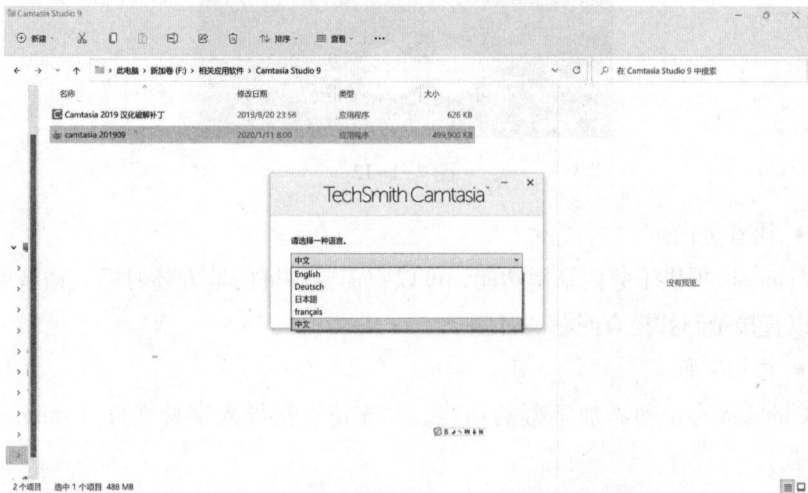

图 7-2-2

步骤3：点击"选项"按钮，如图7-2-3。如图勾选复选框，也可更改安装路径等设置，如图7-2-4。点"继续"按钮，正在安装，如图7-2-5。

图 7-2-3

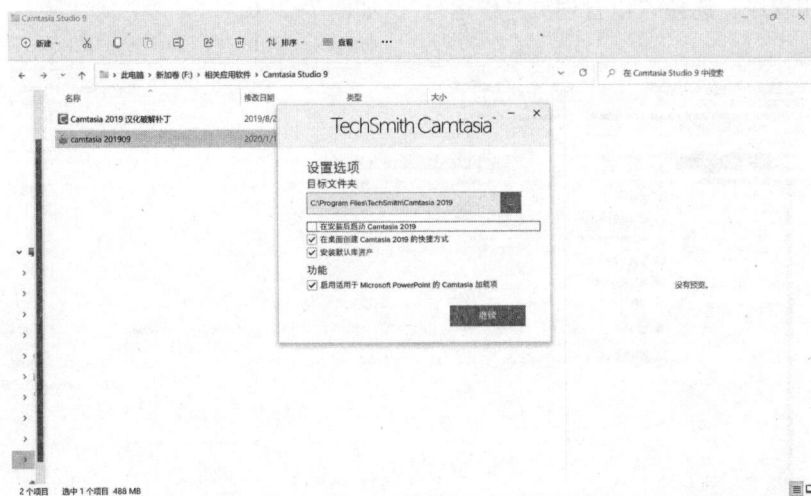

图 7-2-4

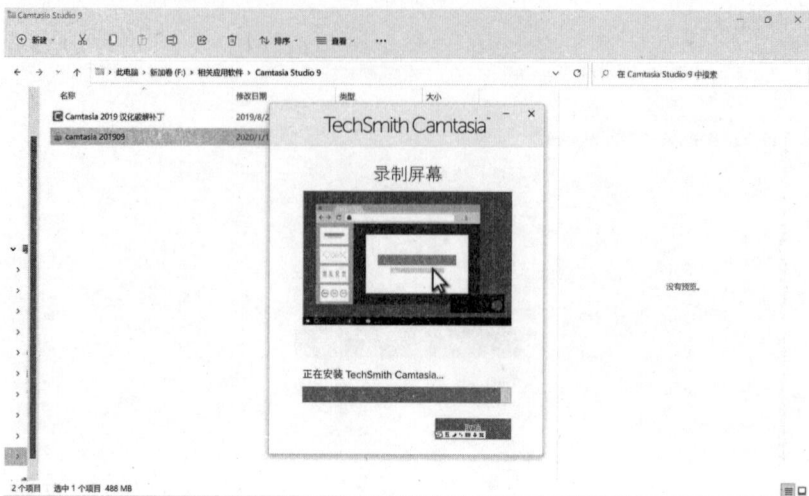

图 7-2-5

步骤 4：安装完成之后，接下来进行汉化。鼠标右击 Camtasia 2019 汉化补丁应用程序，选择"以管理员身份运行"，如图 7-2-6。

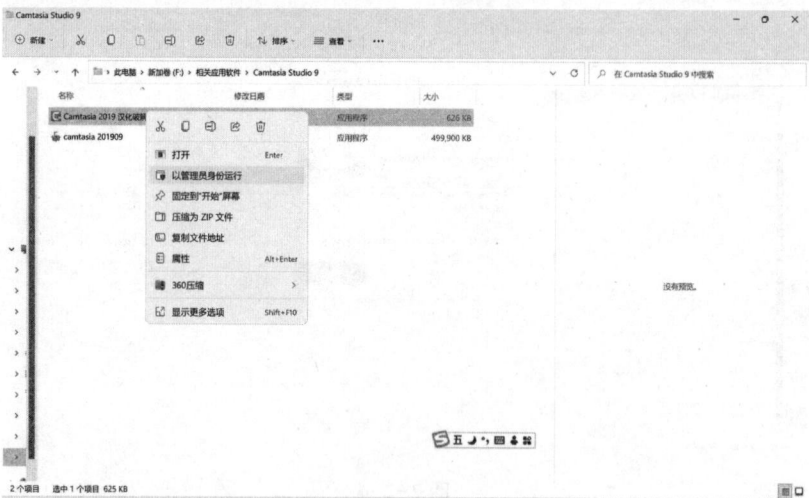

图 7-2-6

步骤 5：点击"下一步"，选择"我接受"，如图 7-2-7。

图 7-2-7

步骤 6：点击"下一步"之后再点击"安装"，如图 7-2-8。

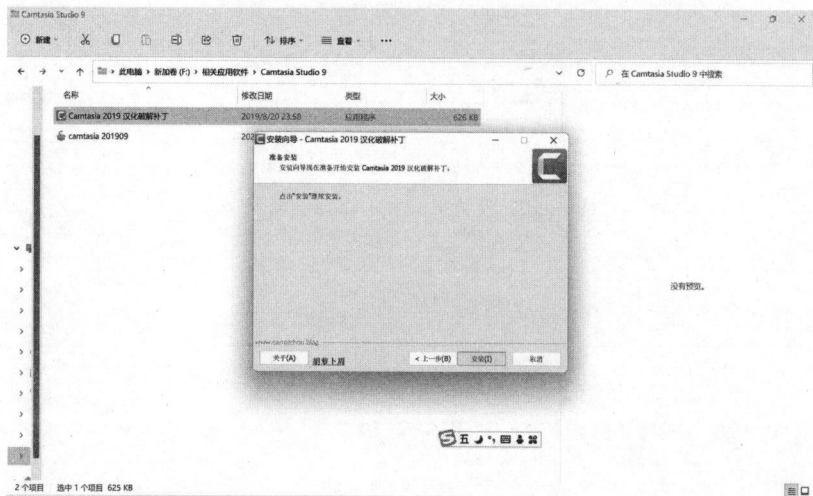

图 7-2-8

步骤 7：最后一步，勾选"运行"之后点击"完成"，即完成 Camtasia 的安装和汉化，如图 7-2-9。

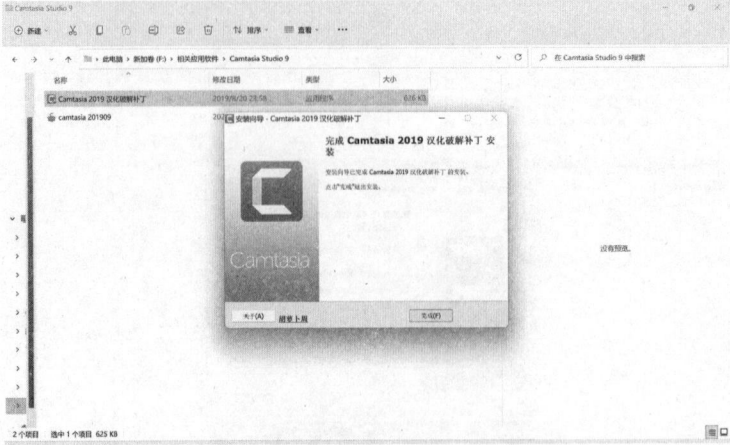

图 7-2-9

步骤 8：右击程序图标，勾选"以兼容模式运行程序"，"以管理员身份运行程序"，如图 7-2-10。

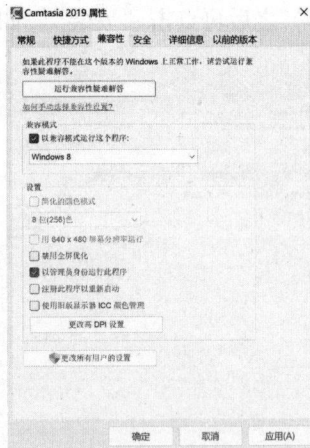

图 7-2-10

第三节　Camtasia Studio 使用

一、Camtasia Studio 屏幕录制

单击软件界面左上方红色录制按钮，如图 7-3-1。出现 Camtasia recorder 录

制窗口，如图 7-3-2。此时相机是关闭，启用相机，如图 7-3-3。进入初始化，如图 7-3-4。启用相机之后，还要确保计算机摄像头能正常使用，本电脑摄像头没有启用，如图 7-3-5。

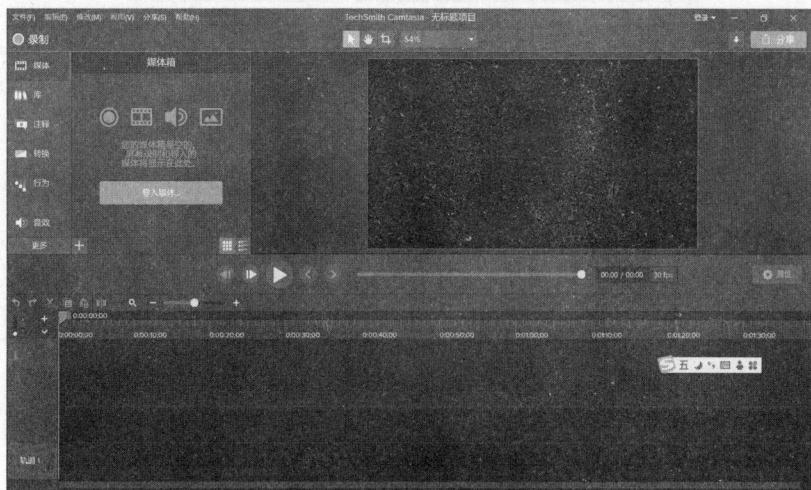

图 7-3-1

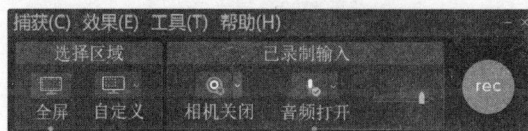

图 7-3-2

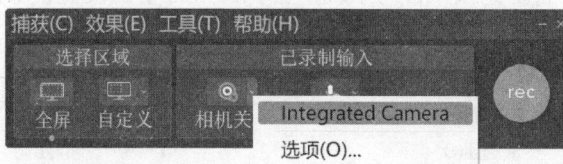

图 7-3-3

图 7-3-4

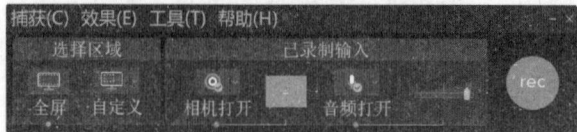

图 7-3-5

（一）全屏录制

点击"全屏录制"按钮。

（二）自定义尺寸录制

点击自定义的宽屏或者标屏，如图 7-3-6。

点击选择要录制的区域，并可以通过拖拉控制点改变录制区域的大小，如图 7-3-6。

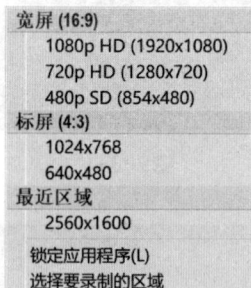

图 7-3-6

（三）音频

设置是否录制麦克风声音与系统声音，以及音量的设置，如图 7-3-7。

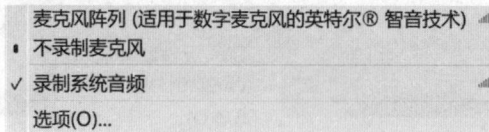

图 7-3-7

第二个命令选中的话，就不录制麦克风的声音。

第三个命令一定要勾选上，勾选上就说明录制系统声音，即用电脑内部应用程序发出的声音。

（四）rec 录制

录制之前要检查电脑摄像头、扬声器或者耳麦与电脑是否连接好了，是否有干扰音源。点击这个 ，如图 7-3-8，就会在 3 秒钟之后就开始录制了。

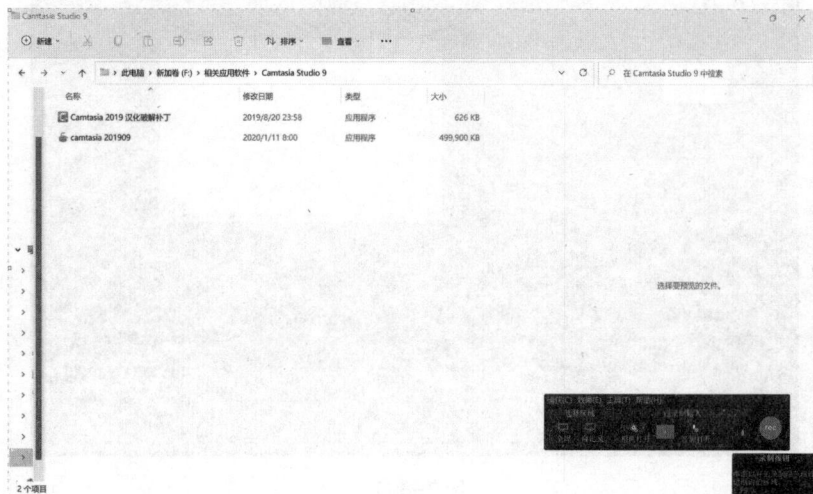

图 7-3-8

（五）停止录制

按 F10 之后就停止录制，或者打开录制窗口单击"停止"按钮，如图 7-3-9，录制内容会自动进入 Camtasia Studio 软件中，如图 7-3-10，接下来就是对视频画面和声音进行处理了，具体方法请参看本节第二部分和第三部分。

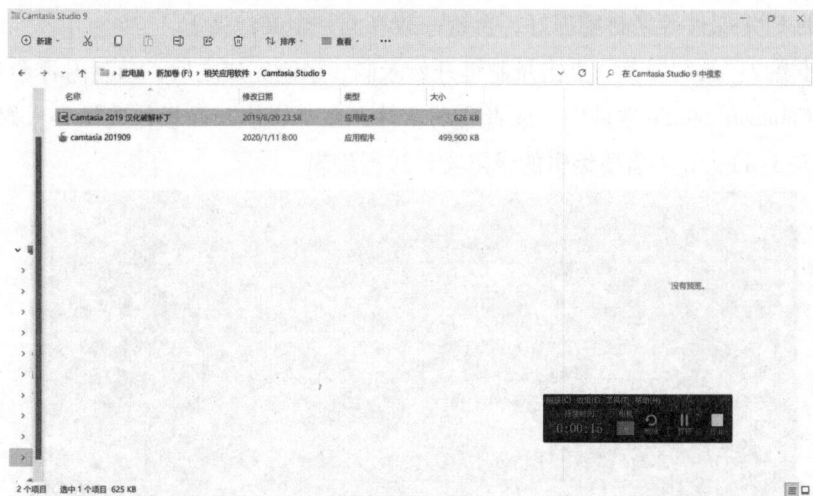

图 7-3-9

二、Camtasia Studio 视频处理

Camtasia Studio 视频处理主要包括视频的剪切和编辑。具体包括添加媒体、视

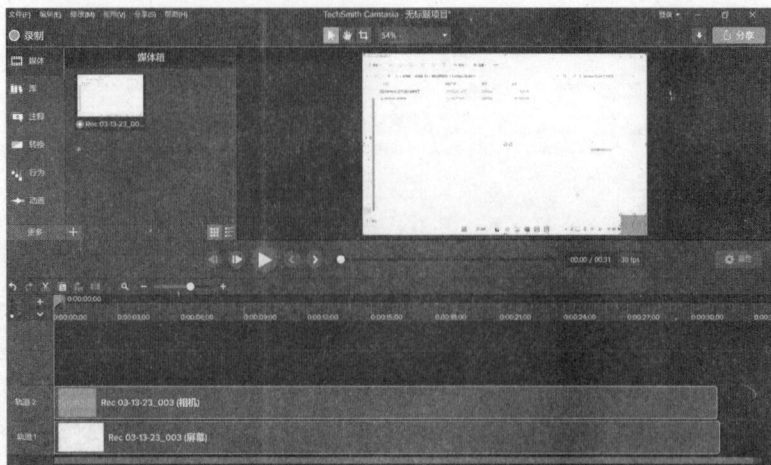

图 7-3-10

音频片段剪切、添加标注、添加转场、添加行为、添加动画、语音旁白、音频效果、添加字幕、添加交互等。下面就微课录制视频画面常用的处理进行介绍。

Camtasia Studio 的视频处理操作流程：准备 PPT 课件等素材、录制屏幕、视频处理、导出视频。

步骤1：准备素材。在用 Camtasia Studio 进行录制之前，建议先将录制过程所需的 PPT 课件等素材整理好，再统一放在同一个文件夹下。

步骤2：录制屏幕。点击录制键开始录制，录制完成之后，录制内容会自动进入 Camtasia Studio 软件中。或者启动软件，在"媒体"面板，选择导入媒体，如图 7-3-11，导入需要编辑的录屏文件进行编辑。

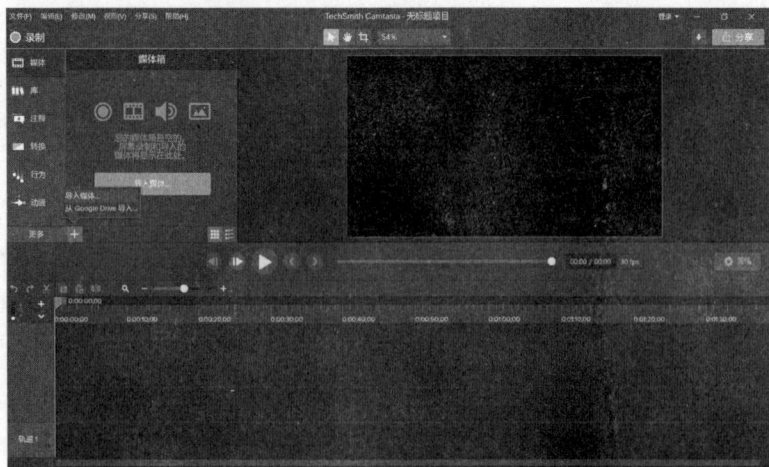

图 7-3-11

步骤3：将导入的素材添加到位于播放头的时间轴，如图7-3-12，设置窗口大小。

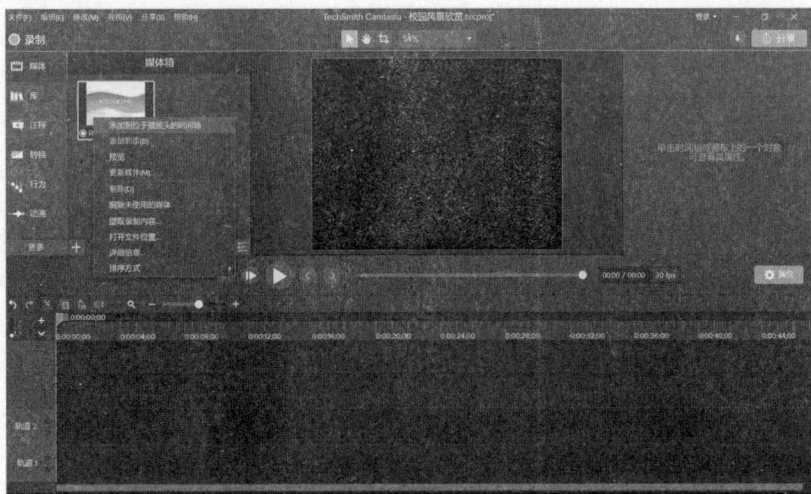

图 7-3-12

步骤4：点击"库"面板，选择一个片头动态主题，添加片头动态主题到轨道，如图7-3-13。

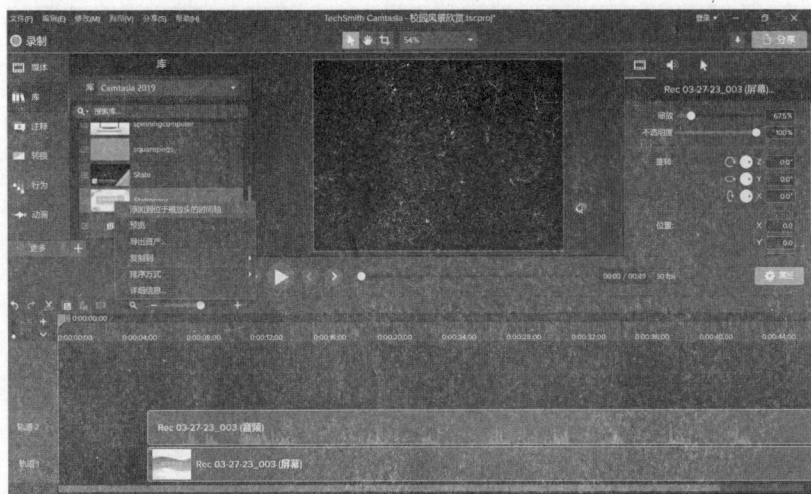

图 7-3-13

步骤 5：选中轨道 3 内的片头动态主题，修改动态主题标题的位置与画面大小，如图 7-3-14。

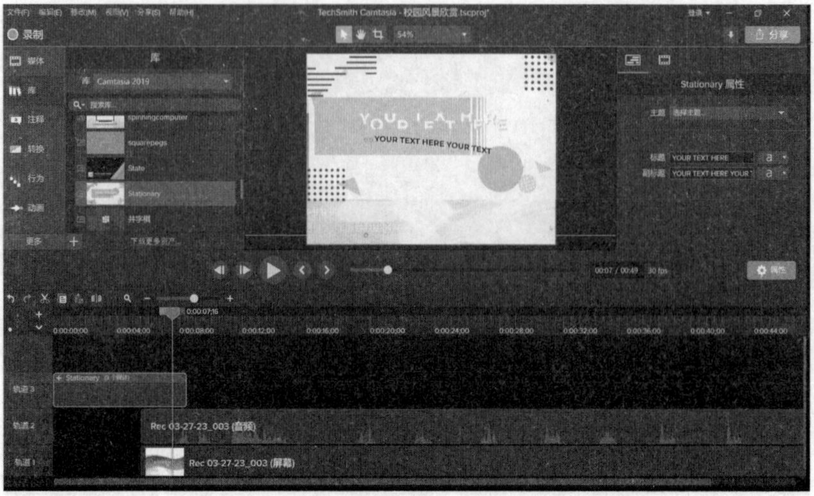

图 7-3-14

步骤 6：单击片头动态主题视频段左上方的加号，展开片头动态主题，删除动态主题内的文本标题框，如图 7-3-15。

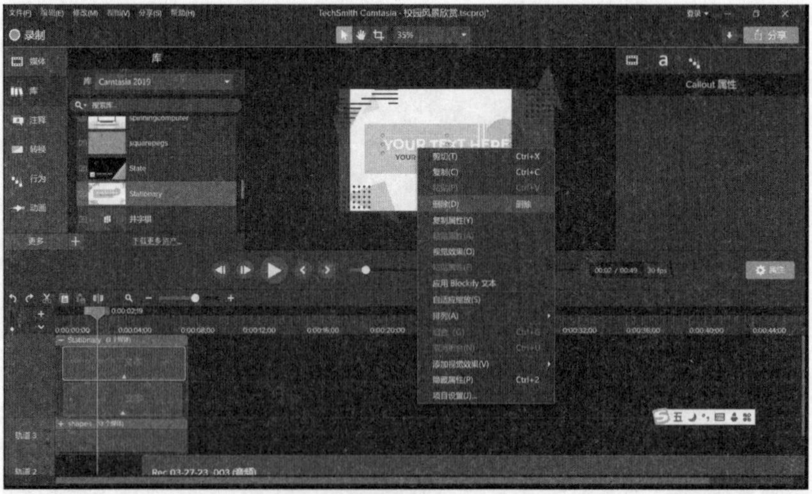

图 7-3-15

步骤 7：修改片头动态主题的动画长度，按住鼠标左键，移动片头动态主题到轨道 2，如图 7-3-16。

图 7-3-16

步骤 8：移动时间轴针头到轨道 1 合适位置，选中"转换"面板的"淡入淡出"过渡效果，按住鼠标左键拖入过渡效果到轨道 1 合适位置，如图 7-3-17。

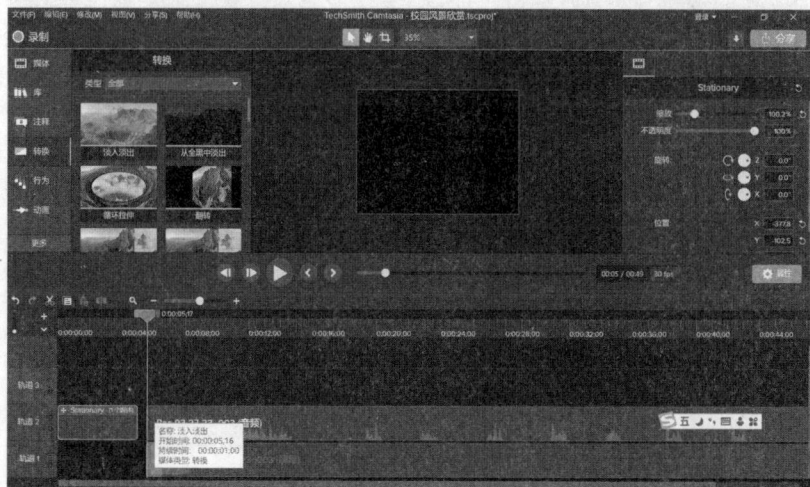

图 7-3-17

步骤9：将轨道2后半部分音频段往前移动，紧挨轨道2前半部分视频段。将轨道1内视频段往前移动，和轨道2后半部分音频段对齐，如图7-3-18。

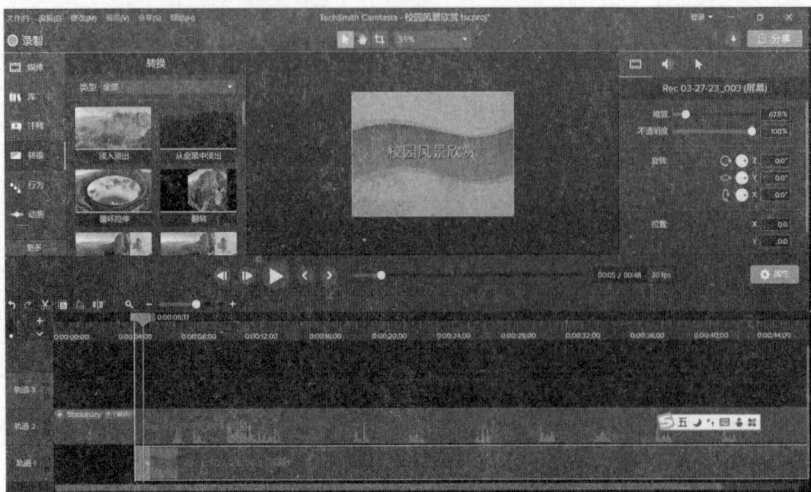

图 7-3-18

步骤10：单击"媒体"面板，导入校歌声音素材，选中声音素材，按住鼠标左键拖入声音素材到轨道3，如图7-3-19。

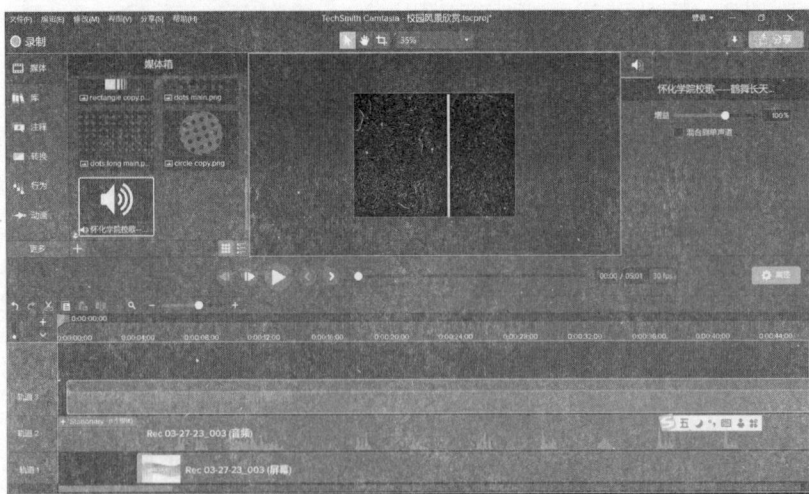

图 7-3-19

步骤11：确定声音结束点，移动时间轴播放头到此点，点击"拆分"按键，如图7-3-20，进行分割，右击不要的声音段，选择 delete 命令。

图 7-3-20

步骤12：在轨道1 PPT 录屏视频段内容合适位置，选中放大缩小按钮，调整内容框大小，如图 7-3-21。

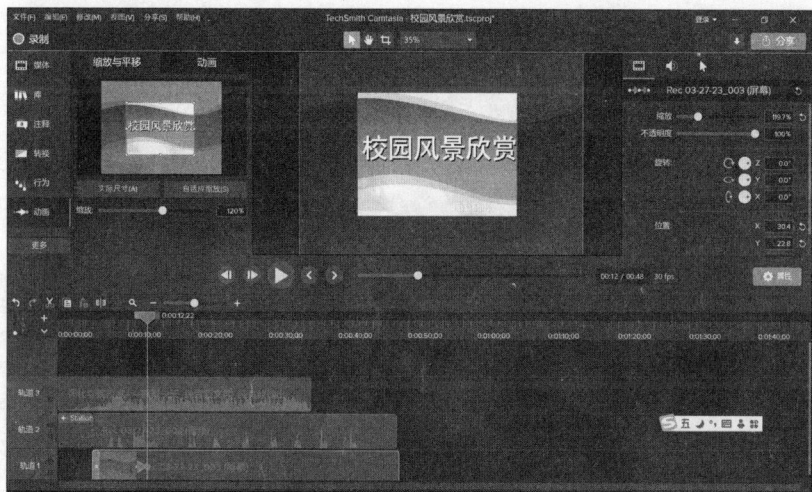

图 7-3-21

步骤13：在需要结束的合适位置，如图 7-3-22，选中"放大缩小"按钮，调整内容框到默认大小。

图 7-3-22

步骤 14：移动时间轴播放头到合适位置，点击"注释"面板，添加箭头标注。选中箭头，改变箭头的位置与角度，修改箭头标注显示的时间，如图 7-3-23。

图 7-3-23

步骤 15：再次点击"注释"面板，添加文字标注，输入文字，如图 7-3-24，编辑与移动文字位置，并修改文字标注显示的时间。

图 7-3-24

步骤 16：编辑好之后，单击"本地文件"或者"自定义生成"命令，如图 7-3-25。

图 7-3-25

步骤 17：选择 MP4，单击下一步，保存视频到本地电脑，如图 7-3-26。

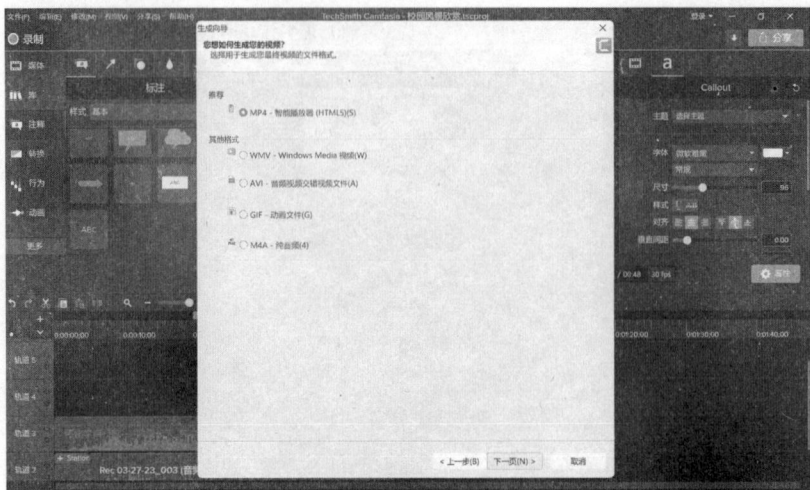

图 7-3-26

三、Camtasia Studio 音频处理

Camtasia Studio 提供了一些基本却非常实用的声音编辑功能，比如降噪、音量调节、淡出淡入、剪辑速度、添加音频点等。

降噪：对有环境噪音的配音进行降噪处理，这个过程既可以手动也可以电脑自动。（降噪处理建议在一开始的时候进行，之后再去做音频剪切等工作。）

音量调节：在有解说的地方我们一般会想把背景音乐降下来，以免干扰解说。

淡入淡出：给音频素材添加慢起慢落的效果。

音频点：通过选中轨道上的音频素材，点击右键，添加音频点，调整音频点的高低而动态控制声音的大小。

剪辑速度：通过剪辑速度的调整，可以加快或者放慢声音的速度。

● 案例一：音频淡入淡出

步骤1：新建项目文件，单击"导入媒体"按钮，如图7-3-27，导入音频媒体素材。

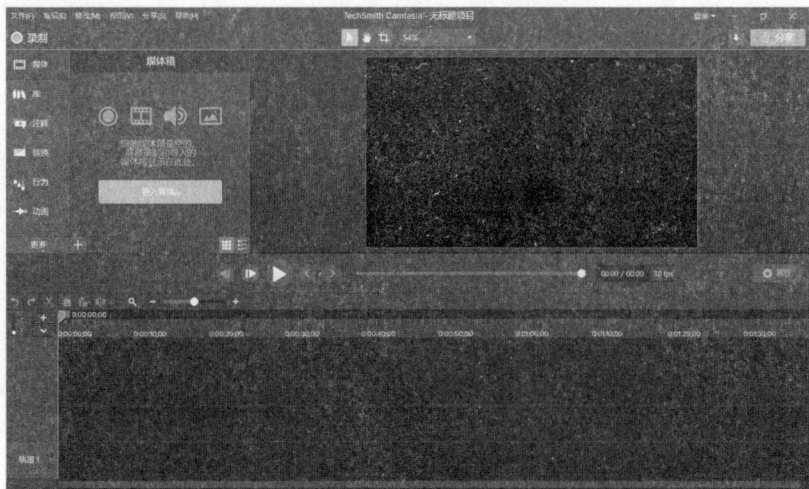

图 7-3-27

步骤2：鼠标左键按住音频文件，如图7-3-28，拖动音频文件到轨道1，如图 7-3-29。

图 7-3-28

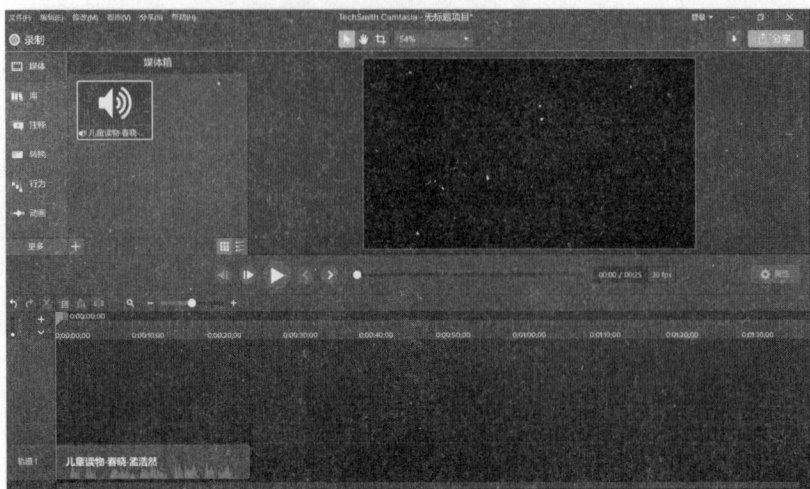

图 7-3-29

步骤 3：选中音频文件，单击"更多"面板，选中"音效"面板，如图 7-3-30。

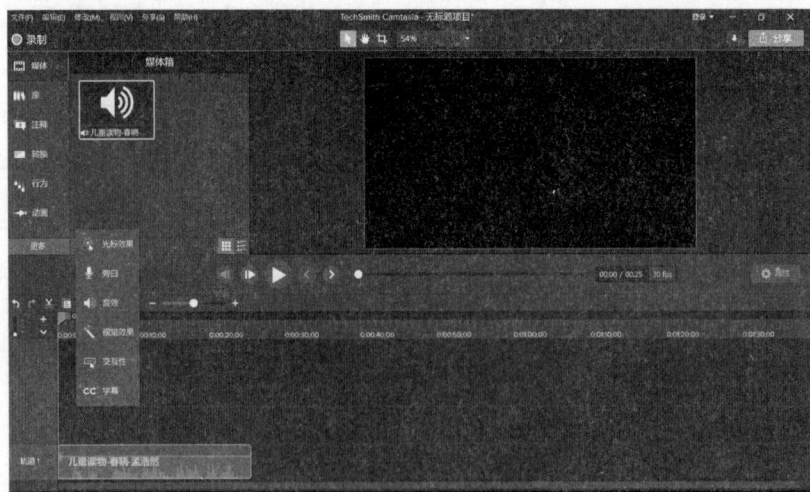

图 7-3-30

步骤 4：选中"淡入"效果，右击选中"添加到所选媒体"，如图 7-3-31。

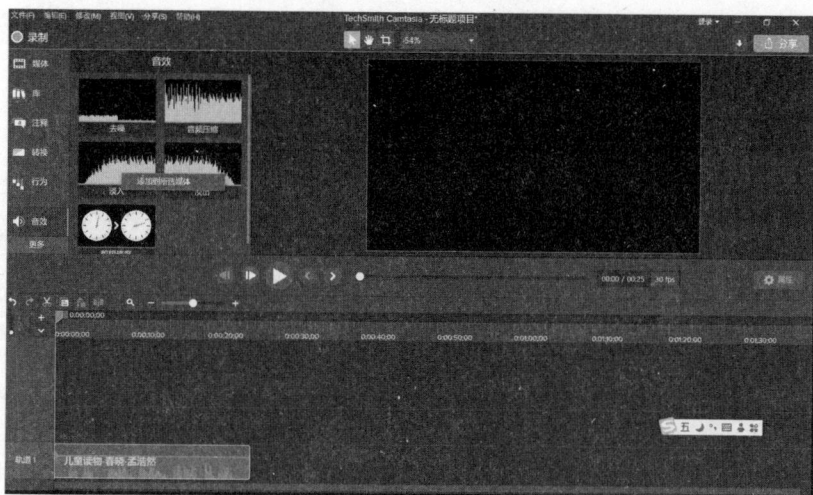

图 7-3-31

步骤 5：根据需要还可以通过鼠标拖动轨道 1 音频文件音量大小的水平线控制点，如图 7-3-32，调整淡入淡出的效果。

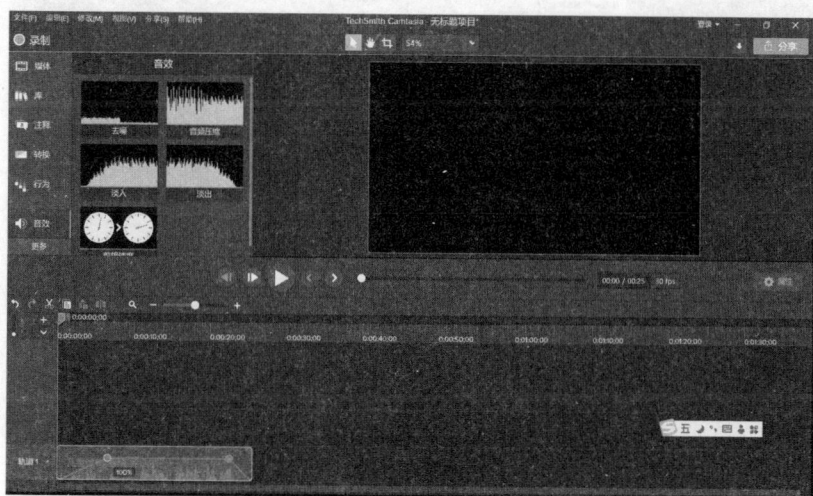

图 7-3-32

步骤 6：单击"本地文件"或者"自定义生成"命令，如图 7-3-33。

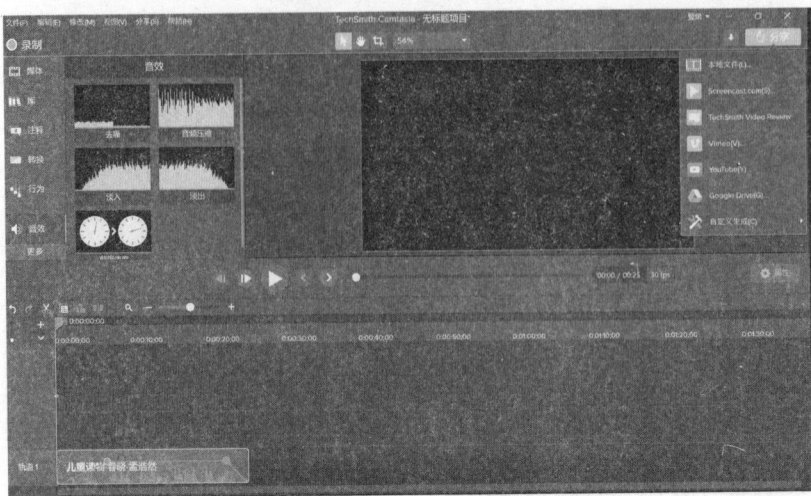

图 7-3-33

步骤7：选中"纯音频"选项，如图 7-3-34。

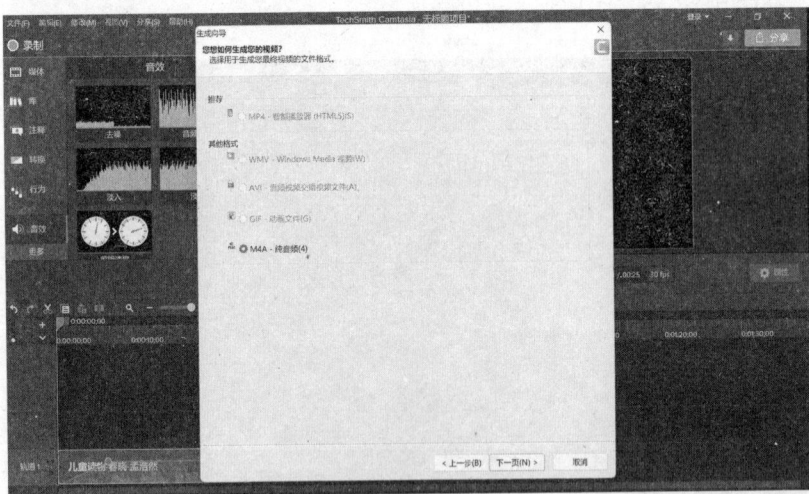

图 7-3-34

步骤8：继续单击"下一步"，修改生成名称与保存文件夹目录，如图 7-3-35，完成后即可在电脑硬盘找到处理保存的音频文件。

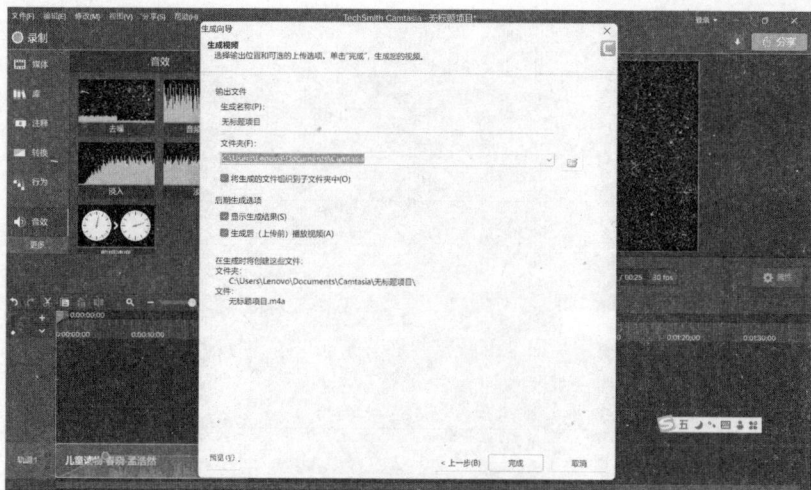

图 7-3-35

● 案例二：音频分割

步骤 1：如上例方法将音频文件拖入到轨道之后，选中音频文件，通过放大时间轴"+"，图 7-3-36，确定分割的位置。

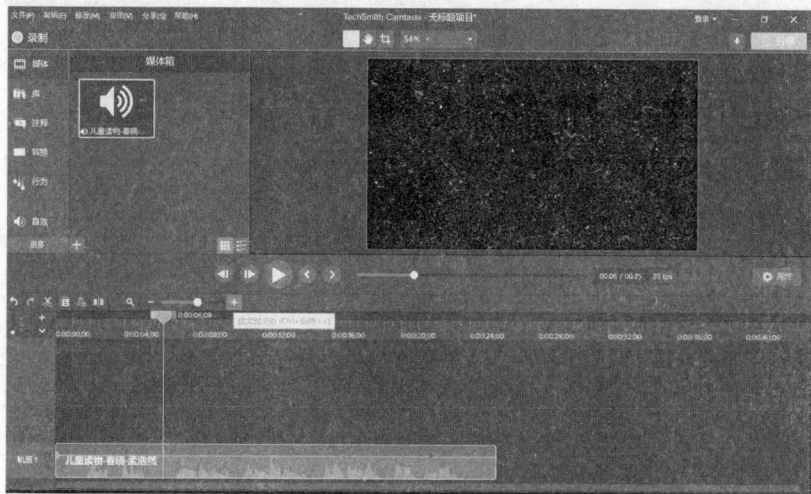

图 7-3-36

步骤 2：单击"拆分"按钮，如图 7-3-37。

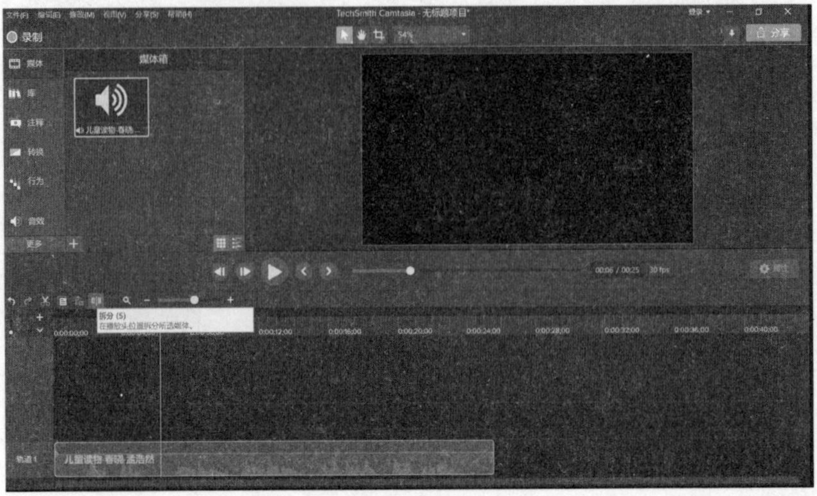

图 7-3-37

步骤3：选中不要的音频轨道段落，右击鼠标，选中"删除"，如图 7-3-38，删除不要的轨道音频段落。

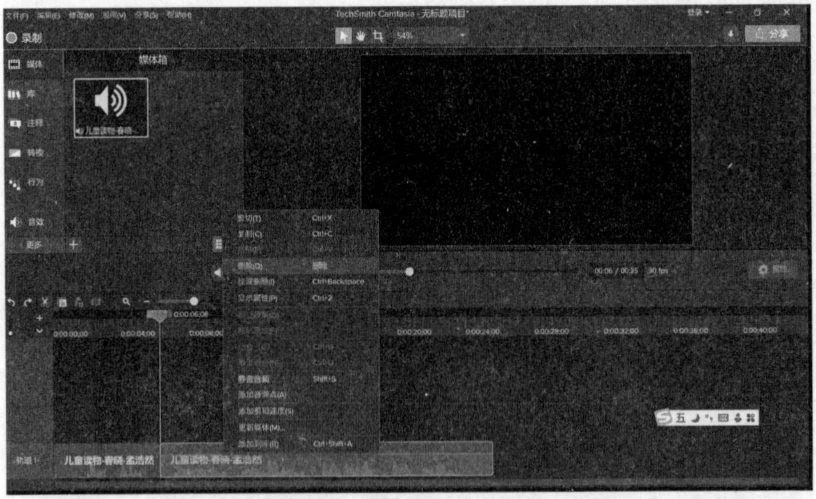

图 7-3-38

步骤4：单击"分享"按键，如图 7-3-39，导出音频文件。

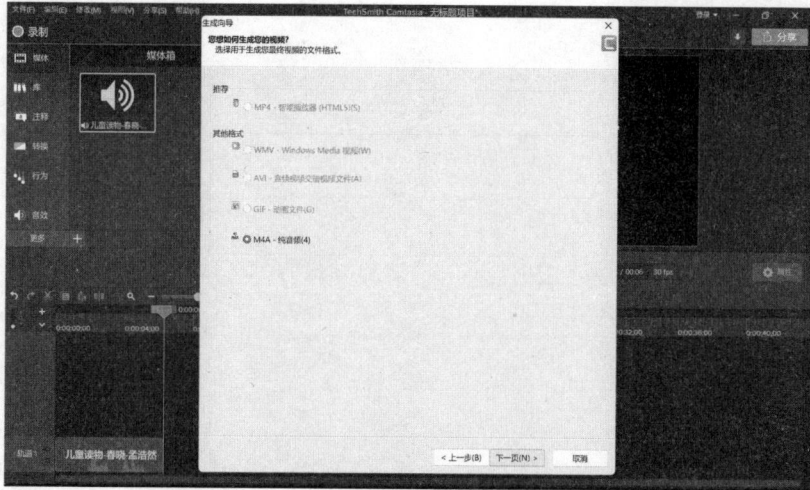

图 7-3-39

03

实操篇

第八章　语文微课设计与制作
——以《春晓》为例

【章节学习目标】

1. 了解《春晓》语文微课实例的制作理念；
2. 了解《春晓》语文微课实例的教学设计；
3. 掌握《春晓》语文微课课件制作方法；
4. 掌握《春晓》语文微课视频制作方法。

语文微课的制作，很大程度上需要其课件图文并茂，每一画面上的内容不能过多，图片文字要适量并且美观。中小学阶段的学生专注力、自律力以及自学能力正在培养过程中，容易被一些有趣的、新鲜事物吸引，因此，我们设计与制作语文微课时，可以采用一些有趣味性的图片、动画等，从而激发学生的兴趣，积极参与到学习活动中。但微课不是炫耀信息技术水平的场合，否则有点本末倒置，只会让学生关注微课展示的视觉听觉效果，而不关注教学内容本身。

第一节　微课制作理念

本微课实例选题为人教版一年级下册的《春晓》，《春晓》很多学生在学前班时就已经会背诵，选择这个题目是想让学生在初步理解的基础上进一步深入的掌握。微课采用 Flash 软件制作课件，Flash 由 MacroMedia 公司推出的交互式矢量图和 Web 动画的标准，是一个二维矢量动画软件，其动态效果多样，可以更好地给予学生直观上的体验，激起学生的兴趣，特别是在生字学习方面，用 Flash 制作一笔一画教学，让学生知道生字的正确书写，加深学生对生字的印象，最开始的古诗采用注音版呈现可以让学生读准每一个字。同时本微课采用 Camtasia Studio 来对课件和声音进行录制，并对其录制的视频进行裁剪和处理，微课观赏性强，并且内容丰富充实。

第二节 微课教学设计

一、教学设计理念

第一，让学生通过读古诗来初步了解古诗，掌握古诗中各个字词的读音；第二，让学生走进古诗的作者，拓展学生的知识，更加深入地了解古诗；第三，将古诗中比较复杂的字向学生展示，让学生掌握这些字的读音和笔顺以及组词；第四，在对古诗整体掌握的基础上，让学生知道古诗的含义，指导学生感悟诗情、诗境；第五，通过做练习来对知识进行巩固。

古诗词的语言是祖国语言宝库中的精华。古诗词教学是中小学语文教学中的重要组成部分。通过古诗词的教学不仅使学生学习、积累一些优秀的古典诗词，而且能使学生感受、了解内容丰富、历史悠久的中华文化，还可以涵养学生的性情，陶冶学生的情操。所以，古诗词的教学不仅要注重积累，还要注重教学过程的优美，要让学生感受到古诗词的魅力，感受到中华文化的魅力，让学生爱上古诗词，爱上悠久灿烂的中华文化。

二、教学背景分析

【教材分析】

《春晓》这首诗从春鸟的啼鸣、春风春雨的吹打、春花的谢落等声音中，让读者先通过听觉，然后通过想象，既而转换到视觉，在人们的眼前展现了一夜风雨后的春天景色，给人一种春光似海、春意正浓的美的感受。

一幅情景图，一首古诗，认字表和写字表。这首古诗语言自然朴素、通俗易懂，已经深远而又耐人寻味。在学习这首古诗时，我们要初步了解诗的大意，体会意境，熟读成诵。同时还要让学生体味古诗文的韵律美，提示停顿、重音，指导朗读。本课教学要充分利用教材提供的意境图，我们可以从图中看到被春鸟唤醒的作者，打开窗户后被雨后春景所惊异的神情，从而可以看出户外春意盎然的美好景象。

【学情分析】

一年级学生进入小学学习，新的学习和生活对孩子们来说充满了好奇和有趣，对学校、对环境、对老师、对同学、对课堂、对学习的要求都充满了新鲜感。他们年龄小、好动、易兴奋、易疲劳，注意力容易分散，同时这首古诗有好多孩子学前就已经会背了，所以在授课的过程中应该形式多样化以激起学生的兴趣和爱好。

【教法分析】

根据低年级语文、教学的特点是以识字、学词学句和朗读背诵训练为重点，作者在教学中主要以读为主，读中熟字，读中解词，读中学句，读中悟情。利用文中插图、朗读等方法为学生创设美丽的春晨情境，使学生置身于美景之中，从而使情感得到升华，与作者产生共鸣。针对字词合作交流认读，诗句的理解也是在合作交流中达到教学目标的。

三、教学目标

1. 学生会读、会写"晓、眠、觉、闻、啼、声"这6个生字。

2. 学生能借助汉语拼音读准字音，通过朗读课文理解古诗的内容，并能用自己的话说说这首诗的意思。

3. 学生能背诵课文，默写课文。

4. 学生可以通过学习古诗、品味古诗，体会作者热爱春天，珍惜春天的感情。

5. 学生能初步感受古诗的韵律美、意境美，培养热爱祖国传统文化的初步情感。

四、教学重难点

【教学重点】

1. 学生会读、会写"晓、眠、觉、闻、啼、声"这6个生字。

2. 理解诗句的意思。

【教学难点】

体会诗句的意境，理解诗人的思想感情。

五、教学过程

（一）直接导入

课件直接展示课题《春晓》，以此来直接开始授课。

（二）新知探究

1. 带领学生齐读古诗，让学生能初步掌握《春晓》并且能读通。

（1）课件出示注音版《春晓》。

（2）教师带领学生初读古诗。

2. 向学生介绍《春晓》的作者孟浩然，拓展知识。

3. 学习生字

（1）课件出示拼音和田字格。

（2）教师教学生逐字逐字地学习，教会学生正确的笔顺，让学生知道每个字的部首、结构和相应的组词。

4. 学习诗意

用动态课件向大家展示《春晓》的诗意，理解诗人的思想感情。

（三）知识巩固

课件展示习题，带领学生对课文再次进行巩固。

（四）课堂小结

教师对本节课进行总结，下课。

六、教学总结与反思

本微课主要是让学生掌握《春晓》，读通、读懂这首古诗，理解古诗意思，会正确书写古诗中的生字，总的来说教学结构完整，各部分衔接紧凑，但本节课教师与学生的互动较少，没有给予学生足够的空间，这一点还是需要改善和提高的。

第三节　微课视频制作

一、微课视频概述

《春晓》微课是作者指导秦粒慧同学全国师范生微课大赛获奖作品，微课视频主要运用了 Flash 软件课件制作、Camtasia studio 视频录制。《春晓》Flash 课件精彩之处主要表现在有一个动态打开古诗画轴，如图 8-3-1 至 8-3-3；汉字动态书写，如图 8-3-4 至 8-3-8。

图 8-3-1

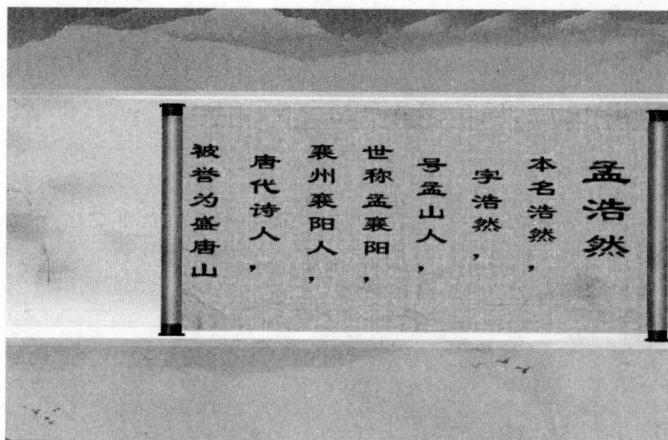

图 8-3-2

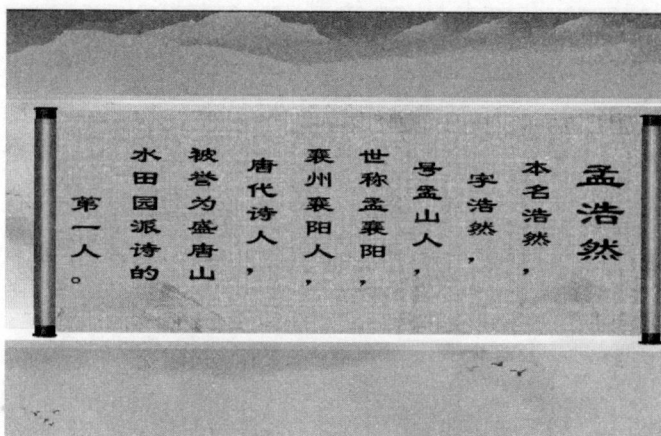

图 8-3-3

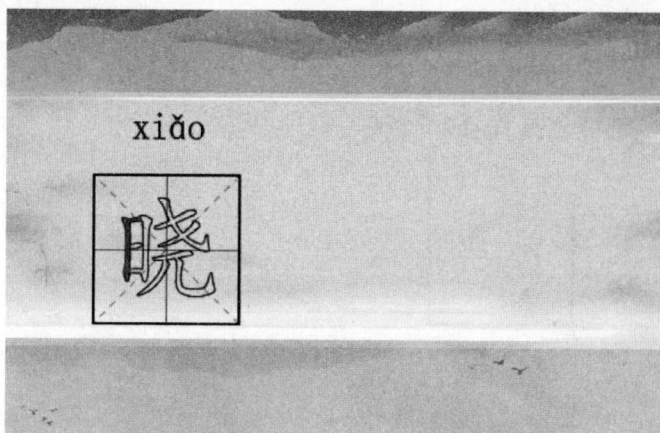

图 8-3-4

图 8-3-5

图 8-3-6

图 8-3-7

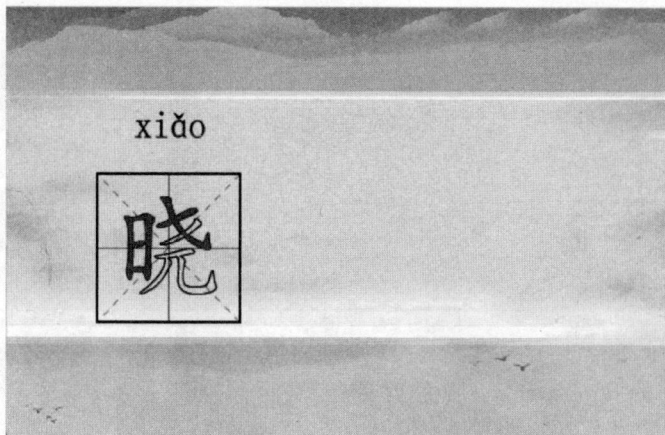

图 8-3-8

二、具体制作步骤

（一）部分微课课件的制作

1. 动态打开古诗画轴，图 8-3-1 至 8-3-3 制作步骤

步骤1："文件"—"新建"，如图 8-3-9；新建一个 flash 文档，"修改"—"文档"改变文档的属性（550×350），如图 8-3-10。

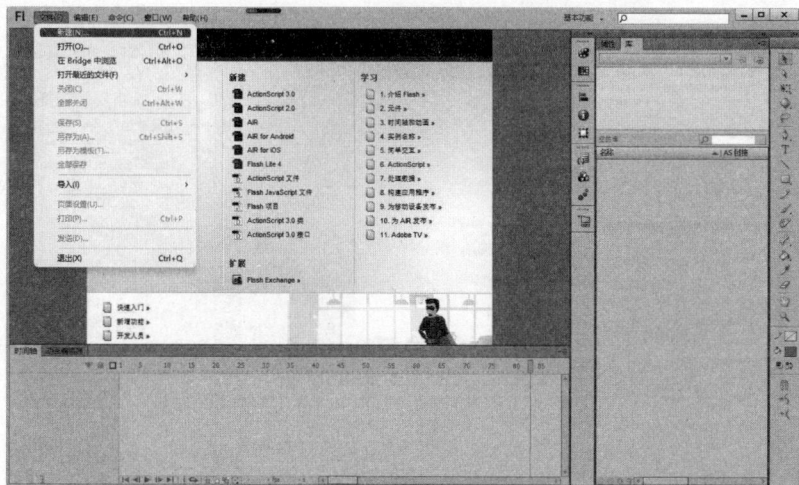

图 8-3-9

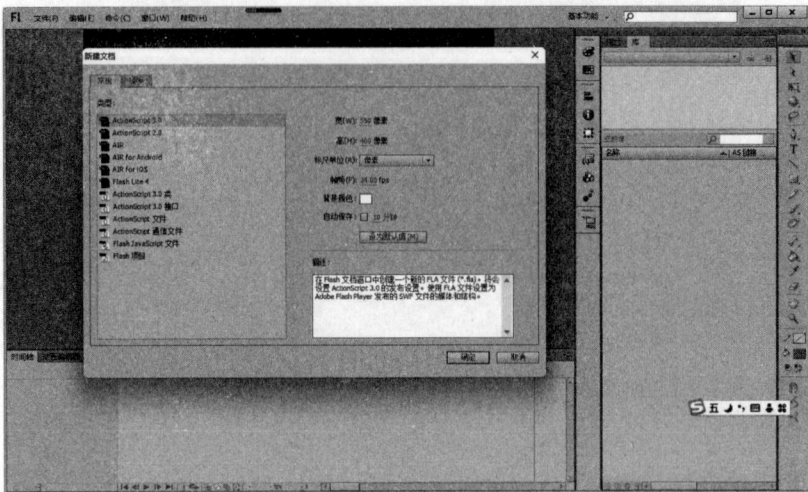

图 8-3-10

步骤2："文件"—"保存"，默认"未命名-2"文件名保存文件。"文件"—"导入"—"导入到库"命令，如图 8-3-11，导入相关素材图片到库，如图 8-3-12。

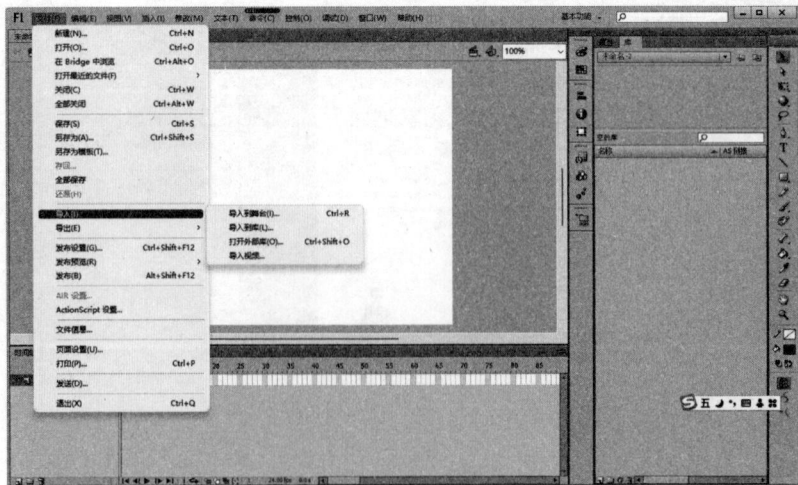

图 8-3-11

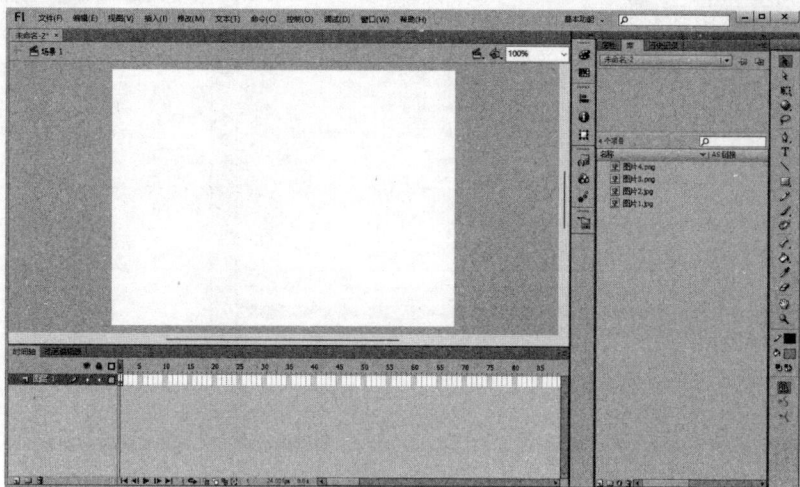

图 8-3-12

步骤 3：选中图层 1 第 1 帧，将库面板的"图片 1"素材拖入到编辑区域，如图 8-3-13，并打开"对齐面板"，选中"对齐/相对舞台分布"，点击"匹配宽和高""垂直居中分布""水平居中分布"三个命令，如图 8-3-14，将图作为背景图片覆盖编辑区域。

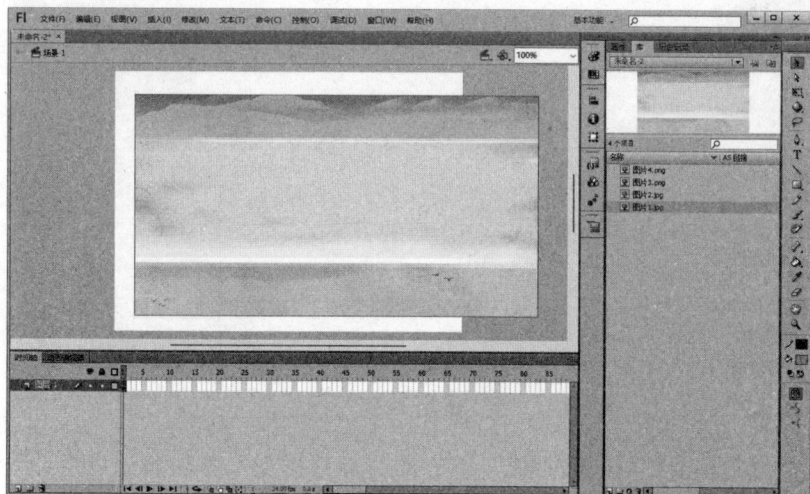

图 8-3-13

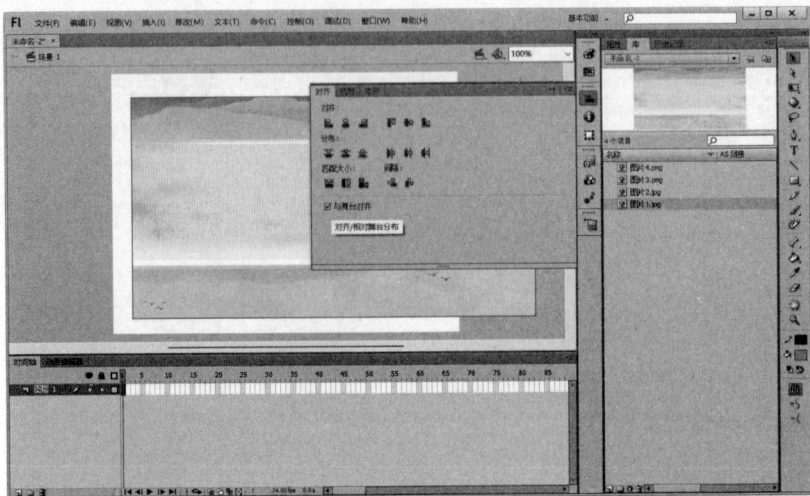

图 8-3-14

步骤 4：在第 130 帧右击，在弹出的菜单窗口，选中"插入帧"命令，如图 8-3-15。

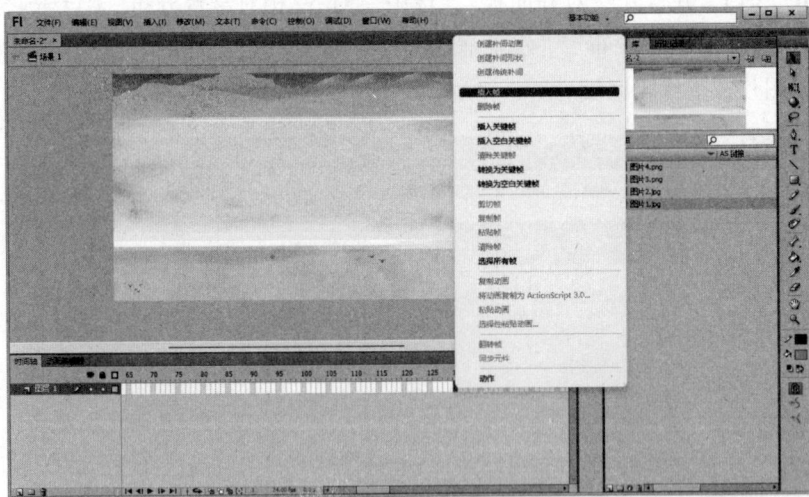

图 8-3-15

步骤 5：单击"时间轴面板"下方的"新建图层"按钮新建图层 2，如图 8-3-16。

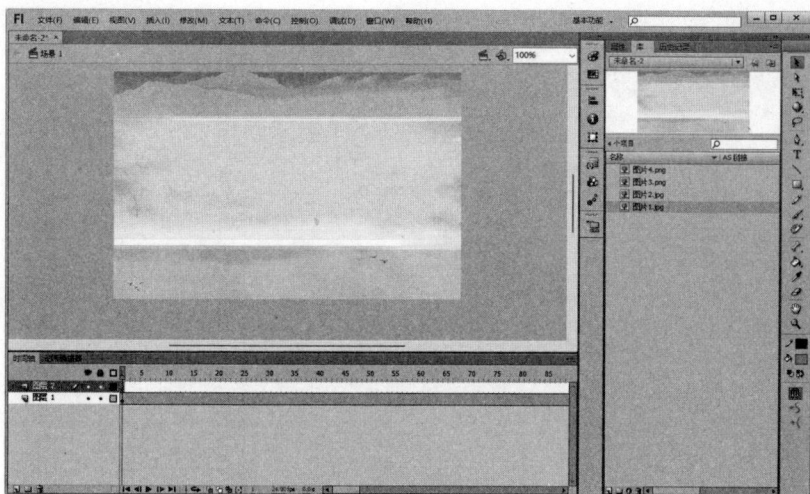

图 8-3-16

步骤 6：锁定图层 1，选中图层 2 第 1 帧，将库面板的"图片 2"素材拖入到编辑区域，使用"任意变形工具"调整图片大小，再使用"选择工具"将其移动到合适的位置，如图 8-3-17。

图 8-3-17

步骤7：使用"文本工具"输入竖排文字"孟浩然……"，如图8-3-18。

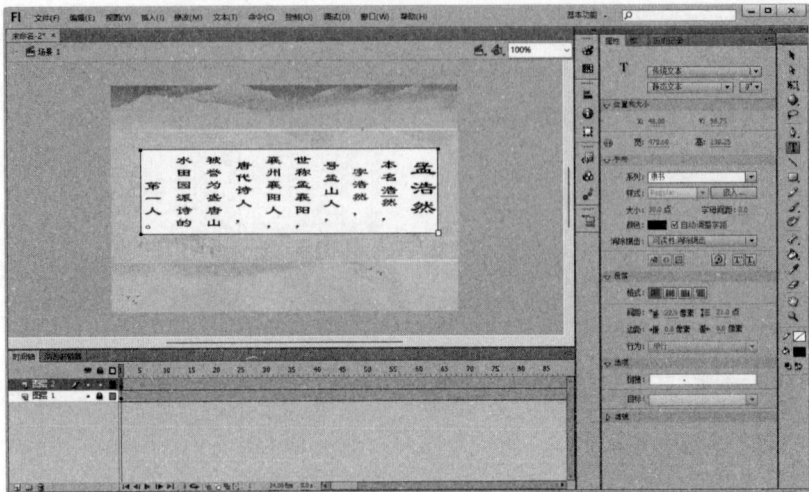

图 8-3-18

步骤8：锁定图层2，单击"时间轴面板"下方的"新建图层"按钮新建图层3，如图8-3-19。

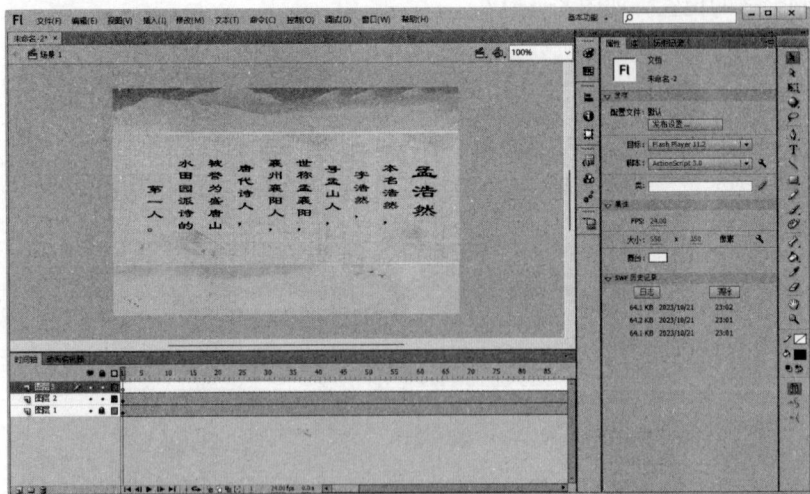

图 8-3-19

步骤9："插入"—"新建元件"，如图8-3-20；新建一个影片剪辑元件，元件名称为"轴"，如图8-3-21。

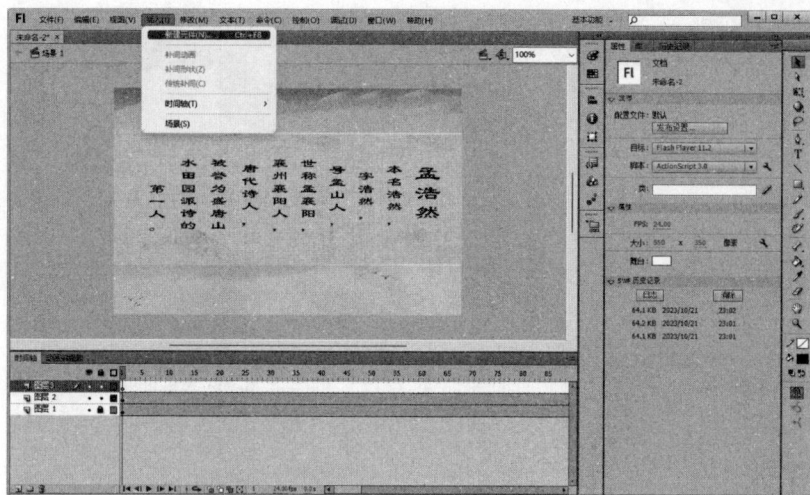

图 8-3-20

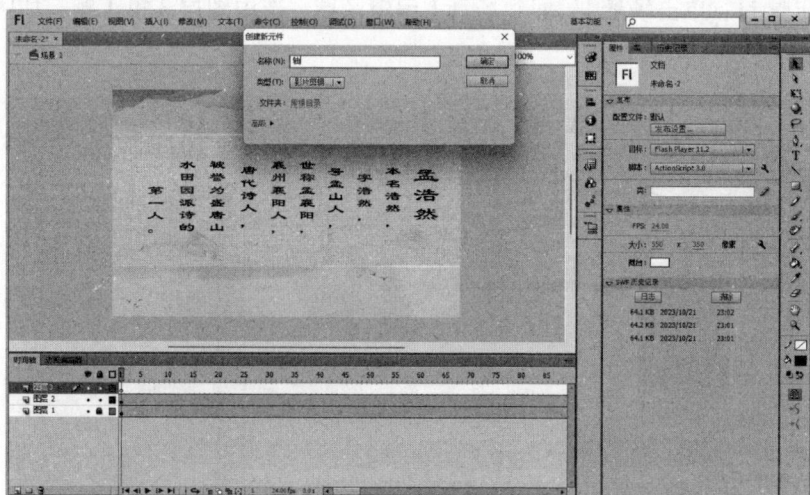

图 8-3-21

步骤 10：在 "轴" 元件编辑区域，从库面板拖入 "图片 3"，并 "垂直居中分布" 与 "水平居中分布"，如图 8-3-22。

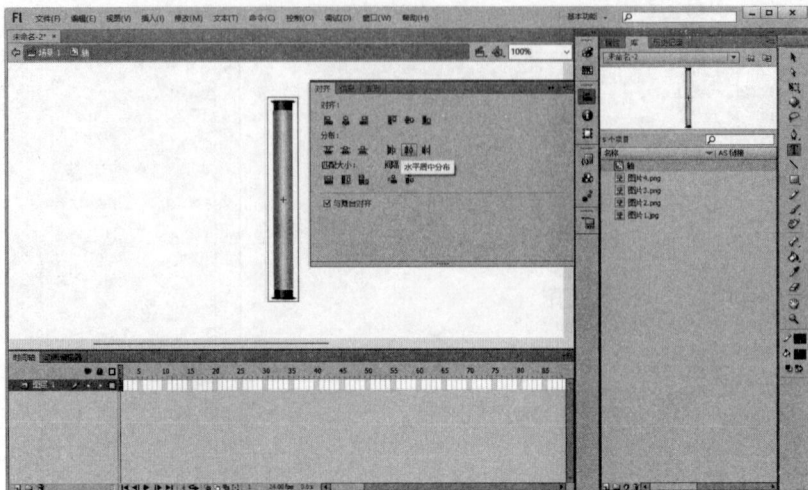

图 8-3-22

步骤 11：单击场景 1，回到场景 1 编辑区域，选中图层 3 第 1 帧，如图 8-3-23。

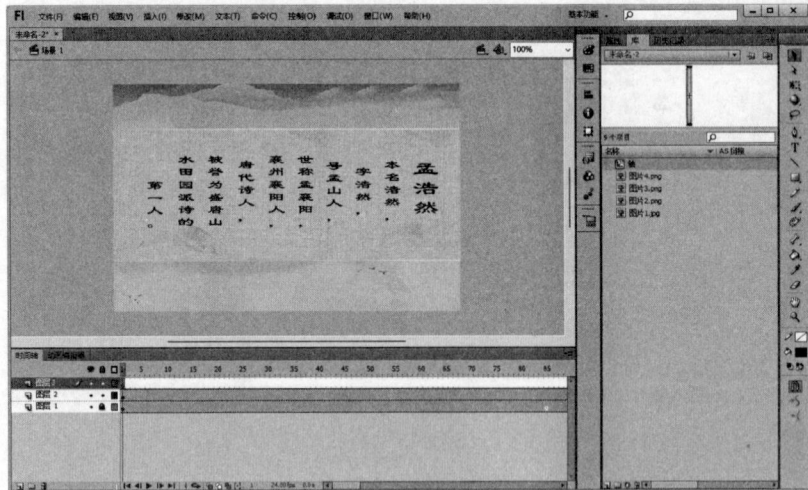

图 8-3-23

步骤 12：将轴元件拖入到场景 1 的左边，并使用"任意变形工具"调整大小，如图 8-3-24。再使用"选择工具"，移动轴元件到合适的位置，如图 8-3-25。

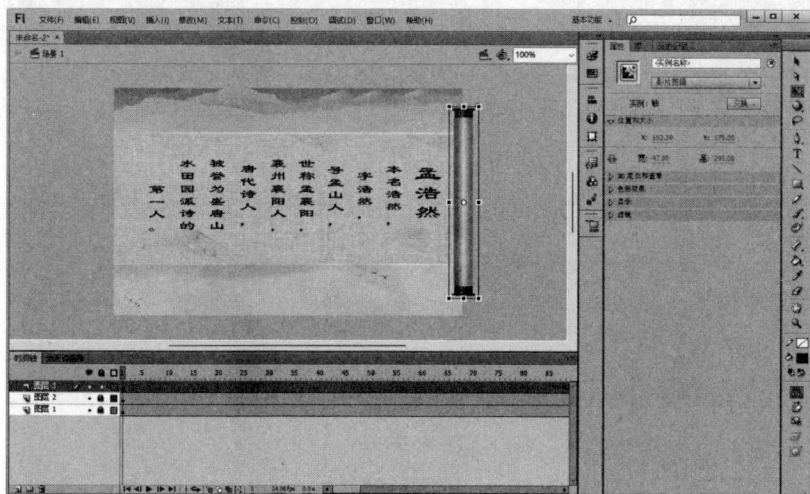

图 8-3-24

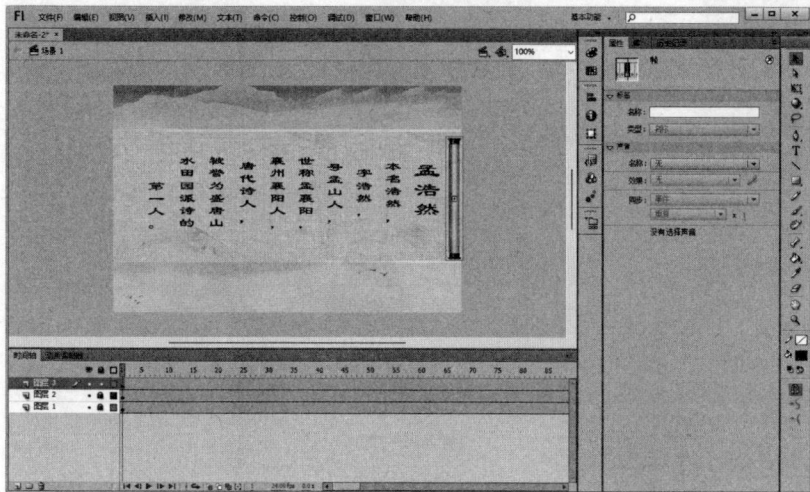

图 8-3-25

步骤 13：锁定图层 3，单击"时间轴面板"下方的"新建图层"按钮新建图层 4，如图 8-3-26。选中图层 3 第 1 帧，右击，在弹出的菜单点击"复制帧"，如图 8-3-27。

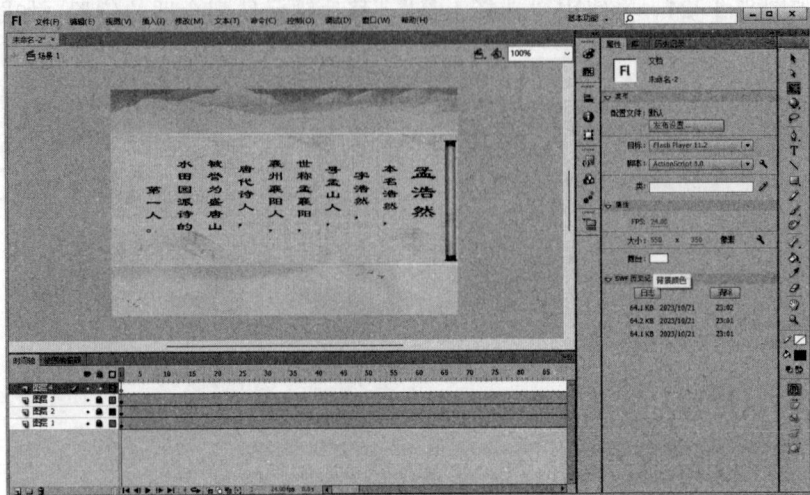

图 8-3-26

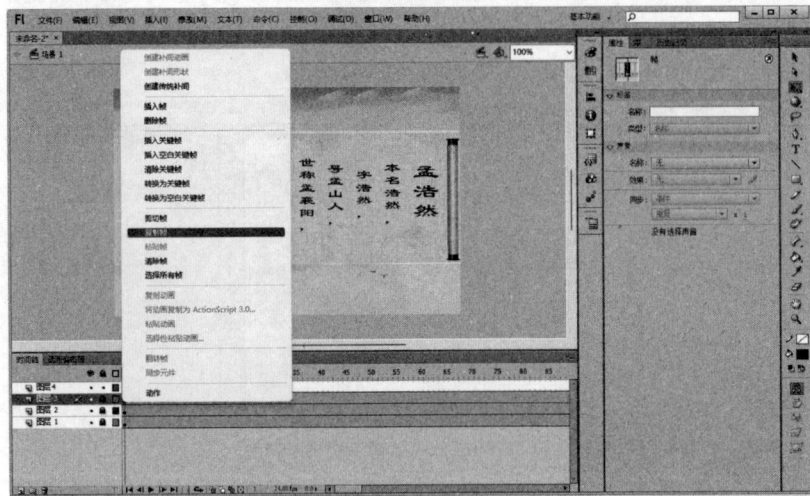

图 8-3-27

步骤 14：选中图层 4 第 1 帧，右击，在弹出的菜单点击"粘贴帧"，如图 8-3-28。

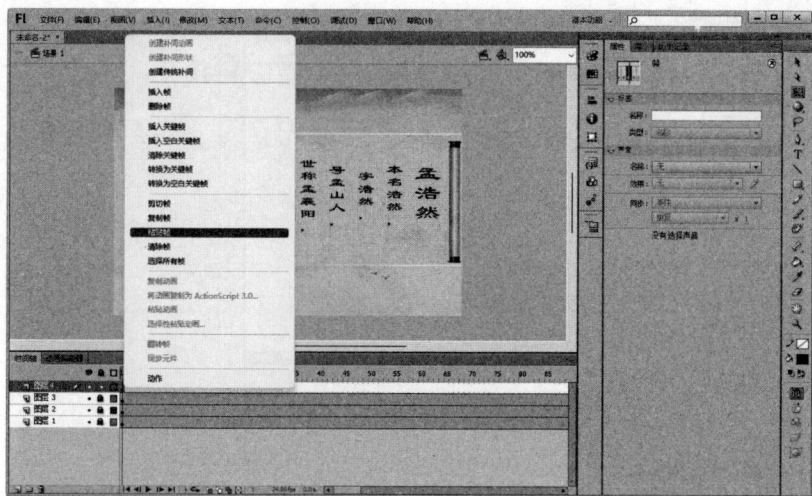

图 8-3-28

步骤 15：解除锁定图层 4，选中图层 4 第 130 帧，右击，在弹出的菜单选中"插入关键帧"，如图 8-3-29，并将关键帧的轴元件移动到编辑区域右边。

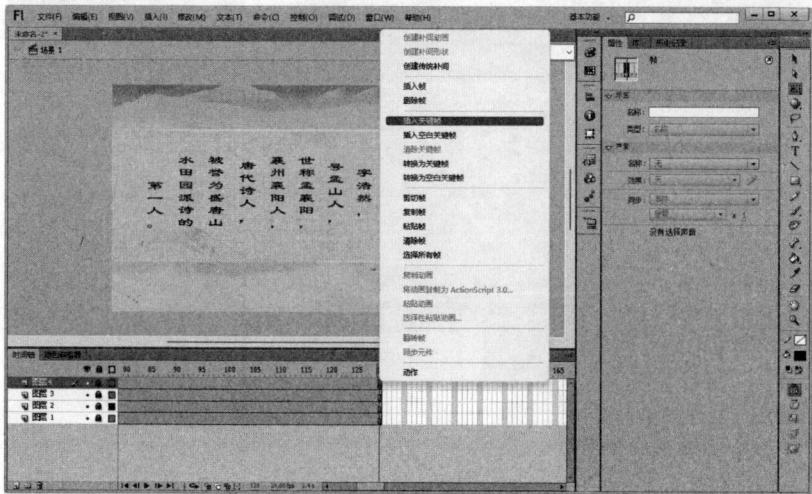

图 8-3-29

步骤 16：选中图层 4 第 1 帧右击，在弹出的菜单点击"创建传统补间"，如图 8-3-30。图层 4 第 1 帧到第 130 帧之间出现淡紫色背景的剪头线，如图 8-3-31。

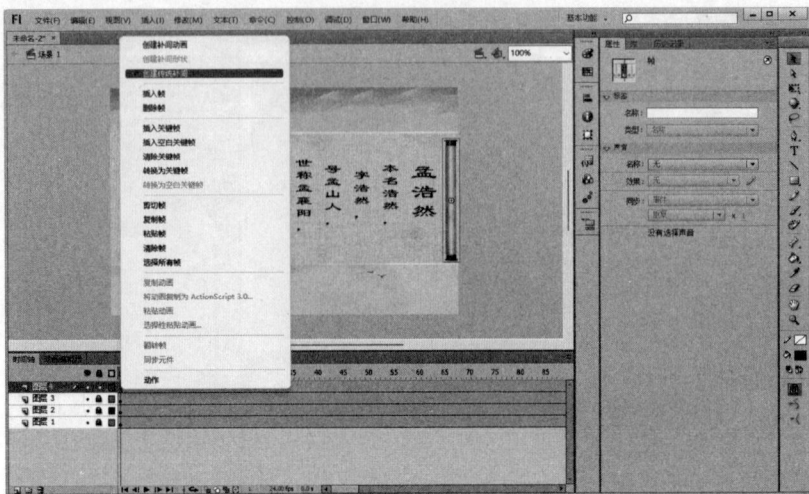

图 8-3-30

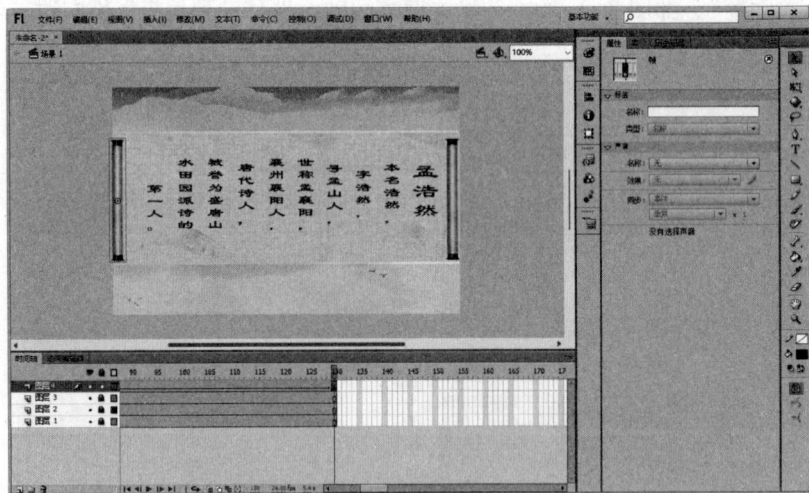

图 8-3-31

步骤 17："插入"—"新建元件"，新建一个影片剪辑元件，元件名称为"矩形"，矩形工具属性无要求，绘制一下矩形，如图 8-3-32。

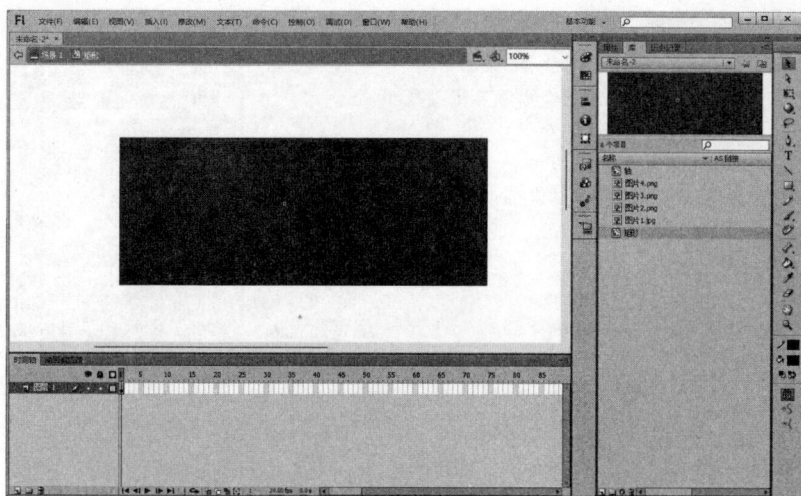

图 8-3-32

步骤 18：返回场景 1，选中图层 2，在图层 2 的上方新建图层 5，如图 8-3-33。

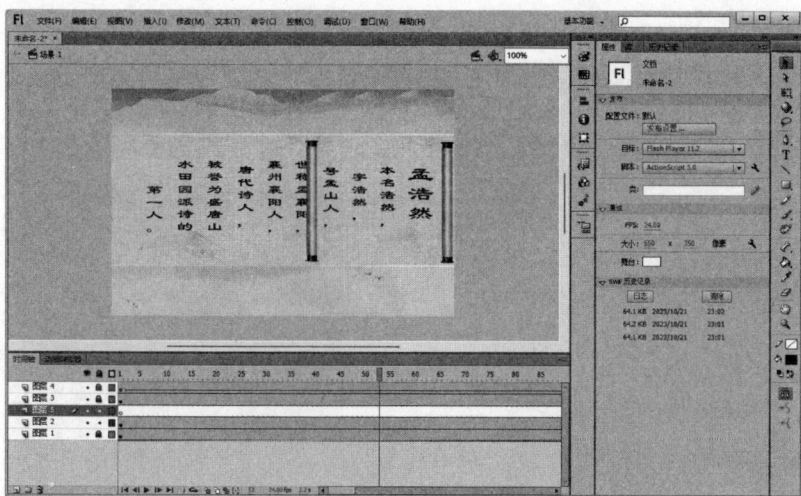

图 8-3-33

步骤 19：选中图层 5 的第 1 帧，使用"选择工具"将"矩形"元件拖入到编辑区域的左边，根据需要使用任意变形工具调整大小与位置，大小能够遮盖住文字，位置位于轴的下方，如图 8-3-34。

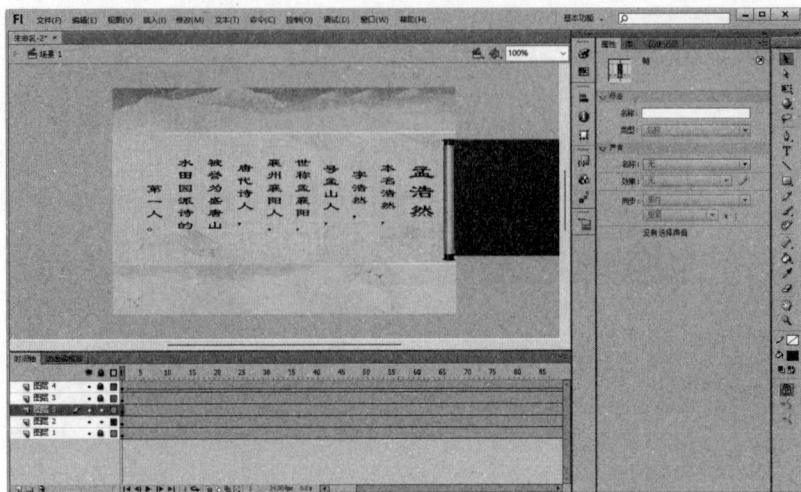

图 8-3-34

步骤20：选中图层5第130帧，右击，在弹出的菜单点击"插入关键帧"，如图8-3-35，并将关键帧的矩形元件移动到文字的上方并遮盖住文字，如图8-3-36。

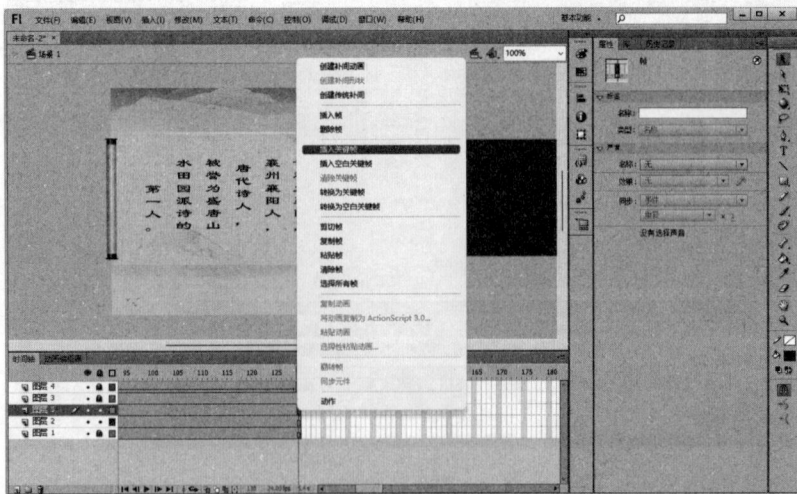

图 8-3-35

图 8-3-36

步骤 21：选中图层 5 第 1 帧，右击，在弹出的菜单点击"创建传统补间"，如图 8-3-37。

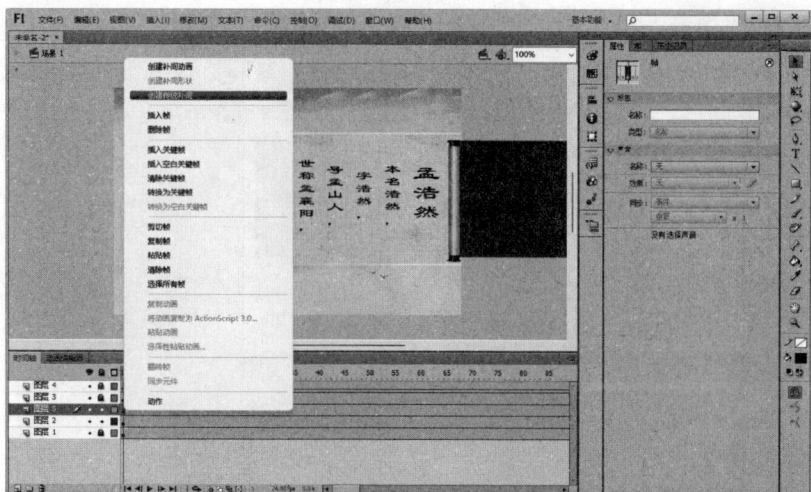

图 8-3-37

步骤 22：双击图层 5 图标，并将其类型由"一般"修改为"遮罩层"，如图 8-3-38。

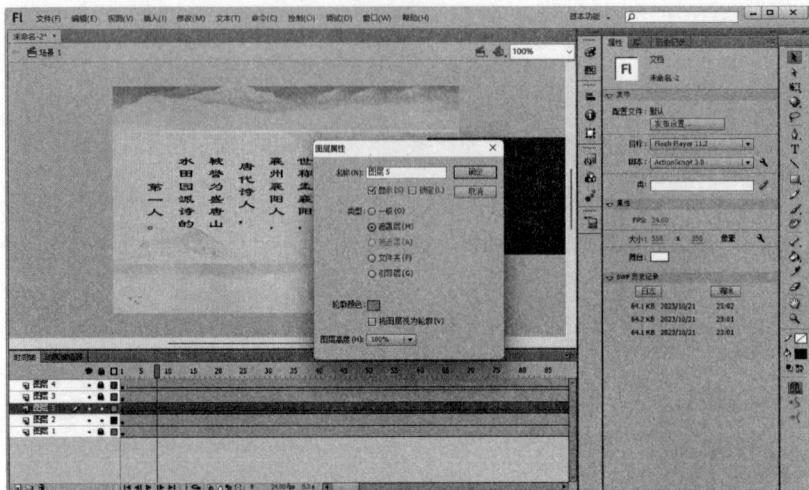

图 8-3-38

步骤 23：解锁图层 2，拖动图层 2 图标往图层 5 下方并往右，如图 8-3-39，并将其类型修改为"被遮罩层"，如图 8-3-40。

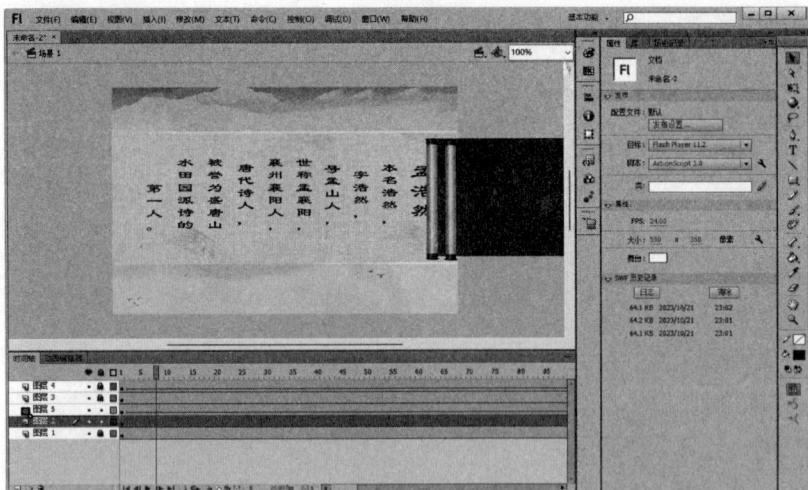

图 8-3-39

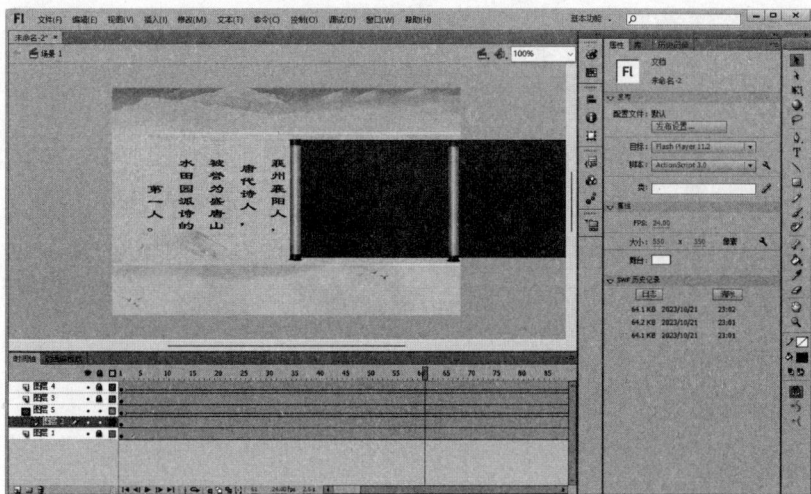

图 8-3-40

步骤 24：Ctrl+Enter 键，测试动画的效果，如图 8-3-41。如果文字的出现早于右边轴的移动，可以将图层 5 第 1 帧的矩形元件实例往左边移动一点点，如图 8-3-42，以及图层 5 第 130 帧的矩形元件实例往左边移动一点点。单击"文件"—"另存为"，如图 8-3-43。

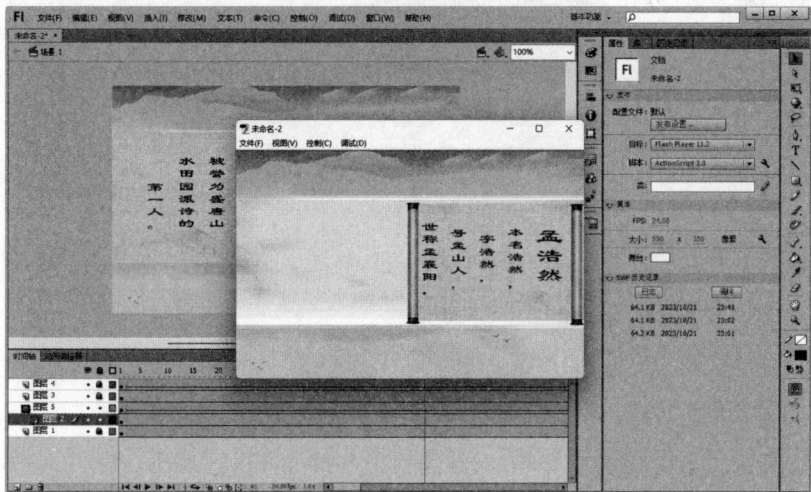

图 8-3-41

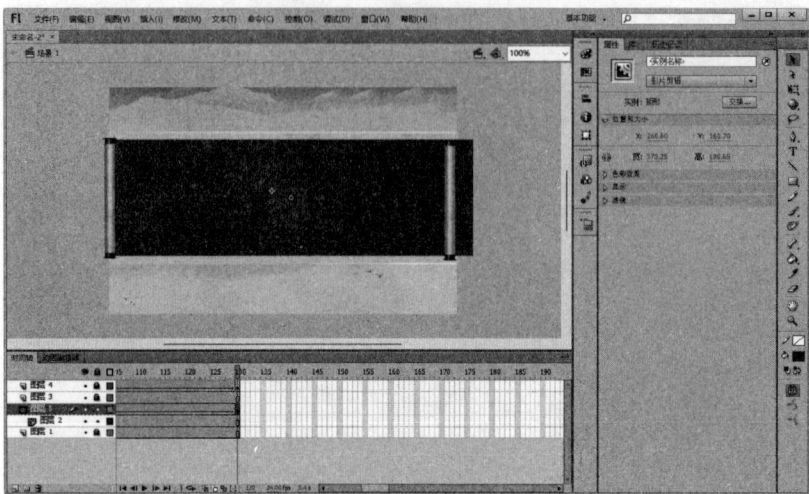

图 8-3-42

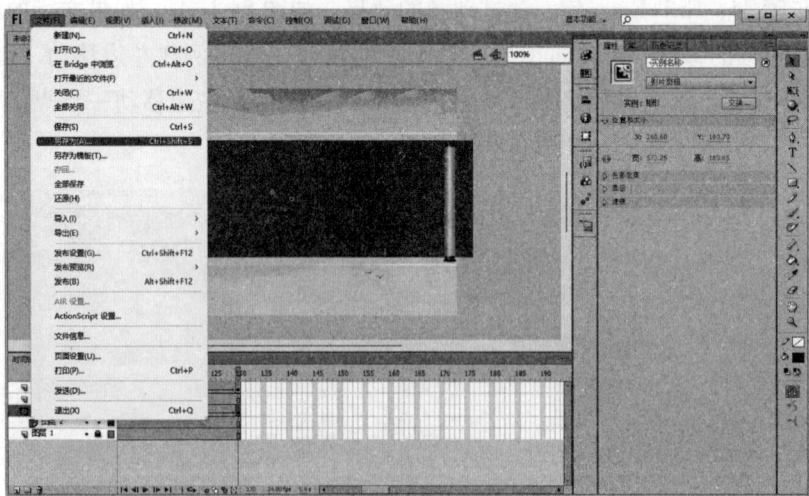

图 8-3-43

2. 汉字动态书写，图 8-3-4 至 8-3-8 制作步骤

步骤 1："文件"—"新建"，新建一个 flash 文档。"修改"—"文档"改变文档的属性（550×350），如图 8-3-44。

图 8-3-44

步骤2："文件"—"导入"—"导入到库"命令，如图8-3-45。导入相
关素材图片到库，如图8-3-46。

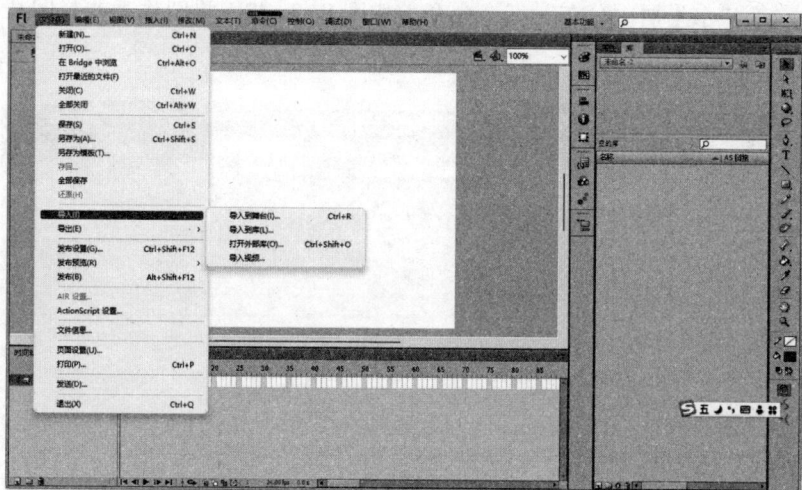

图 8-3-45

图 8-3-46

步骤 3：选中图层 1 第 1 帧，将库面板的"图片 1"素材拖入到编辑区域，并打开"对齐面板"，选中"对齐/相对舞台分布"，点击"匹配宽和高""垂直居中分布""水平居中分布"三个命令，如图 8-3-47，将图作为背景图片覆盖编辑区域。

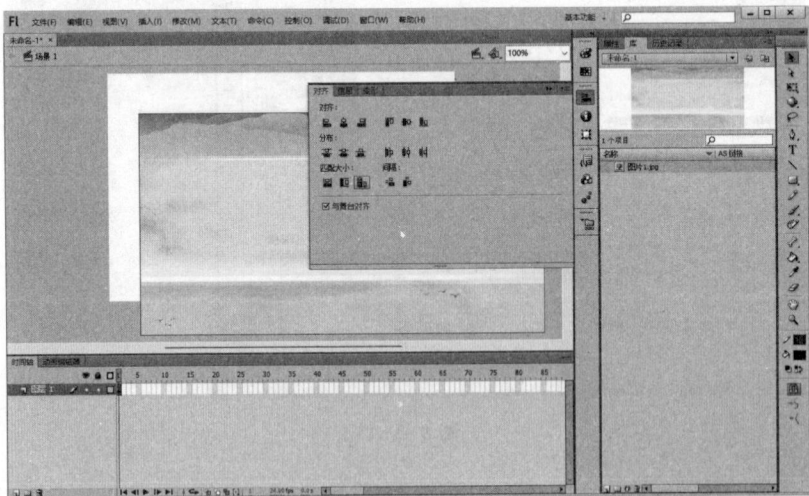

图 8-3-47

208

步骤 4：选中图层 1 第 85 帧右击，在弹出的菜单窗口，选中"插入帧"命令，如图 8-3-48。

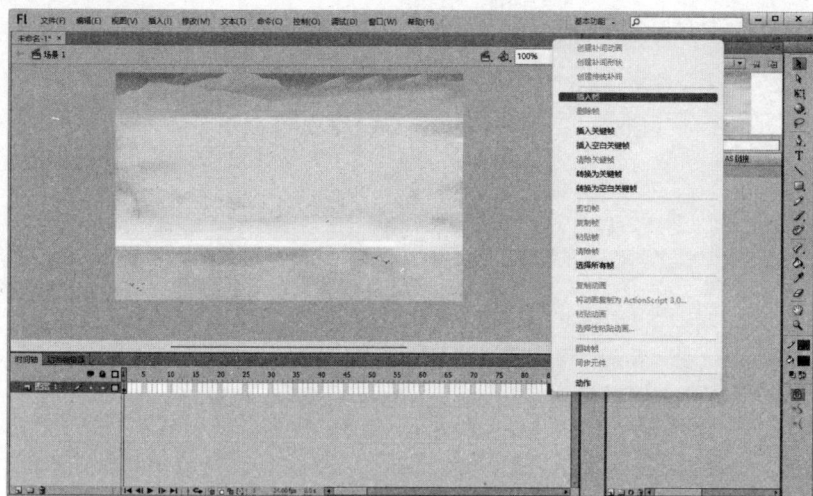

图 8-3-48

步骤 5：锁定图层 1，单击"时间轴面板"下方的"新建图层"按钮，新建图层 2，如图 8-3-49。

图 8-3-49

步骤6："文件"—"保存","晓"文件名保存文件。选中图层2第1帧，使用"文本工具"输入拼音"xiǎo"，如图8-3-50。

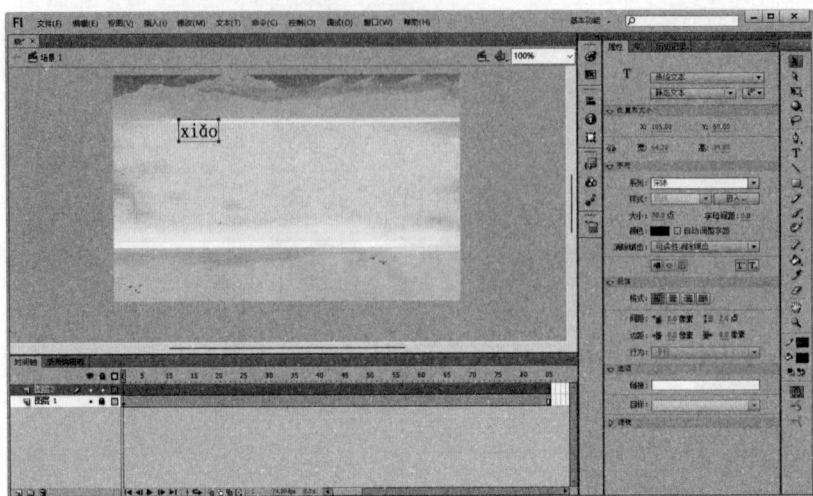

图 8-3-50

步骤7：锁定图层2，新建图层3，选中图层3第1帧，使用"线条工具"绘制田字格，注意笔触样式先为实线，再设置为虚线，内部线条笔触颜色降低不透明度，如图8-3-51。田字格外框正方形也可以用"矩形工具"绘制，这样更加方便并且效果好。在绘制过程中，最好将窗口大小调整为200%，绘制完之后再调整为100%大小。

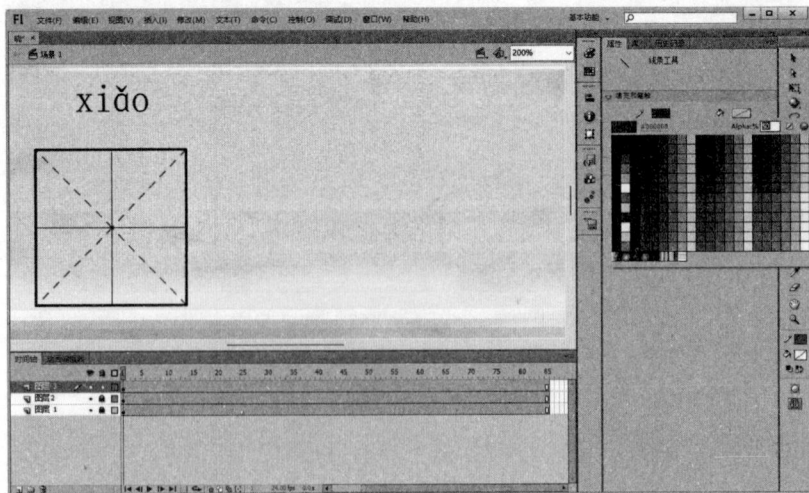

图 8-3-51

步骤 8：锁定图层 3，新建图层 4，选中图层 4 第 1 帧，使用"文本工具"输入"晓"，如图 8-3-52。调整好字体大小位置等，使用"选择工具"，选中文字，右击文字，从弹出的菜单窗口中选中"分离"命令，如图 8-3-53。文字"晓"不再是文本，而是形状，如图 8-3-54。

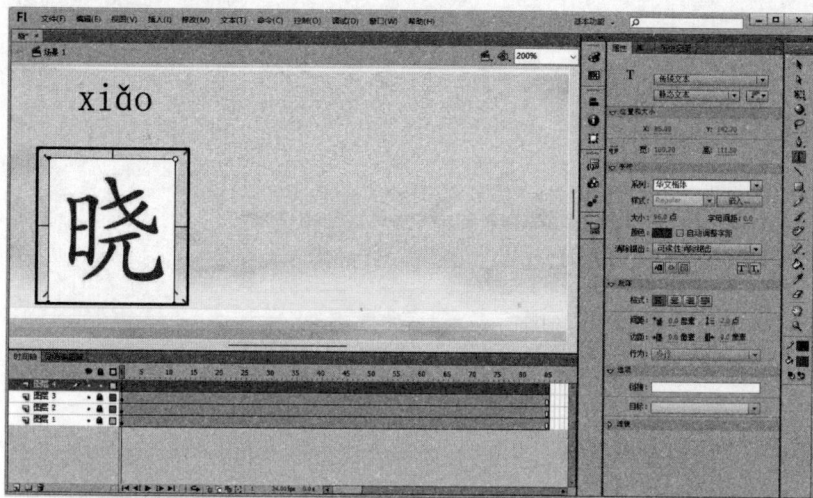

图 8-3-52

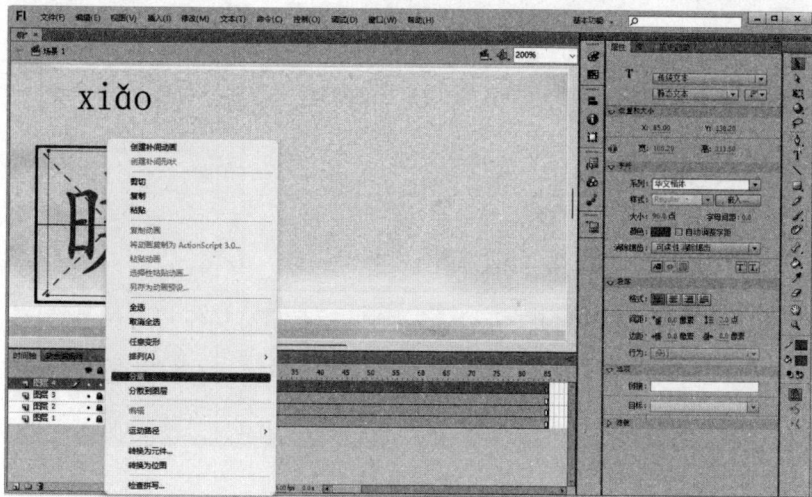

图 8-3-53

211

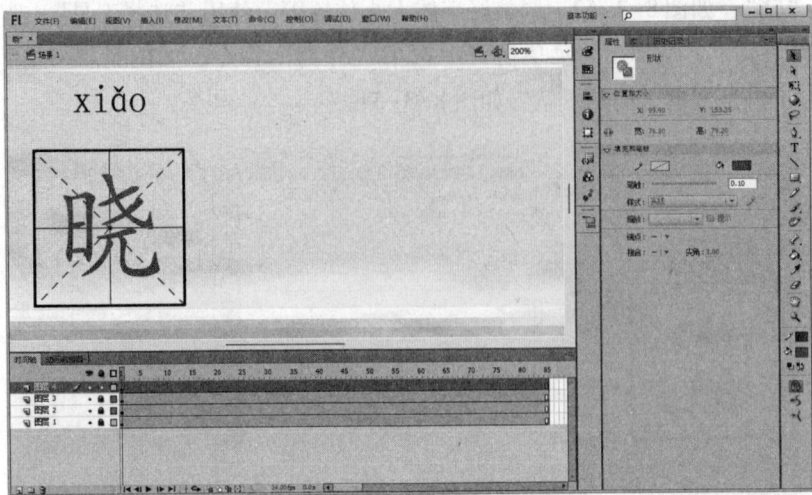

图 8-3-54

步骤9：执行分离之后，不选中文字的状态下，再使用"墨水瓶工具"设置黑色的文字边缘轮廓，如图 8-3-55。

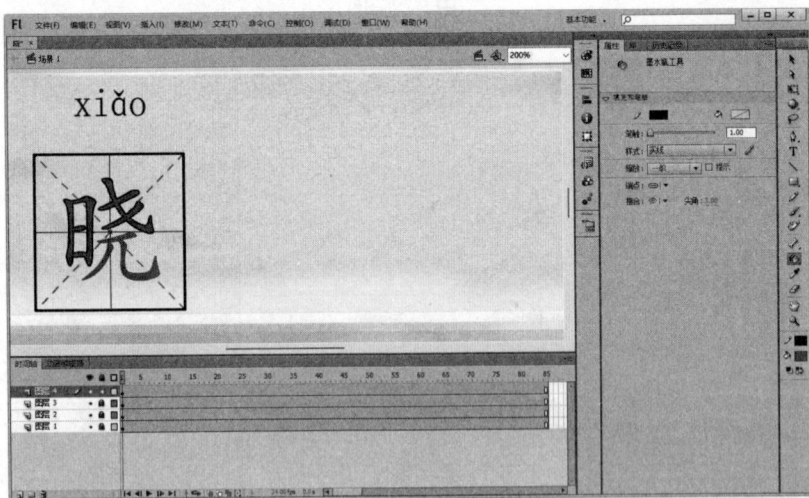

图 8-3-55

步骤10：新建图层5、6、7、8、9、10、11、12、13、14，复制图层4第1帧到这些图层的合适帧处，如图 8-3-56。

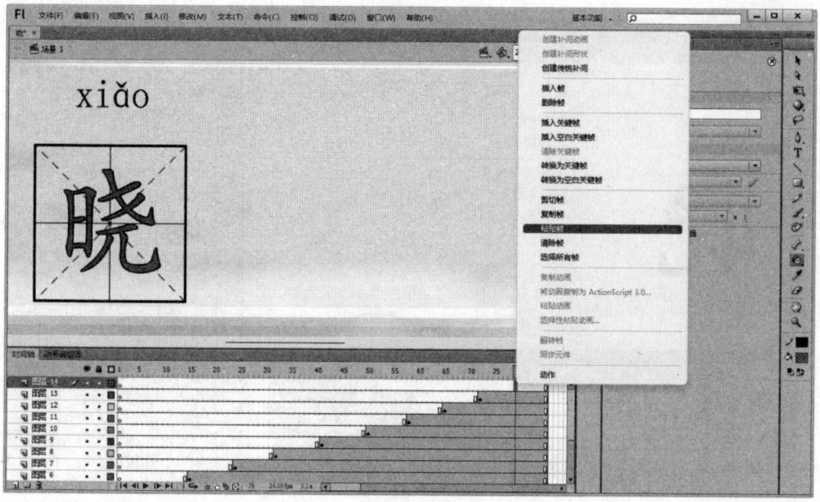

图 8-3-56

步骤 11：首先，隐藏其他图层，只显示图层 5，如图 8-3-57；其次，使用"线条工具"将图层 5"晓"字的第一笔竖与"晓"字的其他笔划分开，如图 8-3-58；再次，使用选择工具，除了第一笔竖，将文字的其他部分选中删除，如图 8-3-59；最后，使图层 5 保留"晓"字的第一笔竖，如图 8-3-60。

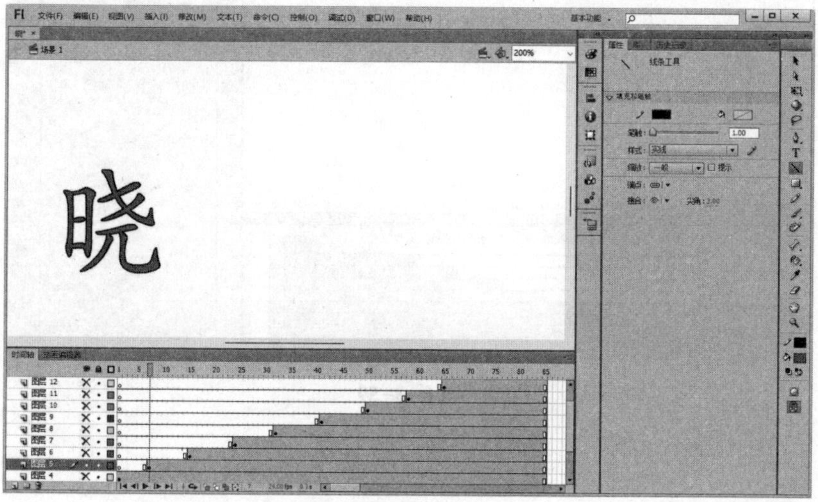

图 8-3-57

213

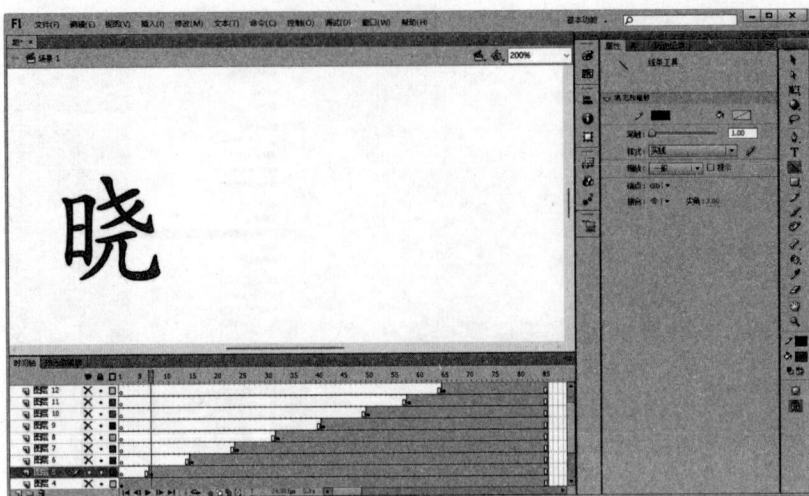

图 8-3-58

图 8-3-59

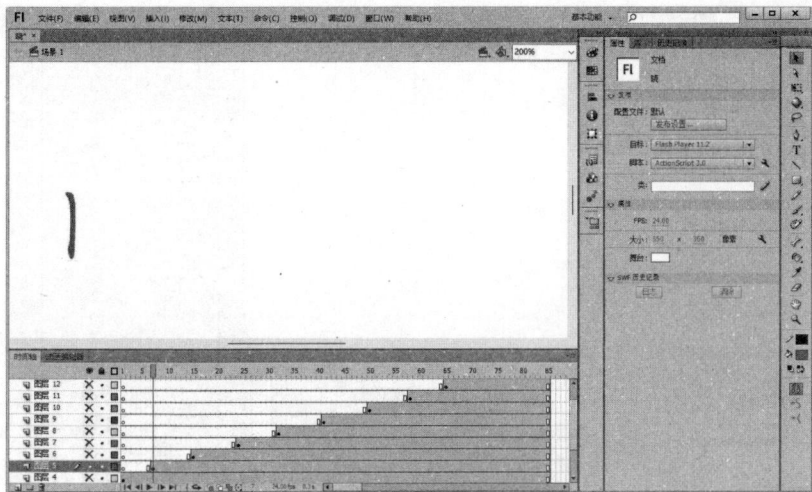

图 8-3-60

步骤 12：同样的方法，使这些图层的文字依次保留相应的笔划，第二笔划"横折"，如图 8-3-61；第三笔划"横"，如图 8-3-62；第四笔划"横"，如图 8-3-63；第 5 笔划"横"，如图 8-3-64；第 6 笔划"弯钩"，如图 8-3-65；第 7 笔划"撇"，如图 8-3-66；第 8 笔划"横"，如图 8-3-67；第 9 笔划"撇"，如图 8-3-68；第 10 笔划"竖弯钩"，如图 8-3-69。

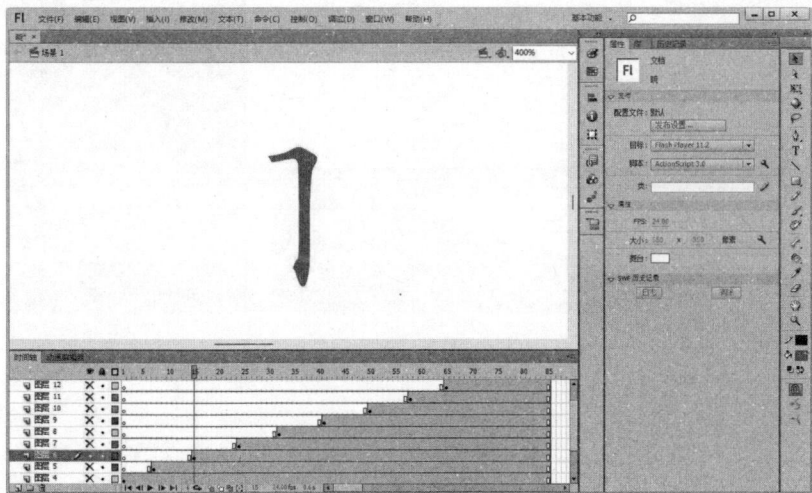

图 8-3-61

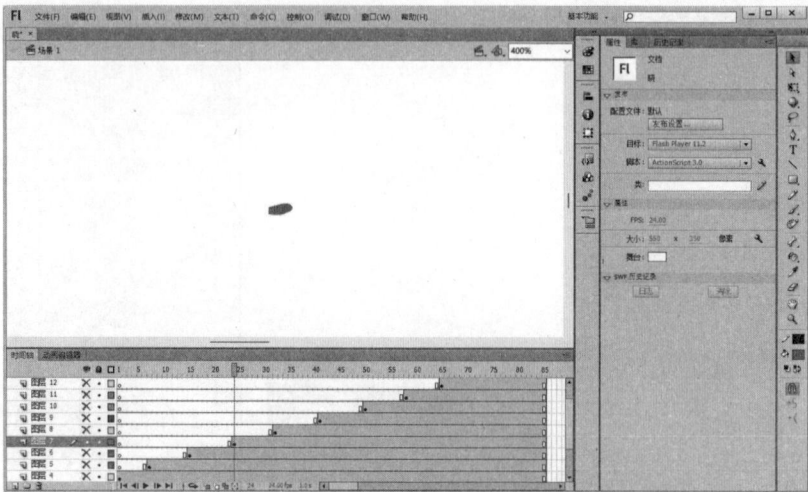

图 8-3-62

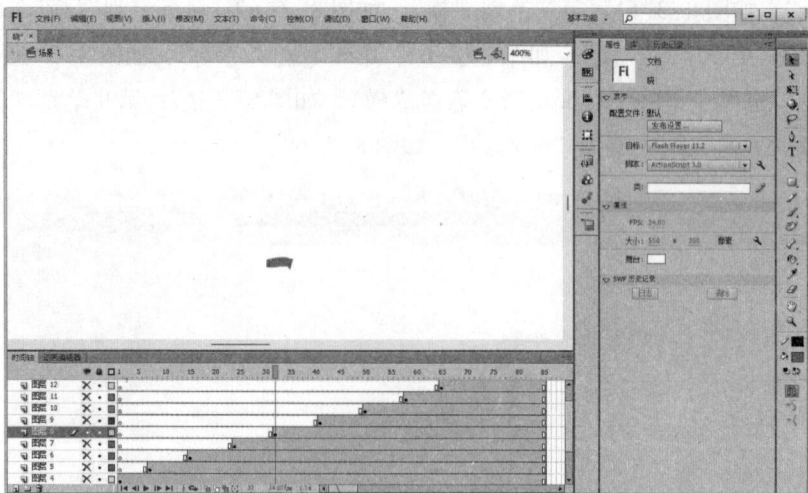

图 8-3-63

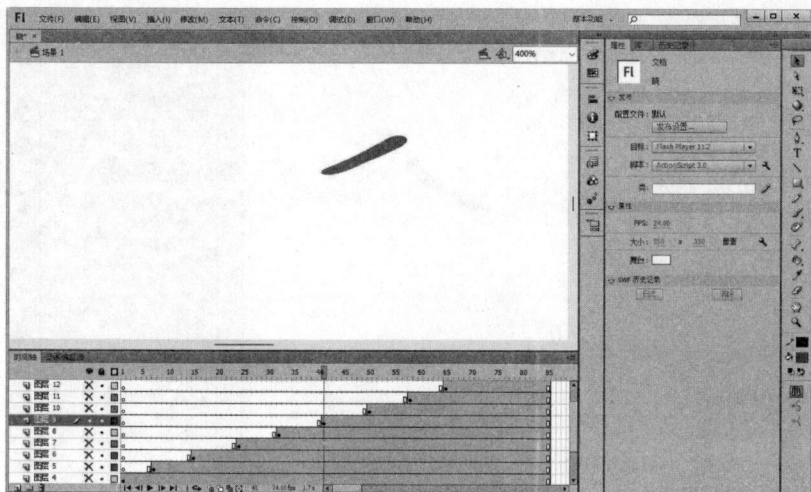

图 8-3-64

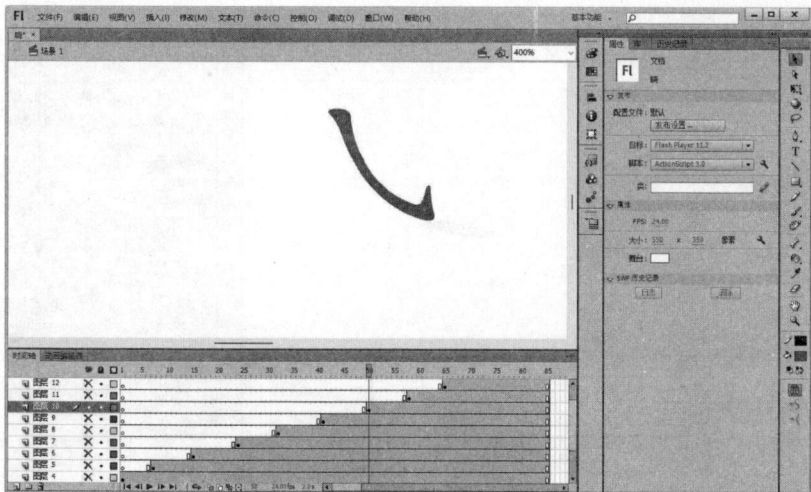

图 8-3-65

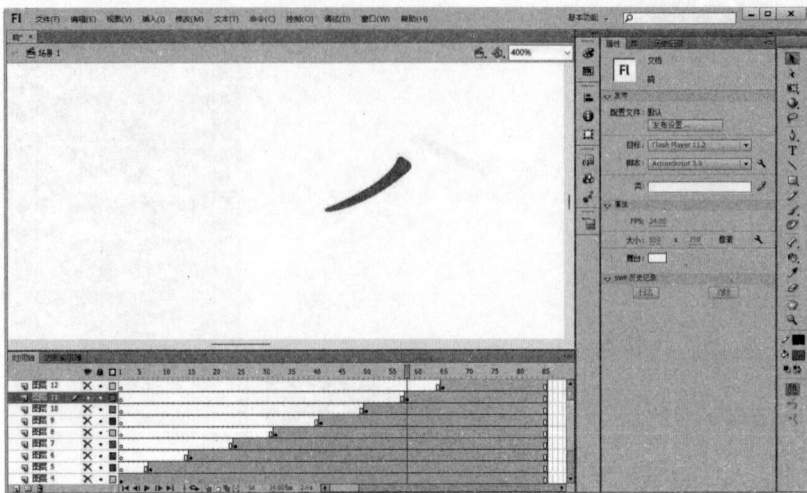

图 8-3-66

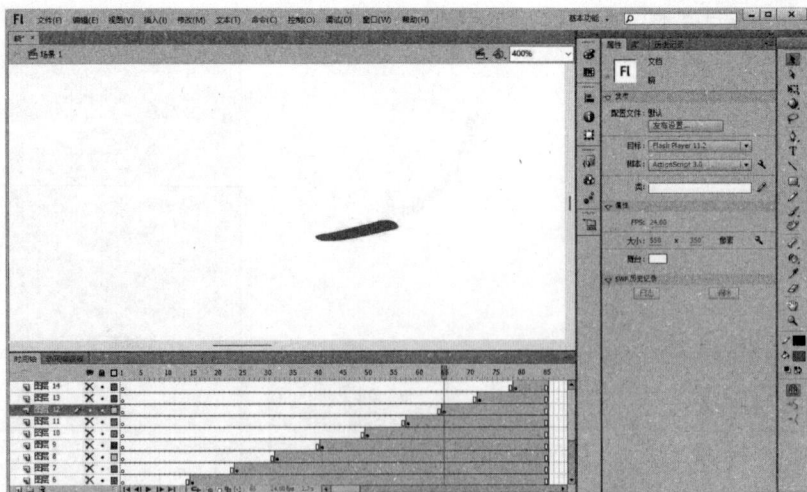

图 8-3-67

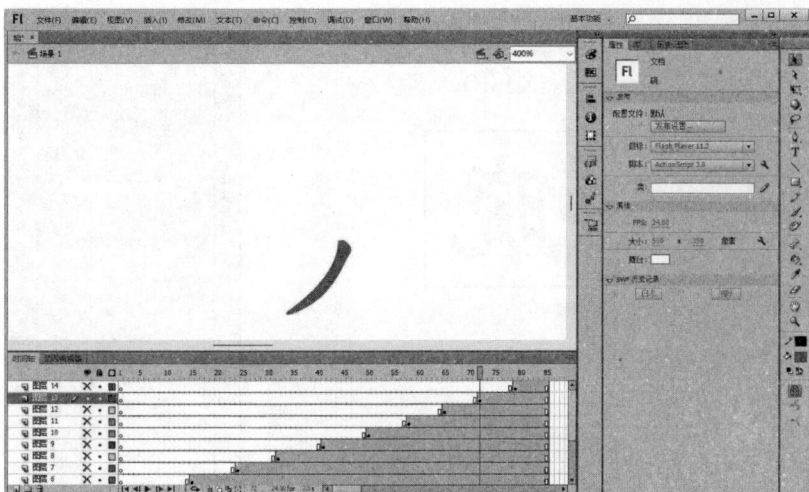

图 8-3-68

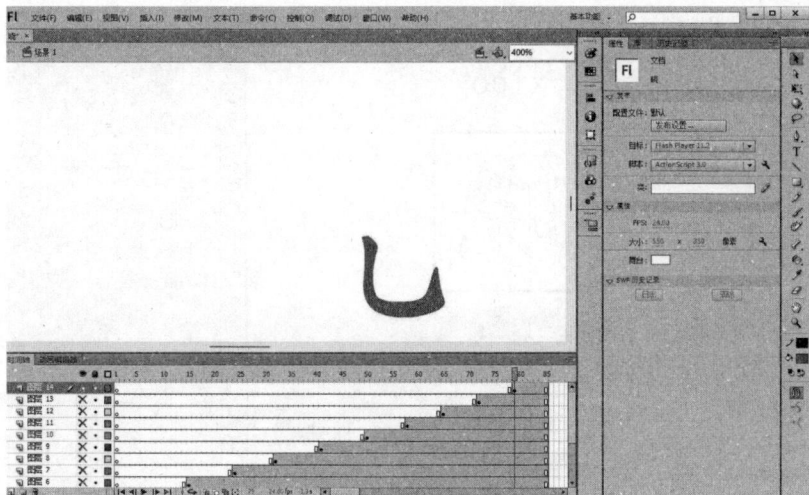

图 8-3-69

步骤 13：显示所有图层，锁定除图层 4 之外的所有图层，如图 8-3-70。将图层 4 "晓"字内部红色笔画删除，只保留"晓"字黑色轮廓，如图 8-3-71。

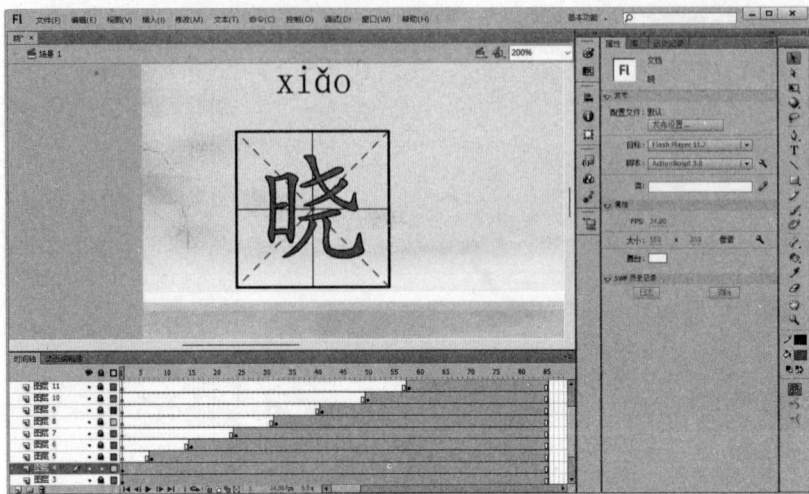

图 8-3-70

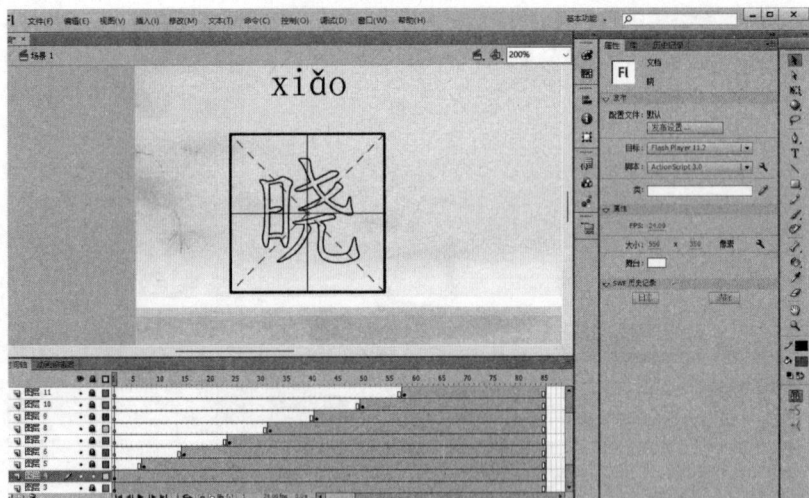

图 8-3-71

步骤 14：锁定图层 4，解锁图层 5，选中图层 5，新建图层 15，如图 8-3-72。选中图层 15 第 5 帧右击，在弹出的菜单窗口选中"插入空白关键帧"，如图 8-3-73。

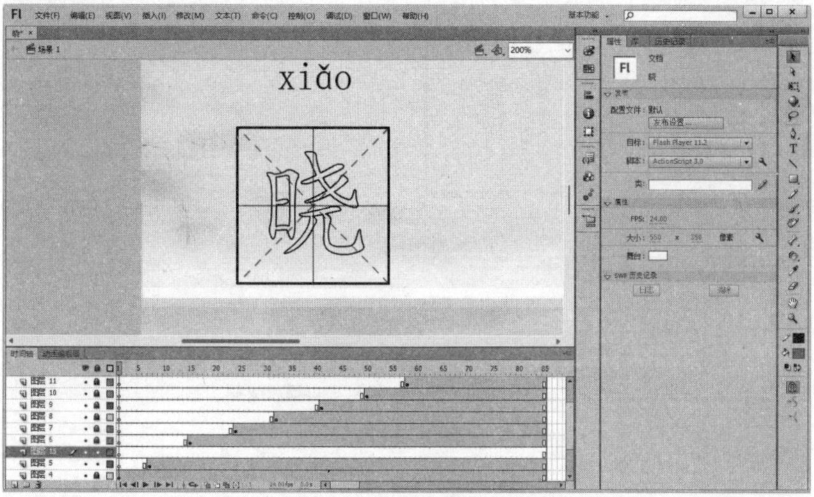

图 8-3-72

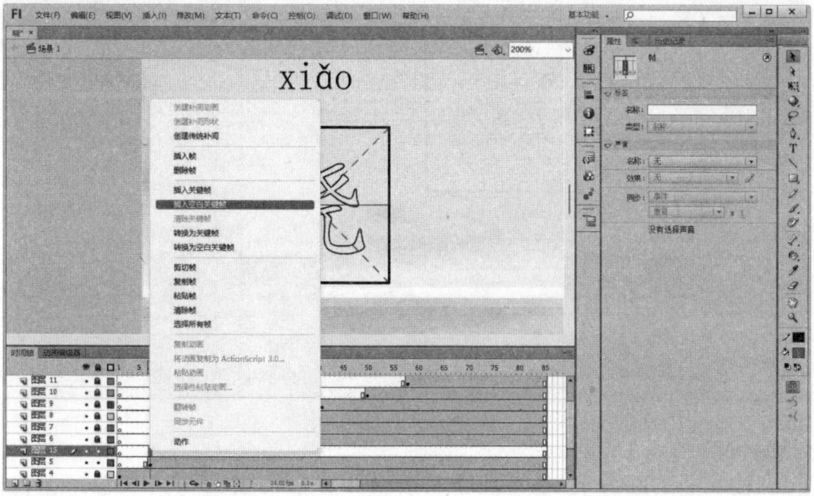

图 8-3-73

步骤 15：单击"笔刷工具"，设置刷子工具大小等属性，如图 8-3-74。在图层 15 第 5 帧合适的位置涂抹，目的是遮盖住图层 5 的笔划"竖"最开始一部分，如图 8-3-75。

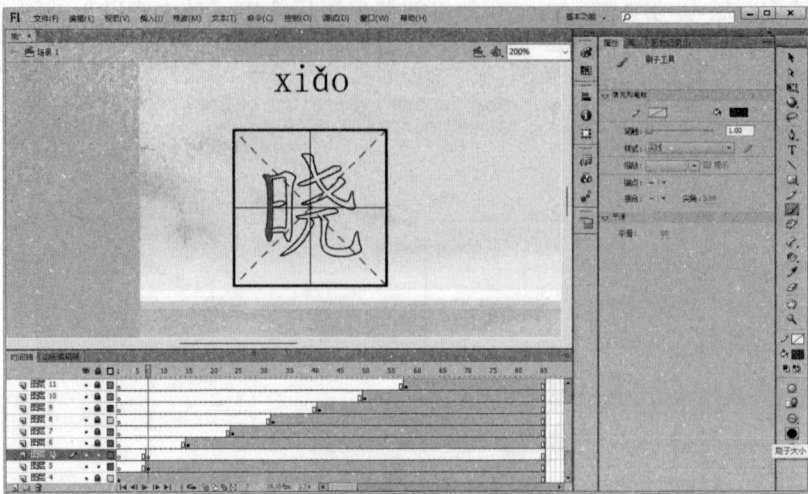

图 8-3-74

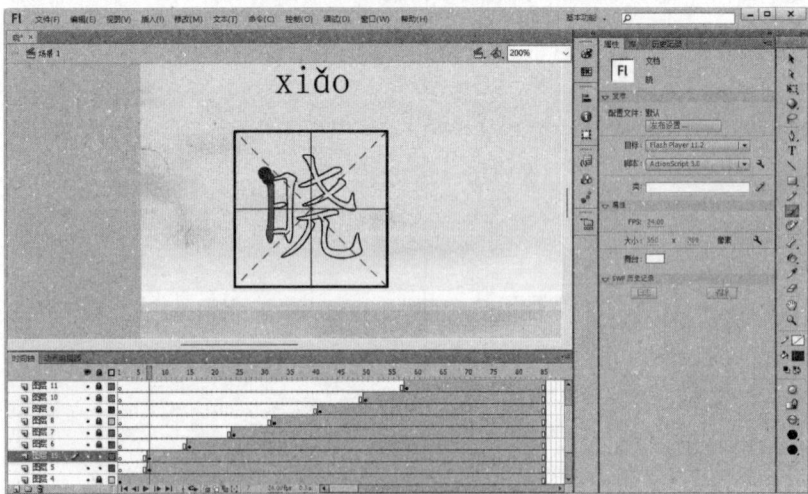

图 8-3-75

　　步骤 16：选中图层 15 第 6 帧单击右键，在弹出窗口选中"插入关键帧"，如图 8-3-76；继续笔刷工具涂抹，如图 8-3-77。以此类推，直到完全盖住图层 15 第 5 帧晓字的第一笔划，如图 8-3-78。

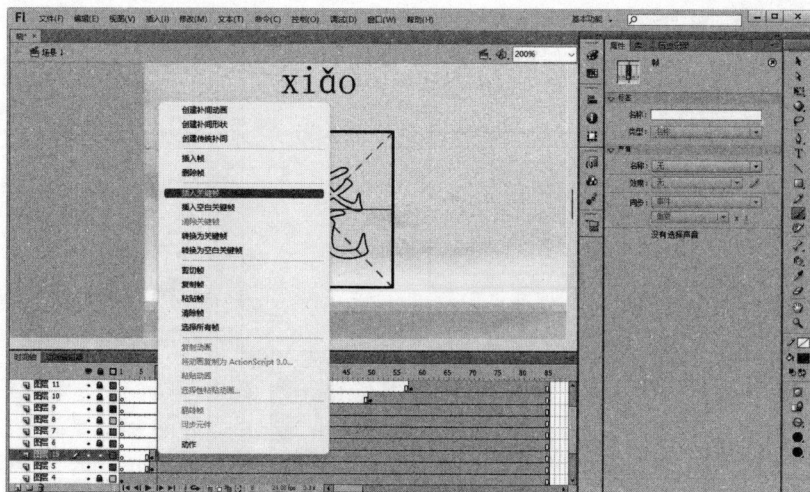

图 8-3-76

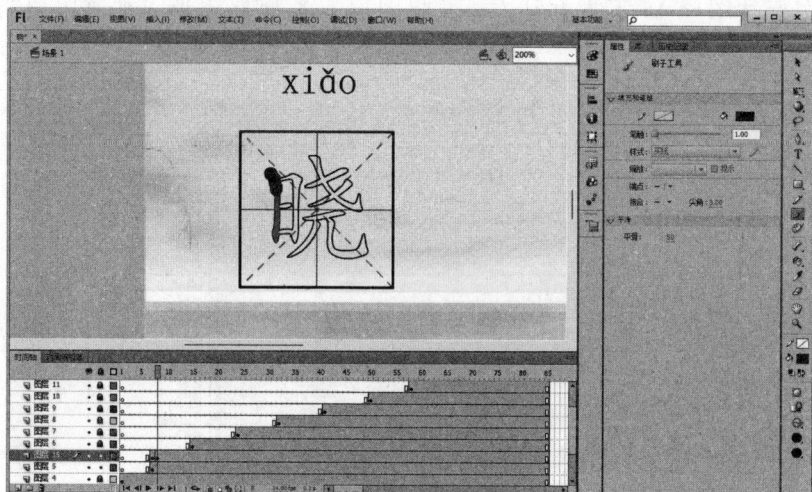

图 8-3-77

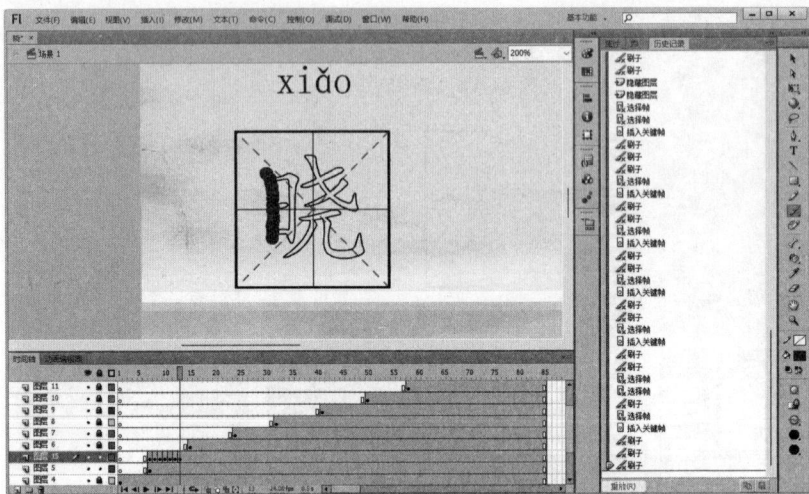

图 8-3-78

步骤 17：双击图层 15 图标，将其转化为遮罩图层，如图 8-3-79。拖动图层 5 图标往图层 15 下方并往右，并将图层 5 类型修改为"被遮罩层"，如图 8-3-80。

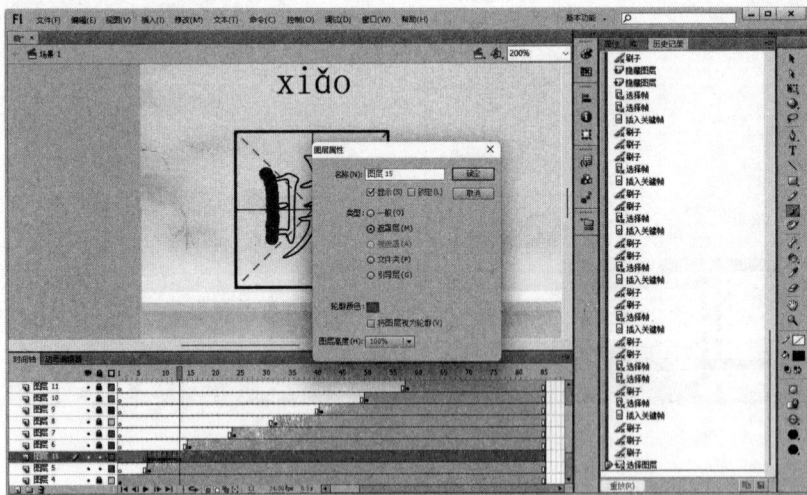

图 8-3-79

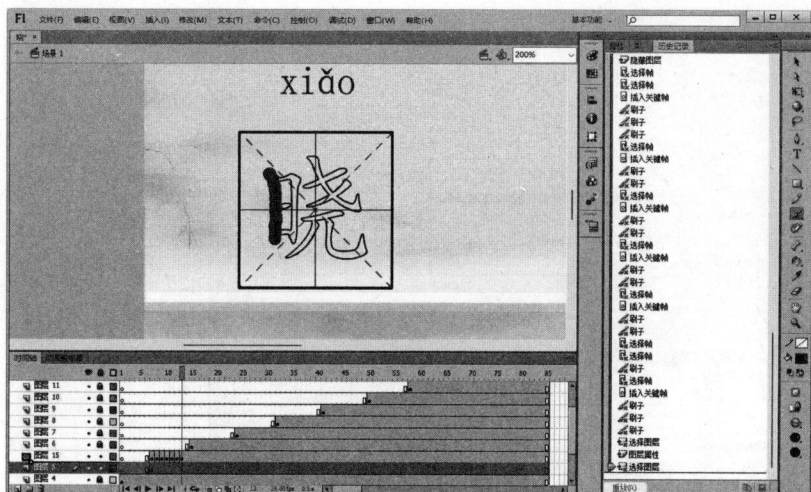

图 8-3-80

步骤 18：锁定图层 5、15，解锁图层 6。选中图层 6，新建图层 16，如图 8-3-81，在图层 16 第 11 帧处插入"空白关键帧"，如图 8-3-82。图 8-3-83 至图 8-3-87 是遮住"晓"字第二笔划的操作方法。双击图层 16 图标，将其转化为遮罩图层，如图 8-3-88。拖动图层 6 图标往图层 16 下方并往右，并将图层 6 类型修改为"被遮罩层"，如图 8-3-89。这样"晓"字的第二笔划"横折"的遮罩动画制作完成。

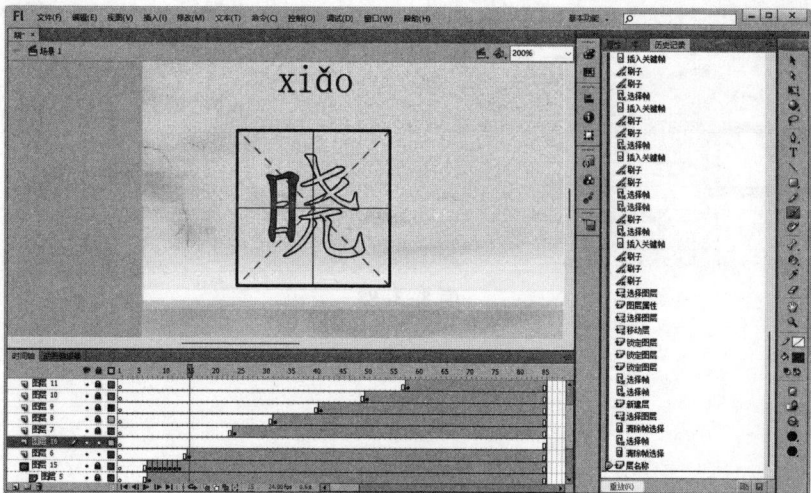

图 8-3-81

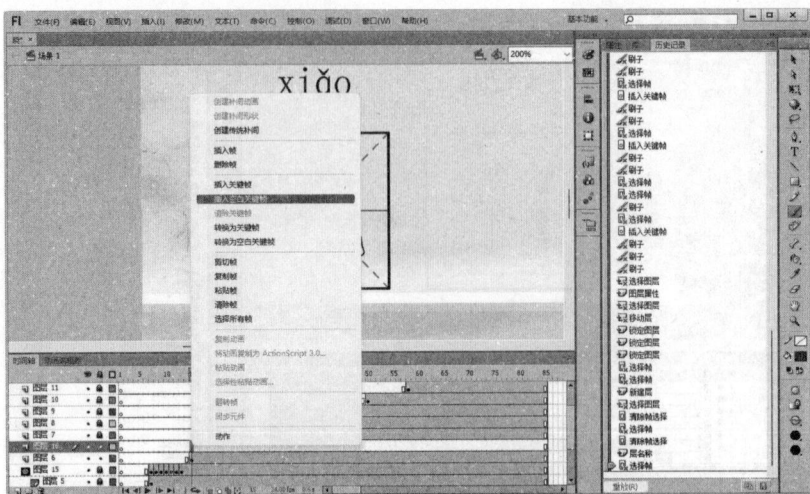

图 8-3-82

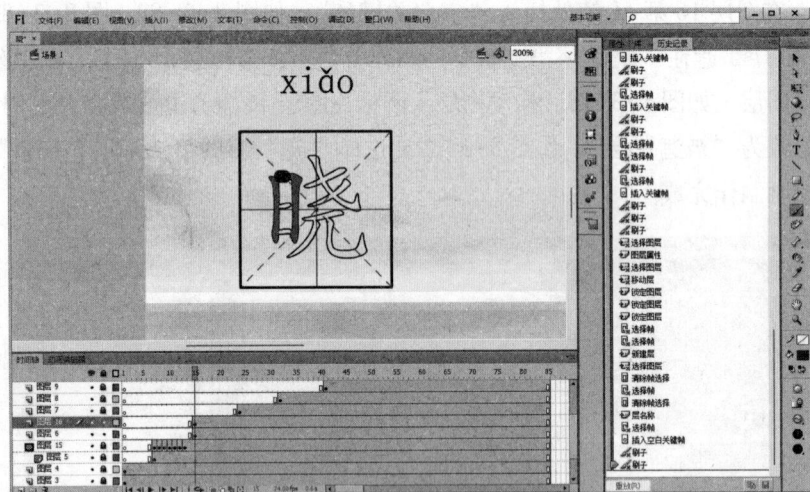

图 8-3-83

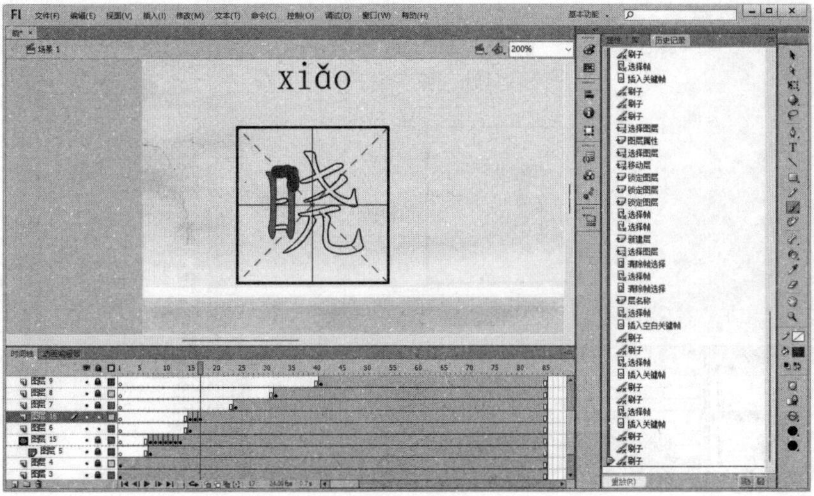
xiǎo

图 8-3-84

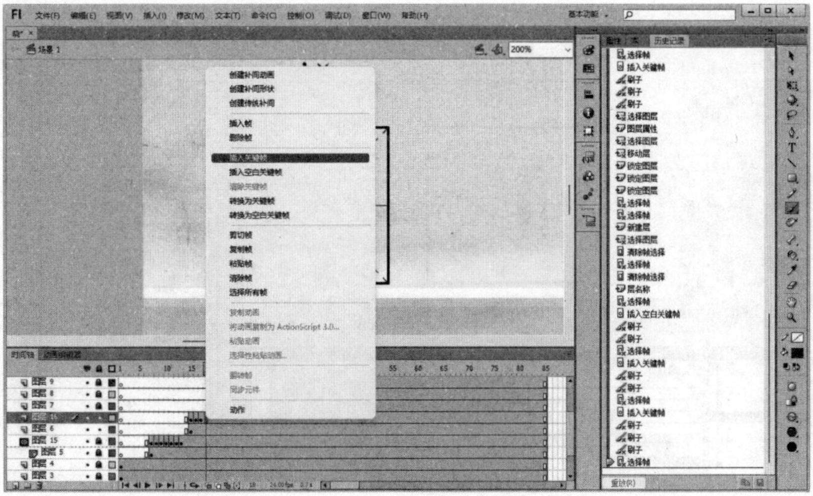
创建补间动画
创建补间形状
创建传统补间
插入帧
删除帧
插入关键帧
插入空白关键帧
清除关键帧
转换为关键帧
转换为空白关键帧
剪切帧
复制帧
粘贴帧
清除帧
选择所有帧
复制动画
将动画复制为 ActionScript 3.0...
粘贴动画
选择性粘贴动画...
翻转帧
同步元件
动作

图 8-3-85

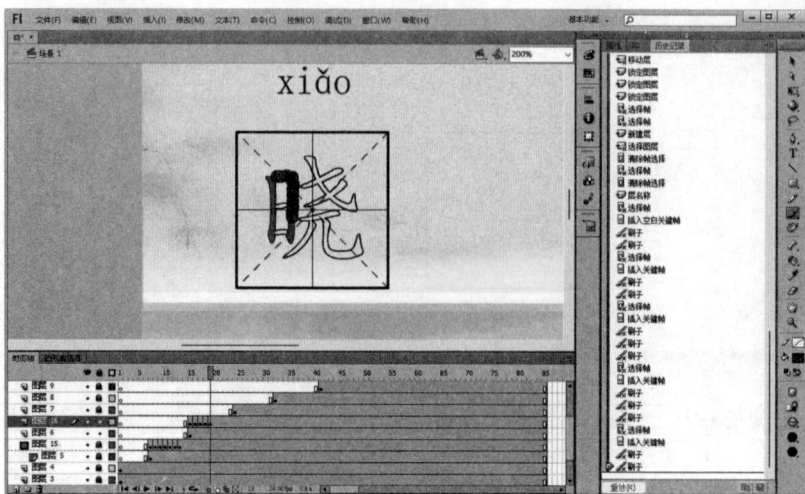

图 8-3-86

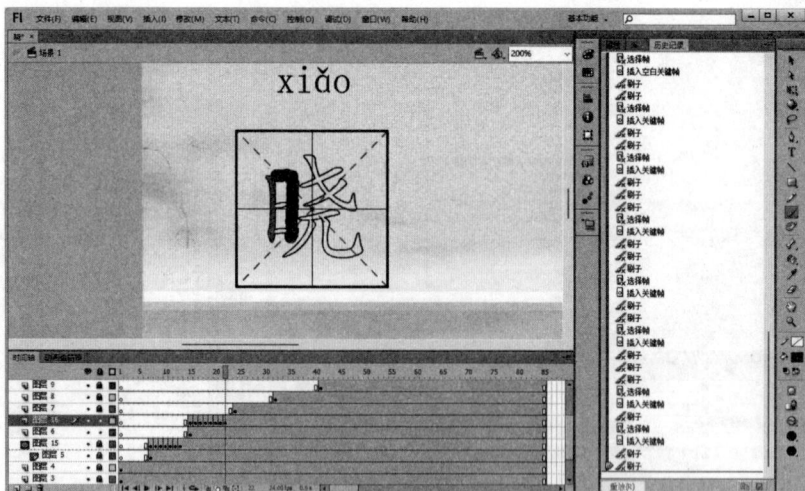

图 8-3-87

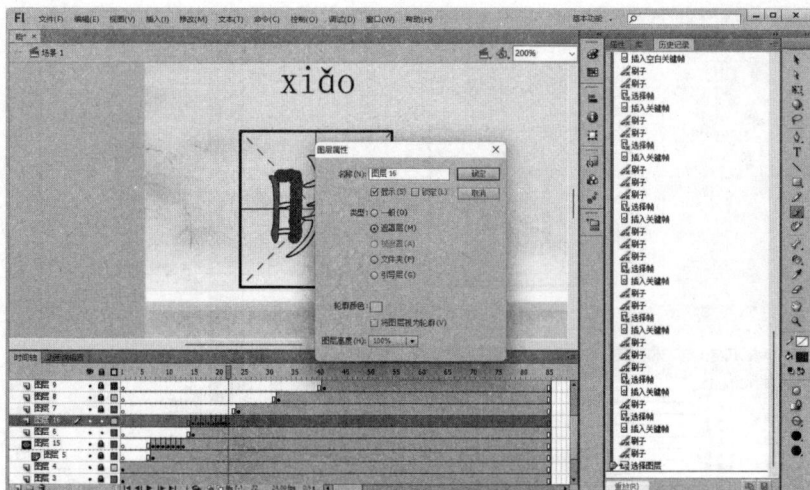

图 8-3-88

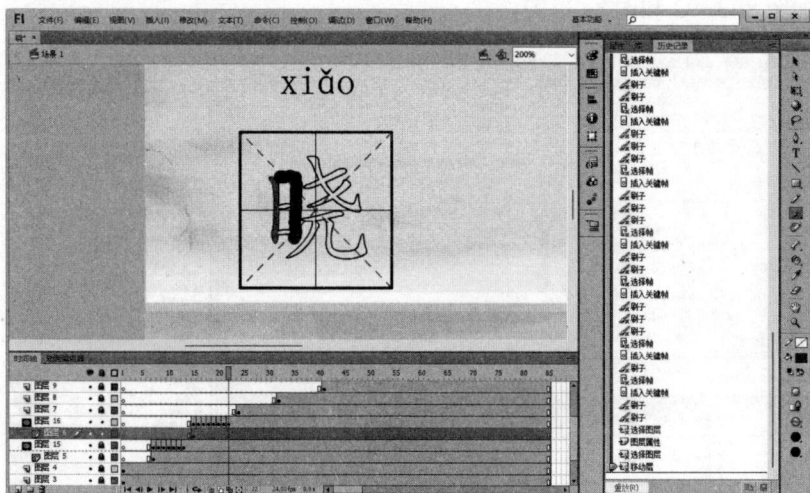

图 8-3-89

步骤 19：其他笔划的遮罩动画制作方法类似，如图 8-3-90。

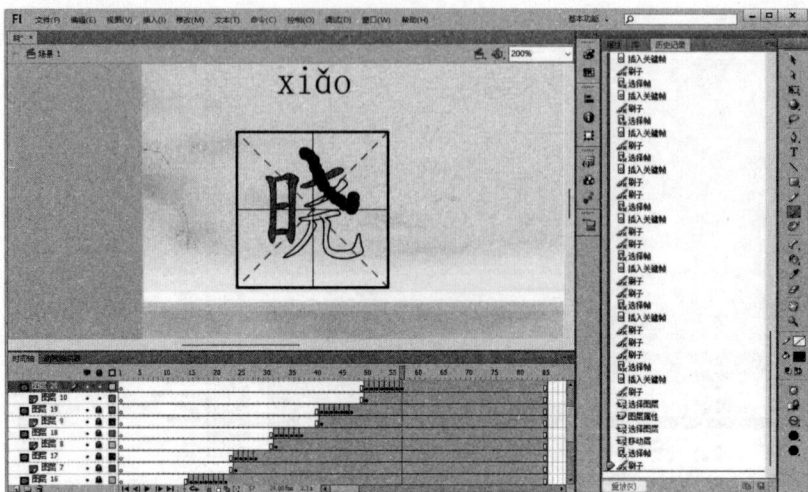

图 8-3-90

步骤20："控制"—"测试影片"—"测试"，如图 8-3-91；预览动画效果，如图 8-3-92 和图 8-3-93。

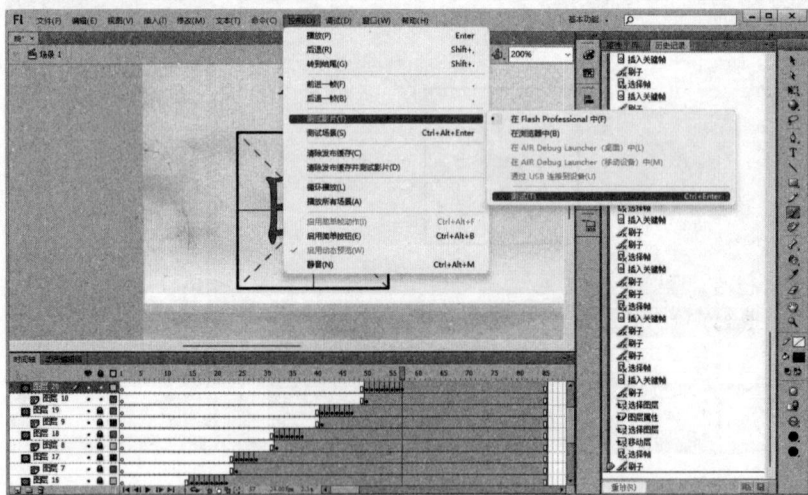

图 8-3-91

图 8-3-92

图 8-3-93

（二）微课视频的部分录制

步骤 1：启动 Camtasia 软件，如图 8-3-94。

图 8-3-94

步骤 2：使用 Flash Player 播放软件打开春晓课件，单击 Camtasia 软件左上方的红色录制按钮，打开 Camtasia recorder 软件界面，如图 8-3-95。

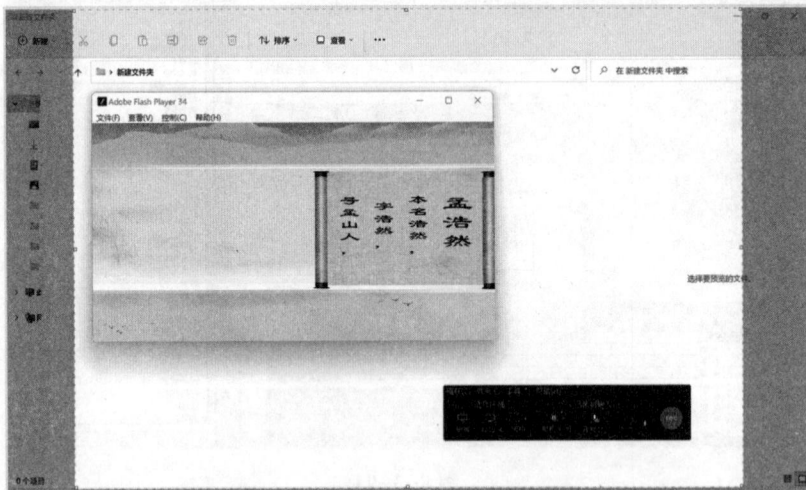

图 8-3-95

步骤 3：调整录制屏幕窗口的大小，音频打开无误，如果右下方不要讲解人头像出镜，关闭相机，如图 8-3-96。

232

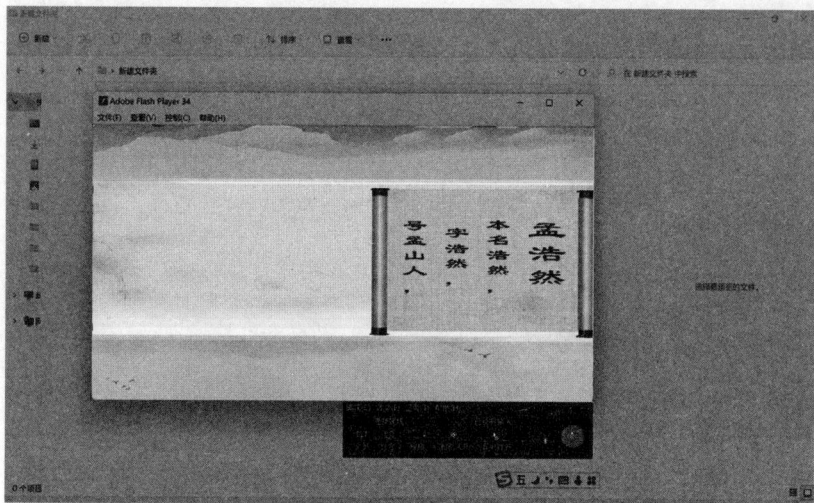

图 8-3-96

步骤 4：单击 "rec" 按钮，开始录制。Camtasia recorder 软件界面会自动最小化，也可以手动最小化。开始播放《春晓》flash 课件，边播放边语音讲解，"同学们大家好，今天我们来学习一首关于春天的古诗……"，如图 8-3-97。

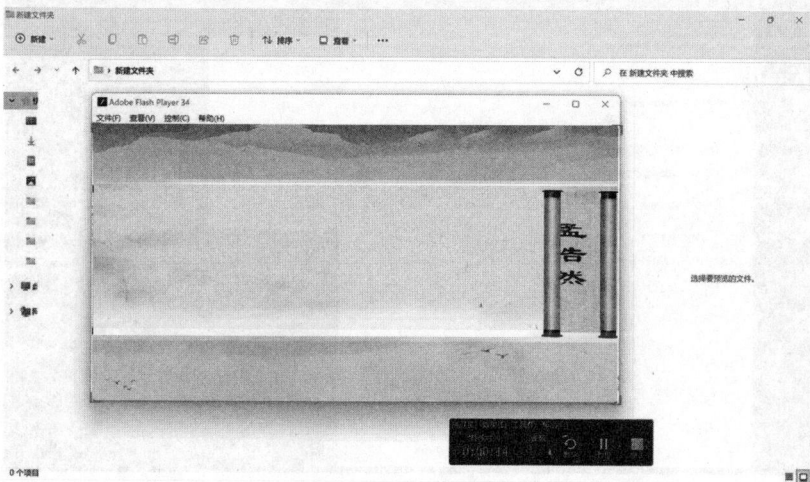

图 8-3-97

步骤 5：单击 F10 功能键，或者单击 Camtasia recorder 界面的停止按钮，结束录制，如图 8-3-98，是尝试部分录制的两个画面。

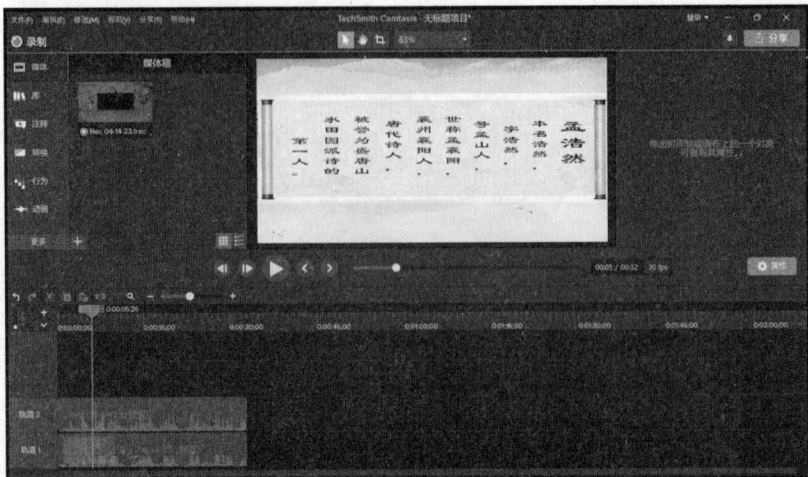

图 8-3-98

步骤6：进行视频处理。将分割录制错误或者重复录制的视频画面进行删除，处理好之后，将项目文件保存为"春晓录屏项目"，单击右上方"分享"按钮，选择"自定义生成"命令，点击"下一页"，设置好保存的路径以及文件名，将录制的文件发布成视频格式，如图 8-3-99。

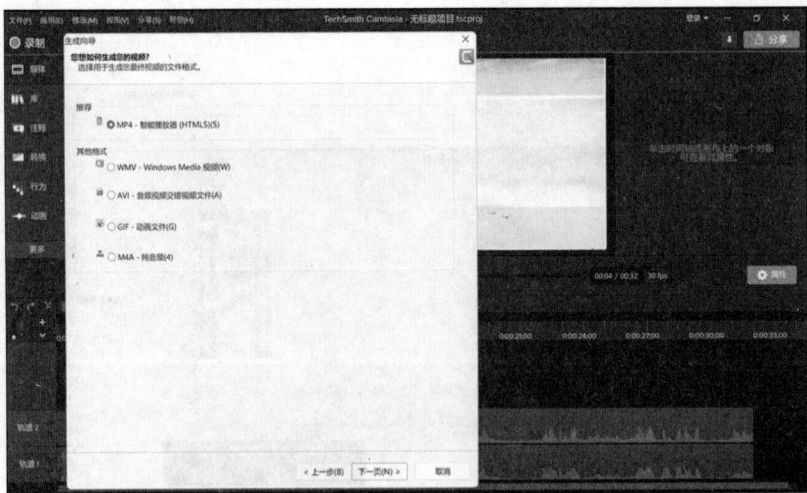

图 8-3-99

第九章　数学微课设计与制作
——以《三角形内角和》为例

【章节学习目标】

1. 了解《三角形内角和》数学微课实例的制作理念；
2. 了解《三角形内角和》数学微课实例的教学设计；
3. 掌握《三角形内角和》数学微课课件制作方法；
4. 掌握《三角形内角和》数学微课视频制作方法。

数学学科以抽象思维为主，许多知识点如果单纯地讲解，学生很难理解，因此，数学微课利用信息技术创设动态数学动画，通过动画直观演示知识就能加深学生对知识的理解。将复杂的思维过程进行演示，直观演示可以很好地将知识简单化、化抽象为直观、形象具体。同时，新课程标准要求数学生活化，因此，数学微课让生活信息和情景进入，实际生活中的问题用数学知识来解决。数学微课利用信息技术创设情境，调动了学生的积极性，主动参与到分析解决问题的方法和规律的探索中。

第一节　微课制作理念

1. 技术手段：通过绘制三角形图形，运用万彩动画大师制作出动画效果，使导入的画面更加生动形象，从而吸引学生的兴趣。

2. 制作软件：运用 PowerPoint 制作微课课件，用万彩动画大师和 FOCUSKY 制作动画效果，最后用 Camtasia Studio 进行剪辑和渲染。

3. 选题创意：学生在学习了三角形的特征和分类之后再学习三角形的内角和，学生这时已经对三角形有了初步的认识了，所以学习此内容更加容易理解。通过学生自己动手操作，运用不同的方法去探究三角形的内角和，能够培养学生归纳推理、空间想象和动手能力。

4. 教学设计：微课以对话导入，引出三角形内角和的问题，接下来运用测量、剪拼和折叠的方法——证明三角形的内角和为180°。在此过程中，学生可以跟着视频一起操作，通过学习，学生可以解决动画导入的问题。

第二节 微课教学设计

一、教学目标

1. 学生能够了解什么是三角形的内角，理解掌握三角形的内角和是180°。

2. 通过量一量、剪一剪、折一折、拼一拼的方法，探究出三角形的内角和是180°，培养学生的提出、分析、解决问题的能力，发展空间想象、推理能力，在动手量、剪拼的过程中，提高动手操作能力。。

3. 在探究三角形内角和的过程中，学会从多角度寻找解决问题的方法，在探究实践过程中培养创新思维和实践能力，感受数学的魅力与价值。

二、教学重难点

教学重点：理解并掌握三角形内角和是180°，学生能经历量一量、剪一剪、折一折、拼一拼的探究过程，体验证明的过程，掌握三角形的内角和是180°。

教学难点：通过量一量、剪一剪、折一折、拼一拼的四种方法来验证三角形内角和为180°。

三、教学方法

本节课运用讲授法、讨论法、归纳式讲授法，培养学生探究、解决问题的兴趣和能力。

讲授法：通过口头语言向学生描绘三角形的内角和、解释概念的教学方法。

讨论法：让学生自主讨论交流，促进小组合作，提高学生团结协作能力和沟通交流能力。

归纳式讲授法：最后总结这节课的知识点，便于学生理解。

四、教学过程

（一）导入

师：欢迎大家来到我的 magic show！今天我们的魔术就是用意念让长方形瞬

间一分为二!

生:哇哦!好神奇。

师:你知道什么是三角形的内角吗?

生:每两条边所夹的角叫内角,

师:那三角形的内角和是什么呢?

生:三角形的内角和是角 1 加角 2 加角 3。

师:那三角形的内角和是多少呢?

生:这还不简单,正方形的内角和是 360°,沿对角线平均分成两个相同的三角形,每个三角形的内角和就是 180°。

师:那再继续分呢,其中一个三角形的内角和是多少呢?

生:一点难度都没有,180° 的一半不就是 90°。

生:我不赞成你的说法,三角形一分为二之后还是三角形,我猜想所有三角形内角和都是 180°。

知识点:三角形的内角及内角和。三角形内部有三个角,我们把三角形内部的三个角叫作三角形的内角,为了方便一般叫∠1、∠2、∠3,三角形的内角和就是三个内角的和。

(二)探索

提出猜想:是不是所有的三角形内角和都是 180°。180°VS90°? 到底是 180°还是 90° 呢?

师:我们用量一量、剪一剪、折一折、拼一拼的方法来一起来验证三角形的内角和的度数吧。

师:量一量。

出境:这是一个锐角三角形,我们采用量一量的方法。

生:角 1 是…、角 2 是…、角 3 是…,在计算三个内角的和,把三个度数相加(超过 180),不是 180°,这是什么原因呢?

师:我们在测量中可能有误差,所有最后的结果可能大于 180 度,还有可能小于 180°。

小结:确实量角过程中可能会有误差。有没有更好的办法来验证?

师:剪一剪、拼一拼、折一折。

①剪:可以用剪一剪,拼一拼的方法,这是锐角三角形,把三个锐角剪下来,再拼一拼,你们看正好形成了 180° 的平角,说明这锐角三角形的内角和是 180°,这是一个钝角三角形,先把两个锐角对折,再将顶角对折,又形成了一个平角同样是 180°。

②折：沿着中线将一个等腰三角形剪成两个完全一样的三角形，再将其中的变化与另一个三角形拼成了一个长方形，我们都知道长方形有4个直角。

小结：看似不一样的方法，但是都是转化成了平角来说明三角形的内角和是180°。

③拼：用两个完全一样的三角形拼长方形。

生：我知道，如果是两个完全一样的三角形拼起来，因为长方形有4个直角，每个角都是90°，那么长方形就是360°，360°÷2就等于180°。

（三）小结

师：虽然我们研究的个数有限，但是种类齐全，不管是直角三角形，还是锐角三角形，钝角三角形，它们的内角和都是180°。验证了我们的猜想，现在我们能说三角形的内角和就是180°。三角形继续分还是三角形，它的内角和是180度。我们通过量一量，剪一剪，折一折，拼一拼的方法来验证三角形的内角和是180度。

四、巩固知识

1. 真金不怕练火石，我们帮角找找朋友，下面每组卡片中，哪三个角可以组成三角形。第一组是60°、90°、30°；第二组是54°、46°、80°。

2. 未知角我知道

如图：已知∠1＝130°，∠2＝35°，求∠3等于多少？

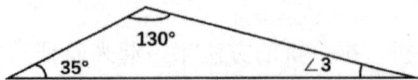

第三节　微课视频制作

一、微课视频概述

《三角形内角和》微课是作者指导彭丽、赵耿燕同学在中国大学生计算机设计大赛中南赛区获奖作品，微课视频制作主要运用了万彩动画大师制作"剪一剪""折一折""拼一拼""量一量"的动画效果、剪映剪辑视频和语音合成、PowerPoint制作课件等。《三角形内角和》微课精彩之处主要表现在万彩动画大师动画课件的制作，以及讲解人像录制与合成，如图9-3-1至9-3-5。

二、具体制作步骤制作课件

图 9-3-1 至 9-3-5 先通过万彩动画大师制作课件画面内容，再将课件导出为视频，再录制讲解音频，最后通过剪映编辑人物出镜与音频、视频画面匹配同步。

图 9-3-1

图 9-3-2

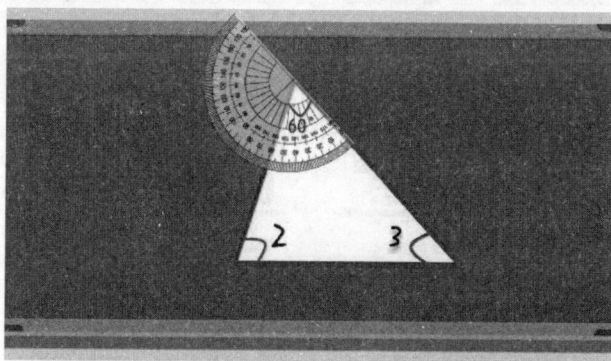

图 9-3-3

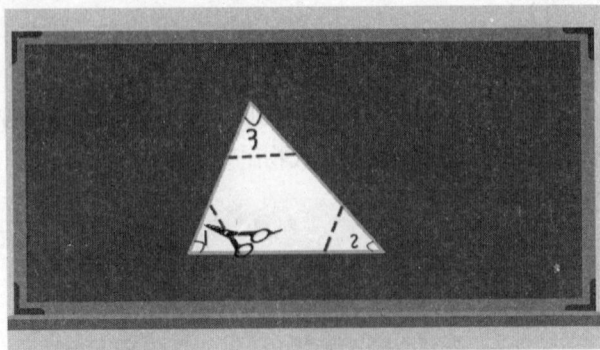

图 9-3-4

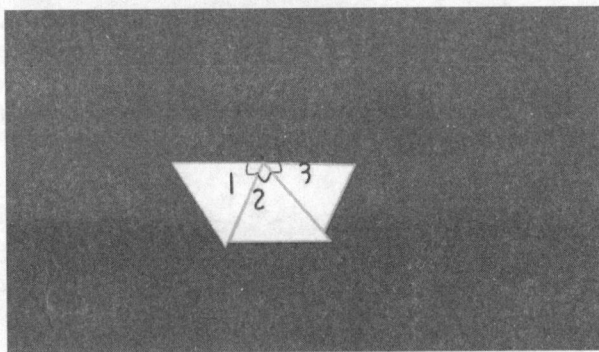

图 9-3-5

（一）万彩动画大师制作课件

步骤1：打开万彩动画大师，点击"新建空白页面"。正中间为编辑区域，下方为编辑轨道显示界面，右上方为官方提供的素材：图片、文字、文本、图形等，如图9-3-6。

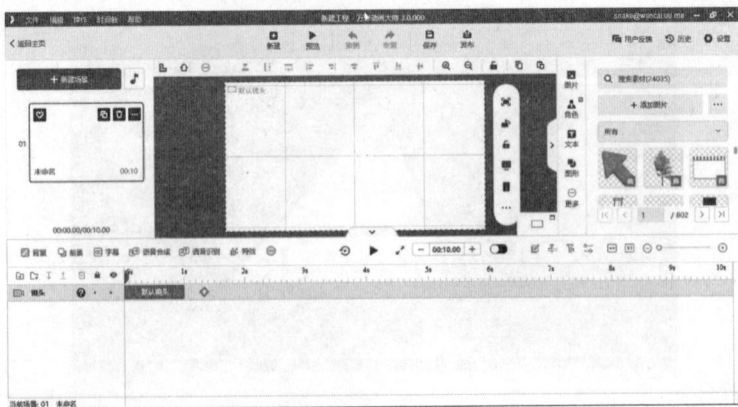

图 9-3-6

步骤2：编辑场景一。点击"图片"选项下的"添加图片"，将背景图片等素材插入到编辑区域中，如图9-3-7。

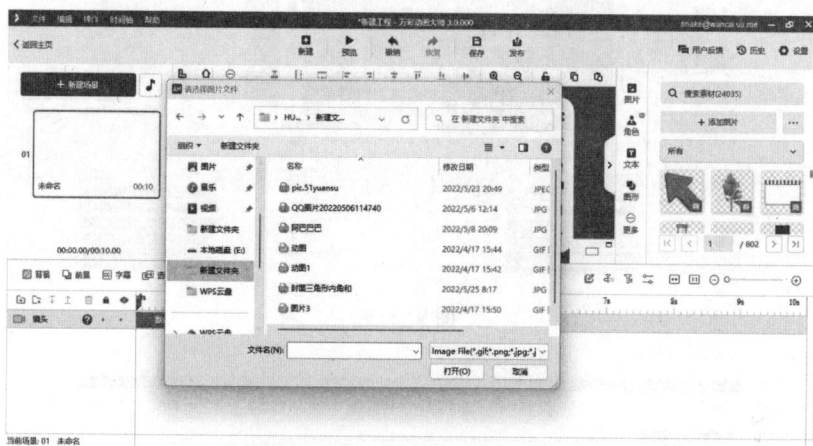

图 9-3-7

步骤3：将背景图片选中，然后调整图片的大小以及位置，如图9-3-8。

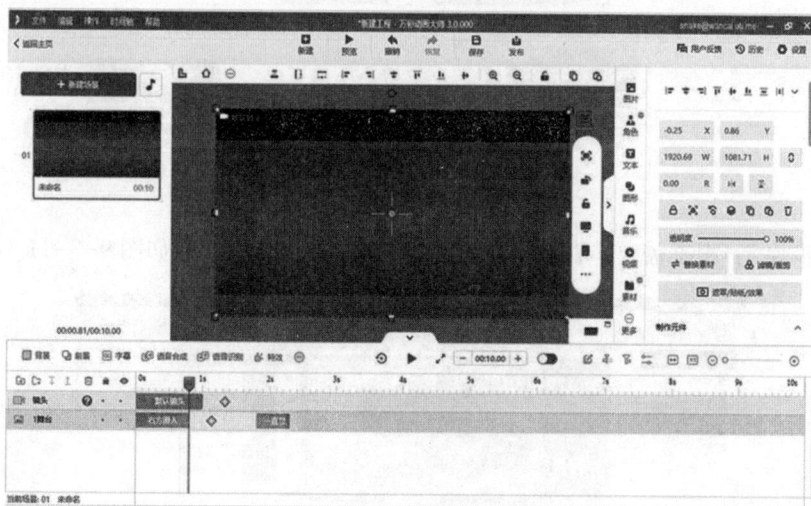

图 9-3-8

步骤4：编辑场景二。点击"新建场景"，从官方场景中选取并拖入教室场景等对象，如图9-3-9，删除场景中不需要的对象与素材，如图9-3-10。

图 9-3-9

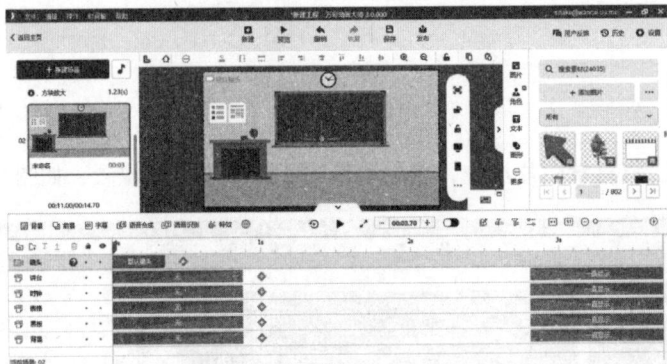

图 9-3-10

步骤 5：根据需要，在镜头轨道插入大小合适的镜头 1，如图 9-3-11。

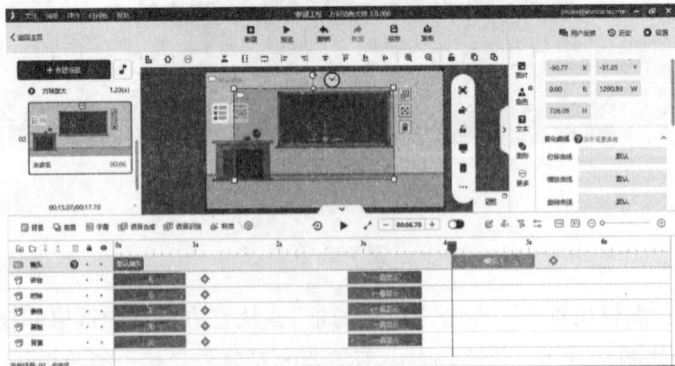

图 9-3-11

步骤 6：制作"量一量"动画效果。

在界面的右上方点击"图形"中"常用"，选取三角形，并将三角形调整为锐角三角形并设置颜色填充，边框的大小及颜色，接着在"图形"中"常用"里选择"绘制曲线"，绘制三角形的角标（∠1、∠2、∠3），如图9-3-12。

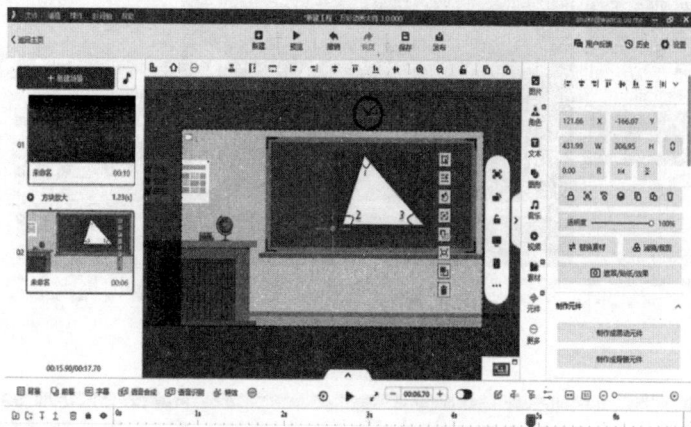

图9-3-12

步骤7：再插入大小合适的镜头2，点击"图片"，点击"插入图片"选中量角器，调整大小并调节透明度，设置合适的出场动画效果和退出动画效果，分别量出∠1＝60°、∠2＝72°、∠3＝46°，如图9-3-13。

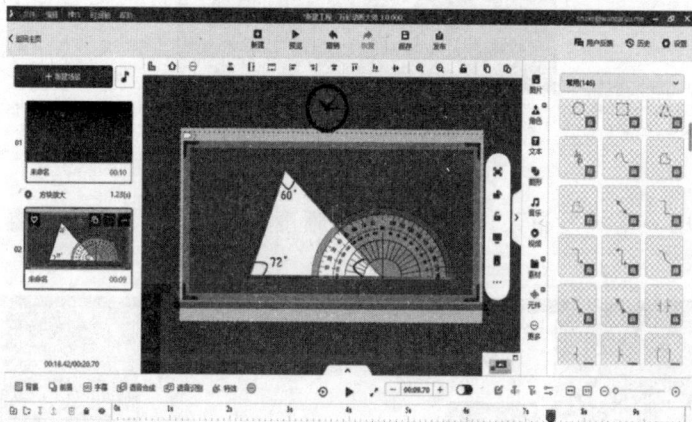

图9-3-13

步骤8：制作"剪一剪"动画效果。

将"量一量"的三角形退出，时长延长至"剪一剪"动画结束，右击"图形"中"常用"里的"虚线"，表示出剪开三角形的位置，再插入剪刀，设置动作路径，演示剪角的过程，如图9-3-14，最后插入镜头3，通过动作路径将三个角平移拼成一个平角，如图9-3-15。

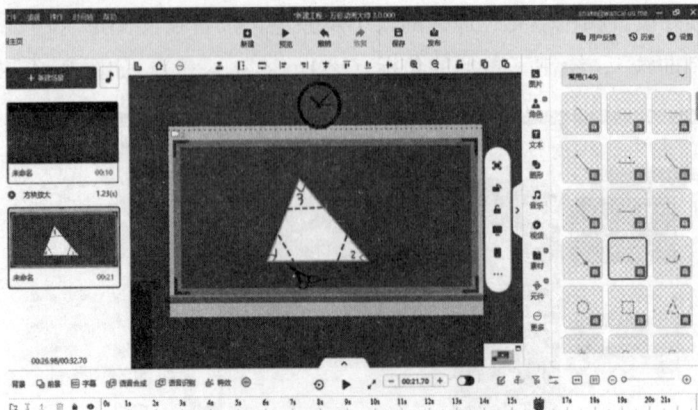

图 9-3-14

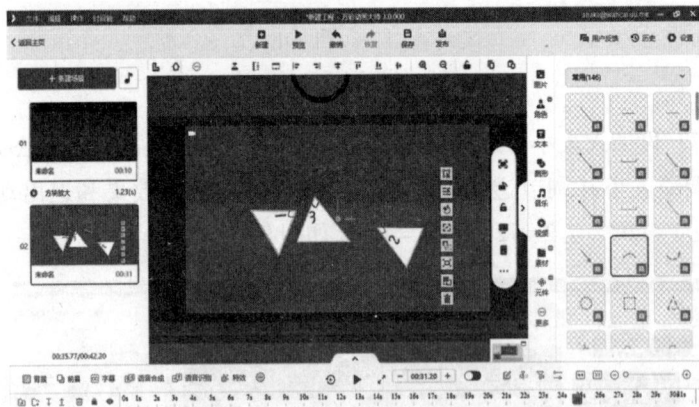

图 9-3-15

步骤9：点击"发布"，勾选格式、清晰度、水印，设置保存位置，如图 9-3-16。

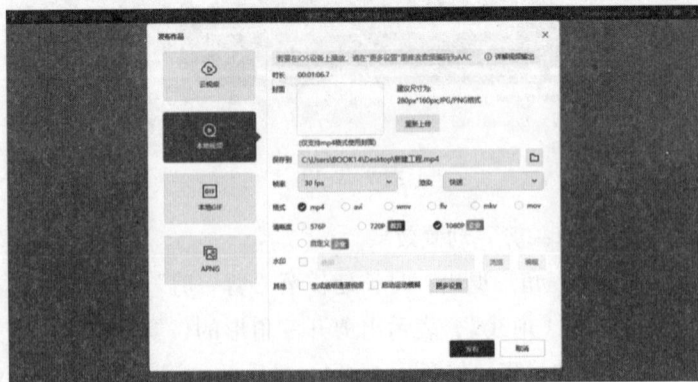

图 9-3-16

（二）剪映视频制作与语音合成

1. 视频制作

步骤 1：将万彩动画大师导出的视频拖至轨道，对多余部分的视频通过点击"分割"按钮，分割视频，再选中多余部分，点击"删除"按钮，如图 9-3-17。

图 9-3-17

步骤 2：将录制好的人像视频拖至万彩动画大师导出视频轨道的上方，选中"画面"下"抠像"中的"智能抠像"，将人像抠出并调整位置及大小，如图 9-3-18。

图 9-3-18

2. 语音合成

步骤 1：手机录音（没有口水音、无噪音、不喷麦等），打包所有语音发送至电脑，然后导入到剪映中，并将这些音频拖至视频轨道下方，进行与视频人物口型一致对齐编辑等，如图9-3-19。

图 9-3-19

步骤2：点击"导出"选择分辨率、保存位置、格式，如图9-3-20。

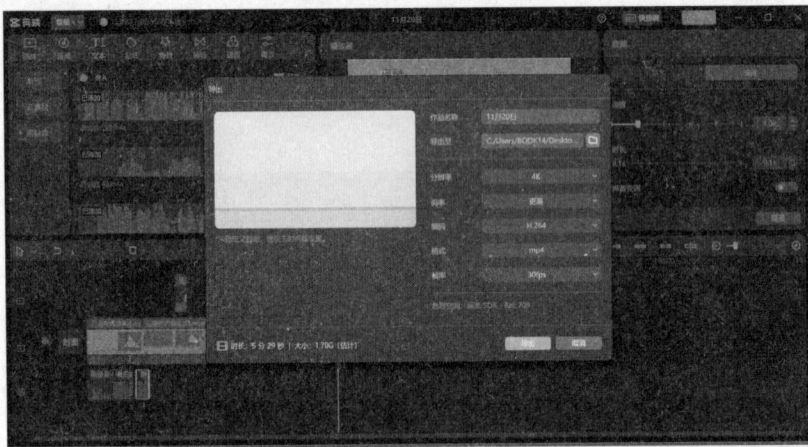

图 9-3-20

第十章　英语微课设计与制作
——以 "In a nature park" 为例

【章节学习目标】

1. 了解 "In a nature park" 英语微课实例的制作理念；
2. 了解 "In a nature park" 英语微课实例的教学设计；
3. 掌握 "In a nature park" 英语微课课件制作方法；
4. 掌握 "In a nature park" 英语微课视频制作方法。

英语学习需要师生对话，微课视频作为学习资源，与学习者缺少交互性，所以在英语微课视频制作过程中要有师生对话与提问，让学习者进行英语朗读，并在学习过程中尝试用英语去回答问题。微课画面内容要画质清晰、图像稳定、声音清楚，让人赏心悦目。教学过程要有对话与提问，要循序渐进，要针对教学的重点、难点问题娓娓道来，教学内容的讲解清晰、重点突出，简明易懂，启发引导性强。英语微课大多以演示和讲授为主，因此还要充分发挥字幕的作用，对于教授的知识点、概念、重难点等应该采用字幕强调。

第一节　微课制作理念

本英语微课通过对话引导学生熟练运用 "There is/are..." "Is/Are there...?" 来组织句子，并能用 "Yes, there is/are. No, there isn't/aren't." 来回答。微课主要运用了 Camtasia Studio、PowerPoint、Word 等软件。从 Zoom 和 Zip 游玩自然公园入手，将生活与英语知识学习结合在一起，降低学生学习英语的陌生感，激发学生的英语学习兴趣，运用多媒体技术，生动形象地将自然公园游玩情景再现出来，加强学生的感官体验，用感性知识去加深理性知识，以便学生更好地理解。

本节微课用时较短，知识结构完整。通过生活中实际现象的英语运用，不仅可以实现教学情境的生活化，同时以其形式新颖能较好地吸引学生的注意力，促进学生对知识的吸收把握。

从内容上来看：从营造身临其境游玩自然公园现象入手，不仅可以启发学生在生活中学习与运用英语知识，同时能培养学生理论联系实际的英语听说读写能力，在增长知识的同时提升能力，促进学生的全面发展，真正地学懂会用、学以致用。

从形式上来看：充分运用现代信息技术，紧密促使多媒体与教学融合，简洁明了的课件制作能在减轻学生疲劳感的同时使学生迅速抓住主要关键信息；欢快适中的音乐能让学生在轻松愉悦的氛围下学习、获得知识；生活体验的课程情境能较好地达到巩固知识。

第二节 微课教学设计

一、教学目标

（一）知识与技能

1. 能理解 story time 的大意，能有感情地正确拼读故事。

2. 能理解 "There is/are... in..." 的含义。

3. 能理解 "Is/Are there...?" 的含义。

（二）过程与方法

1. 在一定的情境中能熟练运用 "There is/are..." "Is/Are there...?" 来组织句子，并能用 "Yes, there is/are. No, there isn't/aren't." 来回答。

2. 能理解并运用重点句子，如："There is so much corns. Let's take some pictures of koala first."

（三）情感态度价值观

1. 学生能感受到环境的重要性。

2. 能引起学生对自然风光与动物的喜爱，以及代表性动物考拉的相关文化知识。

二、学情分析

学生对 there be 句型的肯定句和一般疑问句式已经有了初步的认知，本微课就是基于这个句型结构以及关于自然公园相关景物词汇学习展开的一个故事学习，通过故事的对话促使学生掌握 "There is/are..." "Is/Are there...?"，并能用此来组织句子，并能用 "Yes, there is/are. No, there isn't/aren't." 来回答。学生也可以根据学习实际和生活实际展开想象加以创编。

三、重点难点

（一）教学重点

1. 能读懂核心词句，掌握关键信息，解决相关阅读任务。

2. 能在实际情景中灵活运用句型 "Is/Are there a...?"，并用 "Yes, there is/are. /No, there isn't/aren't." 进行问答练习。

（二）教学难点

1. 单词 "koala" 和句子 "Let's take pictures of the ... first." 的发音较难，要带领学生反复操练。

2. 能正确使用 "there is" 与 "there are"，短语 "so much corn" 前用 "there is"。

四、教学过程

（一）教学导入——通过故事创设情境

On a nice day, our two friends go to the nature park .

Who are they?

They are Zoom and Zip.

自然公园太美了，Zoom 和 Zip 要去自然公园玩，

What will happen? Let's see. 一起看看他们在自然公园的故事吧。

（二）通过对话学习句型和词汇

对话一：

What a nice day! Let's go to the nature park. 多么好的一天！让我们去自然公园。

Why not? We can take some pictures there. 为什么不呢？我们可以在那里拍照片。

重点词汇：picture 照片、图片

对话二：

Look at the beautiful bridge. 看那美丽的桥。

Yes, The mountains and trees are beautiful, too. 是的，山和树也很美。

对话三：

Look！There is a house over there！看！那儿有一个房子！

Are there any people in the house？屋内有人吗？

Let's go and have a look！让我们去看一看！

对话四：

Look！There is a koala over there. 看！那儿有一个考拉。

There is so much corn！这里有这么多的玉米！

重点词汇：Koala 考拉、树袋熊；corn　玉米

对话五：

Hey！Why don't you take a picture of me？嘿！你怎么不给我照张相呢？

Later，Zoom，Let's take pictures of the koala first. 等一下，Zoom，咱们先给考拉照。

对话六：

Your card is broken！你的卡坏了！

Oh，no！哦，不！

Oh，dear me！哦，我亲爱的！

重点词汇：broken 打破了的、坏了的

教学互动环节：

1. 师生朗读对话一至六。

2. 学习句型和重点词汇："There is/are..." "Is/Are there...？"；picture 照片、图片；Koala 考拉、树袋熊；corn 玉米。

（三）观看教学动画 Watching and Listening

1. 师生问答 Watch and answer：

What do Zip and Zoom want to do in the nature park？

They want to take some pictures in the nature park.

T：What's in this nature park？Guess.

S：Maybe there is/are... in the nature park.

2. 师生合作表演 Pair work。

教师扮演 Zoom，全体学生扮演 Zip 表演此图。Zip 拍好的一些照片，但是没有一张是关于 Zoom 的，Zoom 此时心情如何？

教师（Zoom）用生气和伤心的两种语气示范表演：Hey！Why don't you take a picture of me？

学生（Zip）表演：Later，Zoom. Let's take pictures of the koala first.

Zip 和 Zoom 拍了很多照片非常开心，兴高采烈地去猴先生照相馆洗照片，结果他们为什么如此不开心呢？

Your card is broken! 你的卡坏了!

Oh , no! 哦，不!

Oh , dear me! 哦，我亲爱的!

重点词汇：broken。选择 broken 的正确翻译：A. 破的 B. 损坏的

（四）朗读课文 Reading

1. What a beautiful day! I want to take some pictures.

I want to take a picture of the kite/ tree/clouds.

Question & Answer

Q：What can they do in the nature park?

A：They can take some pictures.

重点：take a picture，take some pictures，I want to take a picture of...

2. Look at the beautiful bridge.

Yes, The mountains and trees are beautiful, too.

Question & Answer

Q：What are beautiful, too?

A：The mountains and trees are beautiful, too.

重点：Is there a ... in the nature park? Are there any... in the nature park?

Let's check：There is a / an... in the nature park.

There are... in the nature park.

（五）总结 Summary

what did we learn in the class?

We learned the story of Unit 6 and the new words in the story.

第三节 微课视频制作

一、微课视频概述

"In a nature park" 微课是作者指导罗红丽同学 "教育技术学" 课程学习考核作品，微课视频主要运用了 PPT 课件制作、Camtasia studio 视频录制。"In a nature park" 课件精彩之处主要表现在英语对话图片课件的制作，如图 10-3-1。

图 10-3-1

二、具体制作步骤

(一) 课件制作的操作步骤

步骤 1：百度检索找到某英语专业教学网站，打开网页，如图 10-3-2。

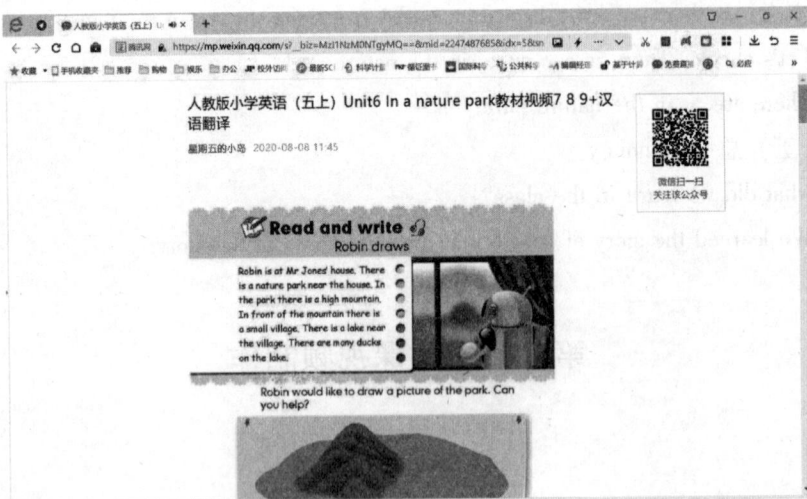

图 10-3-2

步骤 2：播放教学视频，如图 10-3-3，并使用 Windows 系统自带的 Print-Screen 键截图获得需要的图片素材，如图 10-3-4（由于版权原因，此截图是经过 Photoshop 软件处理过的）。

图 10-3-3

图 10-3-4

步骤 3：通过 Photoshop 或者其他图片处理软件，处理获得所需要的课件制作素材，如图 10-3-5。

图 10-3-5

步骤4：启动 PPT 程序，新建演示文稿，保存演示文稿，如图 10-3-6。

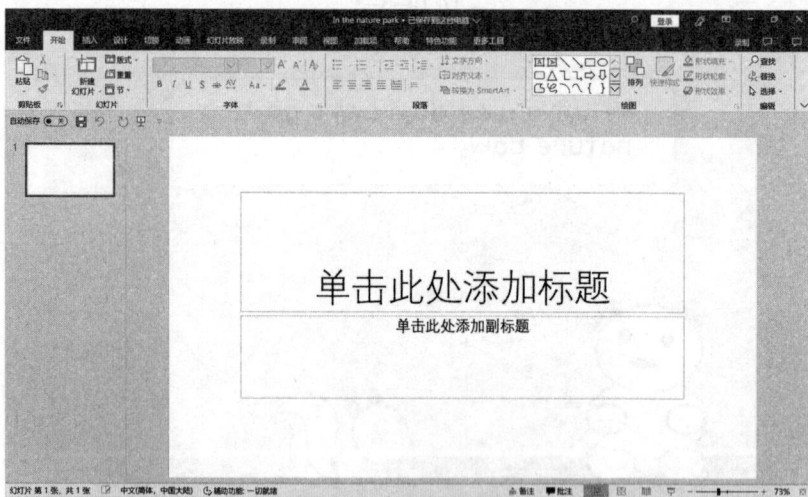

图 10-3-6

步骤5：点击"设计"选项卡，如图 10-3-7。找到合适的主题模板，PPT 文件就应用该模板了，如图 10-3-8。

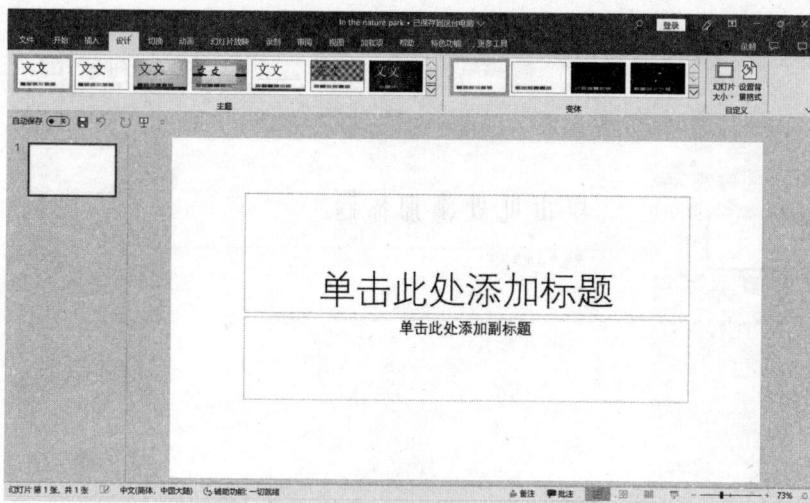

图 10-3-7

图 10-3-8

步骤 6：新建幻灯片 2，单击"插入"—"图片"—"来自此设备"，如图 10-3-9。插入处理好的图片素材，如图 10-3-10。

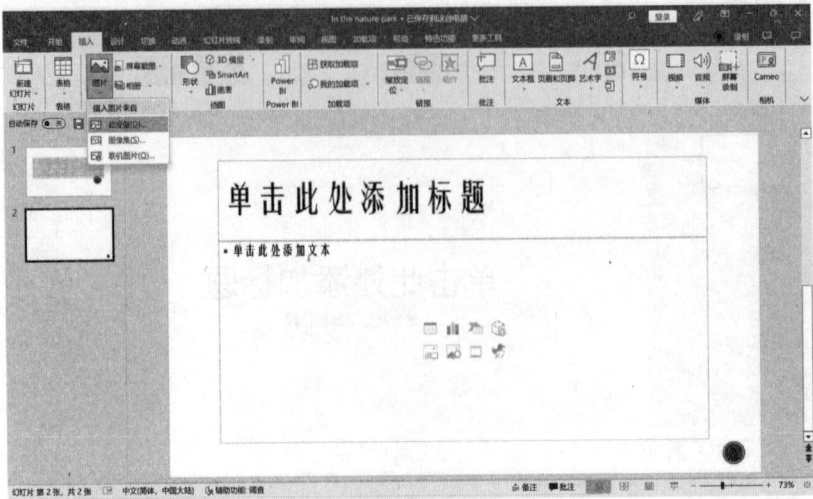

图 10-3-9

图 10-3-10

步骤7：鼠标选中图片，将鼠标放在圆形白色控制点，调整图片的大小，如图 10-3-11。

图 10-3-11

　　步骤8：单击"插入"—"形状"选择合适的标注形状进行绘制，如图10-3-12。绘制一个对话框，如图 10-3-13。

图 10-3-12

图 10-3-13

步骤9：选中标注对话框，编辑形状，按住标注对话框下方的黄色圆点拖动，将对话框的尖头拉长，将标注的黄色背景修改为白色背景，如图10-3-14。

图 10-3-14

步骤10：选中标注对话框右击，在弹出的窗口中选择"编辑文字"，如图10-3-15。

258

图 10-3-15

步骤 11：输入文字"Why not? We can take some pictures there. 为什么不呢？我们可以在那里拍照片。"，调整文字大小与字体，如图 10-3-16。

图 10-3-16

步骤 12：单击"插入"—"形状"，选中基本形状椭圆，如图 10-3-17。

图 10-3-17

步骤 13：双击椭圆形状，如图 10-3-18，编辑形状。修改椭圆形状轮廓的颜色为红色，粗细增粗，填充色无，如图 10-3-19。

图 10-3-18

260

图 10-3-19

步骤 14：选中椭圆形状，打开动画选项卡，添加"飞入"动画效果，如图 10-3-20。

图 10-3-20

步骤 15：单击"插入"—"形状"，插入基本形状椭圆，如图 10-3-21。双击椭圆形状，颜色填充为蓝紫色，形状轮廓颜色无，如图 10-3-22。

图 10-3-21

图 10-3-22

步骤 16：选中椭圆形状右击，在弹出的窗口中选择"编辑文字"。输入数字"1"，如图 10-3-23。

图 10-3-23

步骤 17：在 PPT 普通视图的左边区域右击，在弹出的命令窗口，选中"新建幻灯片"命令，如图 10-3-24。

图 10-3-24

（二）微课视频的部分录制

步骤 1：打开"In a nature park" PPT 课件，如图 10-3-25。

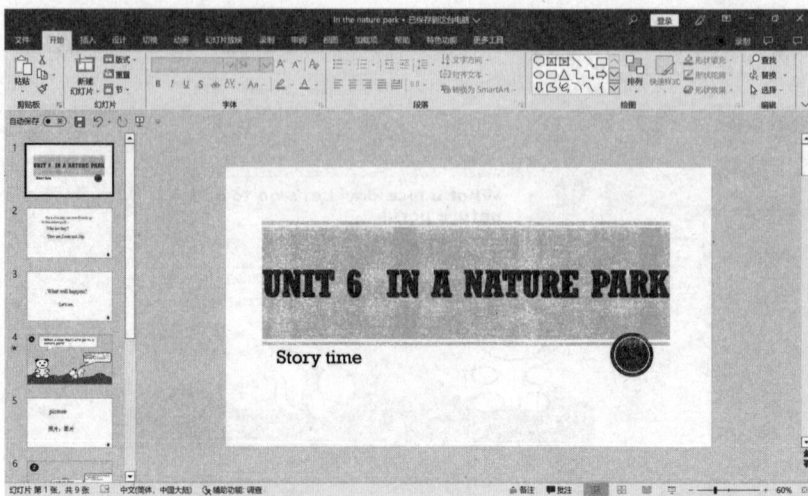

图 10-3-25

步骤 2：启动 Camtasia 软件，单击 Camtasia 软件左上方的红色录制按钮，如图 10-3-26。打开 Camtasia recorder 软件界面，如图 10-3-27。

图 10-3-26

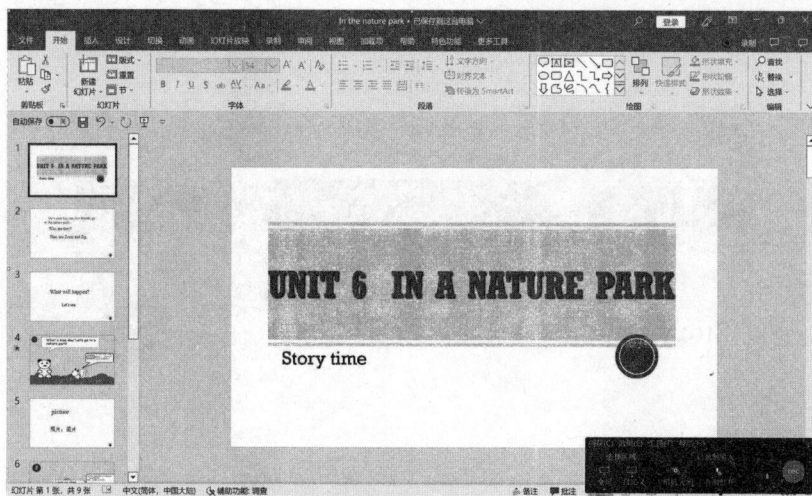

图 10-3-27

步骤 3：幻灯片放映 PPT 课件，调整屏幕窗口的大小，音频打开无误，如果右下方不要讲解人头像出镜，关闭相机，如图 10-3-28。

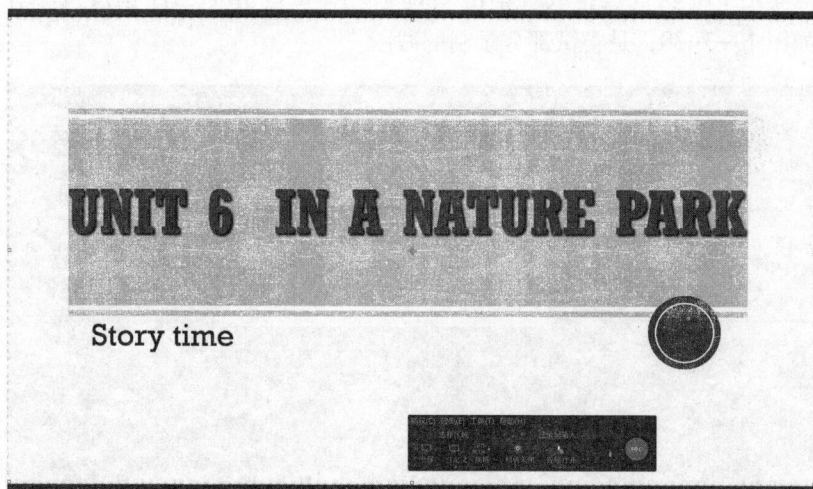

图 10-3-28

步骤 4：单击 "rec" 按钮，倒数三秒开始录制，如图 10-3-29。

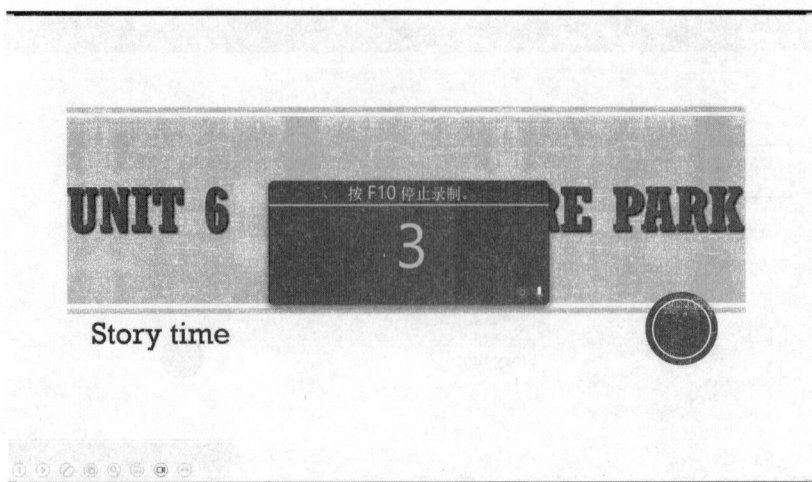

图 10-3-29

步骤 5：Camtasia recorder 软件界面会自动最小化，也可以手动最小化。边放映 "In a nature park" PPT 课件，边播放边语音讲解，"Hello, everyone, ..."。单击 F10 功能键，或者单击 Camtasia recorder 界面的停止按钮，结束录制，如图 10-3-30，是尝试部分录制的截图。

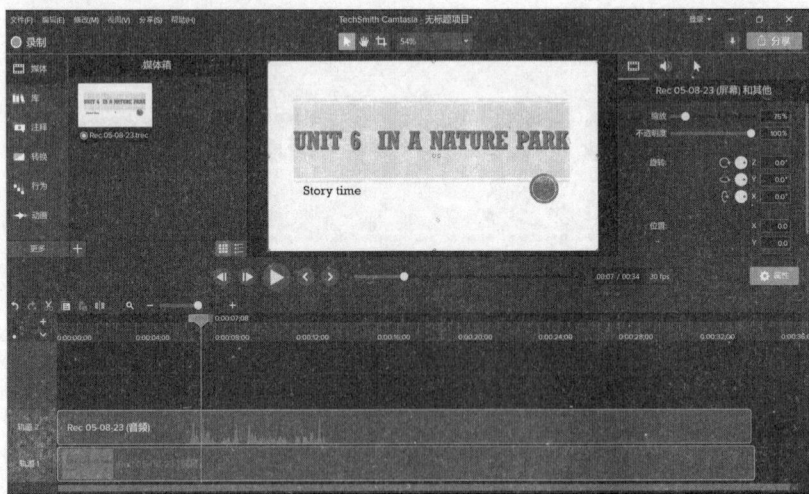

图 10-3-30

步骤 6：进行视频处理。将分割录制错误或者重复录制的视频画面进行删除，处理时间不够，可以保存项目文件，下次再打开项目文件进行编辑处理，处理结束单击右上方"分享"按钮，选择"自定义生成"命令，如图10-3-31。

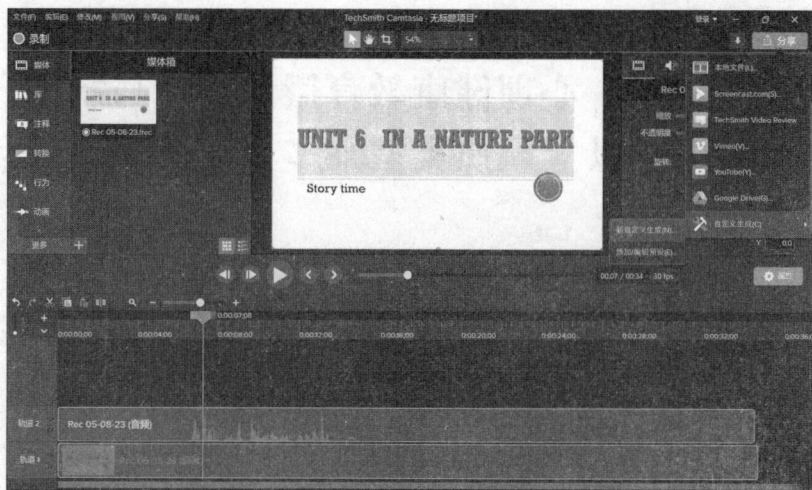

图 10-3-31

步骤7：点击"下一页"，设置好保存的路径以及文件名，将录制的文件发布成视频格式，如图10-3-32。

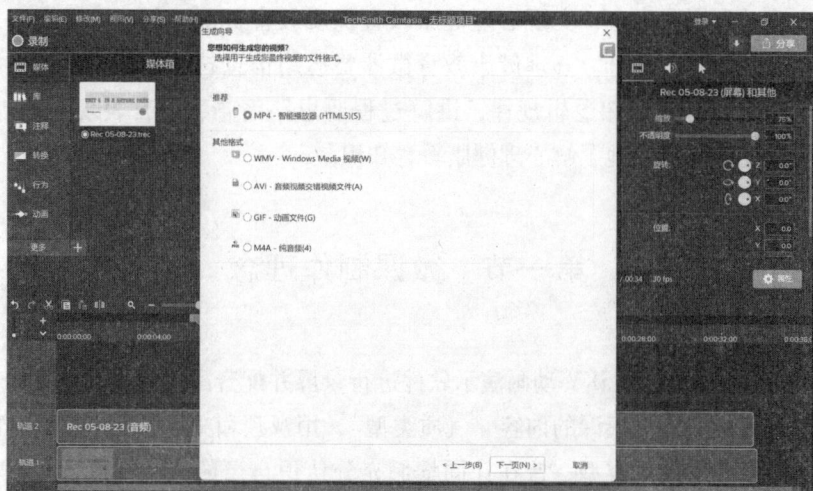

图 10-3-32

第十一章 心理健康教育微课设计与制作
——以《气质类型知多少》为例

【章节学习目标】

1. 了解《气质类型知多少》心理健康教育微课实例的制作理念；
2. 了解《气质类型知多少》心理健康教育微课实例的教学设计；
3. 掌握《气质类型知多少》心理健康教育微课课件制作方法；
4. 掌握《气质类型知多少》心理健康教育微课视频制作方法。

微课作为数字时代的一种新型的教学资源表现形式，正在被广泛地应用到各个学科中。在心理健康教育中应用微课，可以推进信息技术与心理健康教育教学内容的深层次融合，实现心理健康教育优质教育资源的创建，促进心理健康教育成效的有效提升。心理健康教育微课要运用信息技术创设情境，内容的组织与编排要符合认知逻辑规律，讲解过程要思路清晰，语言表现准确规范，让学习者能全面有效地了解心理健康教育知识。

第一节 微课制作理念

本微课采用 FOCUSKY 动画演示软件进行录屏并配音配乐完成。作品的主题为初中和大学心理健康课的内容"气质类型"，用视频和文字以及声音结合的方式向大家介绍气质的类型，旨在让同学们充分认识自己的气质特点，能够根据本堂课的内容对自己的学习生活做出积极地调整。

作品由一段电影中有关两个性格完全不同的人的对话展开，引发兴趣，导入本堂课的主题"气质类型"。之后先介绍"气质"的概念，然后介绍气质的四种类型，通过不同类型的特征以及代表人物来讲述。最后通过剧场习题来巩固气质类型的知识。

因为本身对心理健康教育的喜欢以及认识到心理健康教育对一个人身心发

展的重要性。选了心理健康教育中自我认识的重要一部分，希望大家能通过视频初步认识自己，了解自己，才能更好地学习生活。整堂课都以较轻松愉快的方式呈现，动画和文字巧妙配合，合理运用 FOCUSKY 这个软件的优势。作品可以用作心理健康教育课中认识自我部分的学习资源，也可以作为学生气质类型相关知识的自学视频。

第二节　微课教学设计

一、微课导入（或故事情境）

插入《疯狂动物城》朱迪和闪电片段（截取对话的 1 分钟左右，图片只用于提示视频内容，不作为课件效果参考）。

思考：朱迪和闪电的处事态度为什么如此不同呢？

答案：因为他们的性格不同，个性不同，脾气不同？

总结：同学们所说的脾气、秉性与心理学所讲的气质意义相近。

那气质类型到底是什么？有几种气质类型？你又知道自己是什么气质类型吗？

二、概念介绍：气质是什么

气质（temperament）是表现在心理活动的强度、速度、灵活性与指向性等方面的一种稳定的心理特征。人的气质差异是先天形成的，受神经系统活动过程的特性所制约。

孩子刚一出生时，最先表现出来的差异就是气质差异，有的孩子爱哭好动，有的孩子平稳安静。

注意啦！心理学上的气质与我们生活中的气质不同，与我们所说的个性、秉性、脾气比较接近，是一种稳定的行事方式。气质是比较稳定的，受先天影响较大，通常难以改变，只能去影响和适应。

三、气质类型（配人物图，最好以调查问卷的感觉呈现）

（一）多血质

灵活性高，易于适应环境变化，善于交际，在工作、学习中精力充沛而且效率高；对什么都感兴趣，但情感兴趣易于变化；有些投机取巧，易骄傲，受不了一成不变的生活。代表人物：韦小宝、孙悟空、王熙凤。

（二）黏液质

反应比较缓慢，坚持而稳健的辛勤工作；动作缓慢而沉着，能克制冲动，严格恪守既定的工作制度和生活秩序；情绪不易激动，也不易流露感情；自制力强，不爱显露自己的才能；固定性有余而灵活性不足。代表人物：鲁迅，薛宝钗。

（三）胆汁质

情绪易激动，反应迅速，行动敏捷，暴躁而有力；性急，有一种强烈而迅速燃烧的热情，不能自制；在克服困难上有坚忍不拔的劲头，但不善于考虑能否做到；工作有明显的周期性，能以极大的热情投身于事业；也准备克服且正在克服通向目标的重重困难和障碍，但当精力消耗殆尽时，便失去信心，情绪顿时转为沮丧而一事无成。代表人物：张飞、李逵、晴雯。

（四）抑郁质

高度的情绪易感性，主观上把很弱的刺激当作强作用来感受，常为微不足道的原因而动感情，且有力持久；行动表现上迟缓，有些孤僻；遇到困难时优柔寡断，面临危险时极度恐惧。代表人物：林黛玉。

一点说明：人们常说的抑郁症和抑郁质有什么关系呢？

抑郁质和抑郁症是两个不同的概念，之间没有任何联系。抑郁质是一种气质，是一种美，而抑郁症则是一种心理疾病，任何一种气质的人都可能会得抑郁症，两者不可混为一谈。

四、对照图检测一下，你自己属于什么气质类型

（展示一张气质类型分类的图）

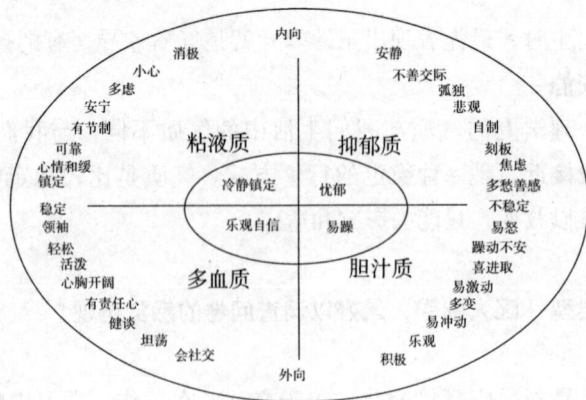

艾森克的人格维度

五、气质类型的好坏

气质类型无好坏之分，也不能决定一个人活动的社会价值和成就的高低，但影响活动的效率。气质相同的人，有对社会做出重大贡献、品德高尚的人，也有一事无成、品德低劣的人。气质在实践活动中不起决定作用，但也有一定的影响。我们应充分地认识并接受自己以及他人的气质。

胆汁质代表人物：李白、普希金、列宁、张飞。

多血质代表人物：郭沫若、克雷洛夫、库图佐夫。

粘液质代表人物：茅盾、巴甫洛夫、彼得一世。

抑郁质代表人物：杜甫、果戈理、陈景润、达尔文。

六、测试

同样遇到看戏迟到的情景，A 会与检票员争吵起来，甚至企图推开检票员径直走到自己的座位上去，并埋怨说戏院的时钟走得太快了，他不会影响任何人。B 知道检票员不会放他进去，因而不会与其争吵，而是悄悄跑到楼上寻找另一个适当的地方观看演出。C 知道检票员不会让其从检票口进入，他想反正第一场戏不会太精彩，还是暂时到小卖部等一会儿，等幕间休息再进去吧。D 则会说自己老是不走运，偶尔来一次戏院就这样倒霉，干脆回家吧。

问：A、B、C、D 分别属于什么气质类型呢？

七、总结（再次展示上面的图片）

第三节　微课视频制作

一、微课视频概述

《气质类型知多少》微课是作者指导曾琴同学在全国师范生微课大赛中的获奖作品，微课视频主要运用了 FOCUSKY 软件课件制作、Camtasia studio 视频录制。《气质类型知多少》课件精彩之处主要表现在有一个动态课件封面，如图 11-3-1。

图 11-3-1

二、具体制作步骤

（一）部分微课课件的制作步骤

步骤1：打开软件 FOCUSKY，点击"新建项目"，进入编辑页面，如图 11-3-2。

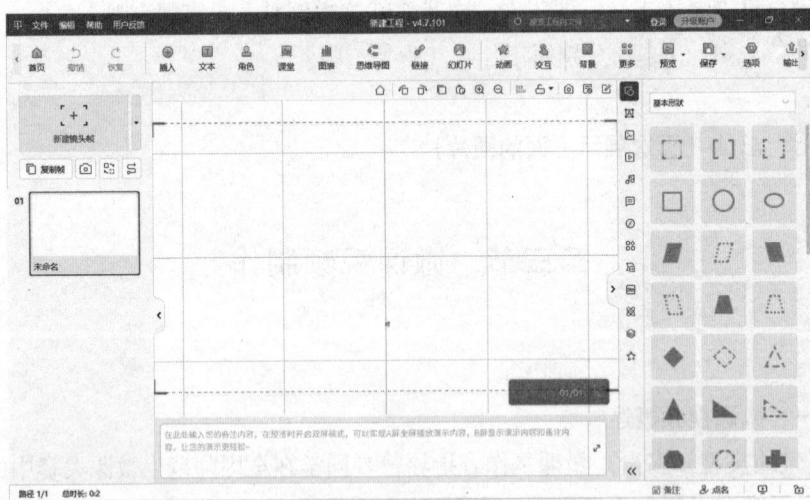

图 11-3-2

步骤 2：布置背景颜色，点击"背景"—"颜色背景"—"自定义颜色"，选中亮度与明度适宜的红色，点击"确定"，如图 11-3-3。

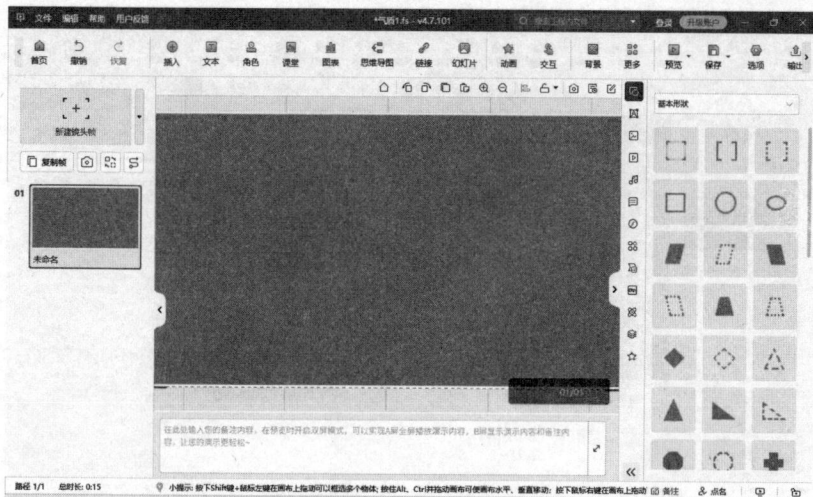

图 11-3-3

步骤 3：丰富背景，点击"图形"，添加两个大小不一致的圆形，选中圆形并点击"属性"，进行透明度、外观等设置，如图 11-3-4。

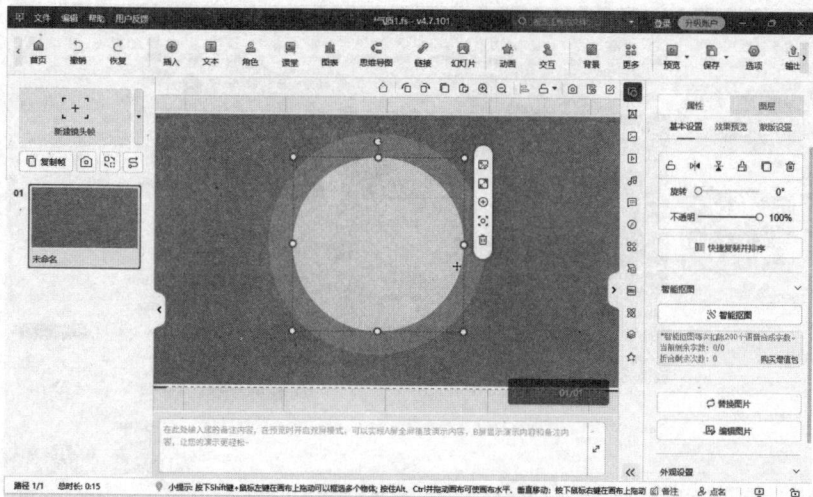

图 11-3-4

步骤4：最后点击"图片"，添加小熊、小兔图片，进一步丰富画面，如图
11-3-5。

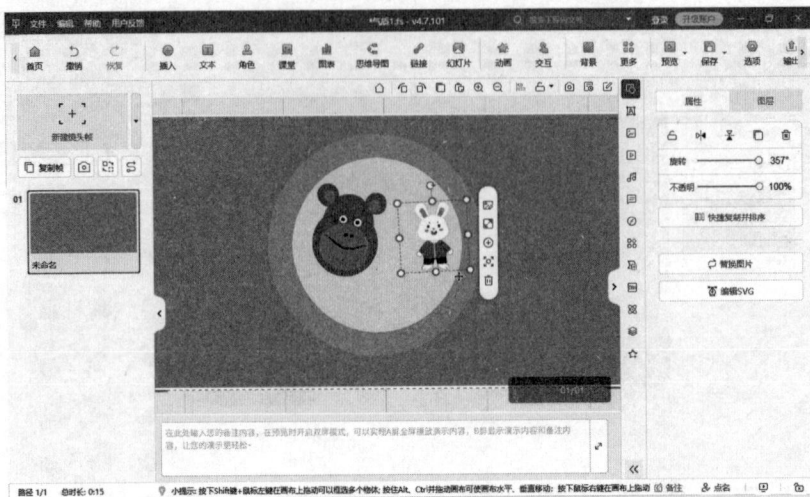

图 11-3-5

步骤5：添加文字，点击"文本"，选择合适字体并输入"气质"文字，对
文字进行字体、艺术字、旋转等设置，如图 11-3-6。

图 11-3-6

步骤6：输入"类型知道多少？"进行颜色、大小、位置等进行设置，如图11-3-7。

图 11-3-7

步骤7：添加动画效果，选中目标对象，点击"动画"—"添加动画效果"，选择合适的动画效果，如图11-3-8、图11-3-9、图11-3-10。

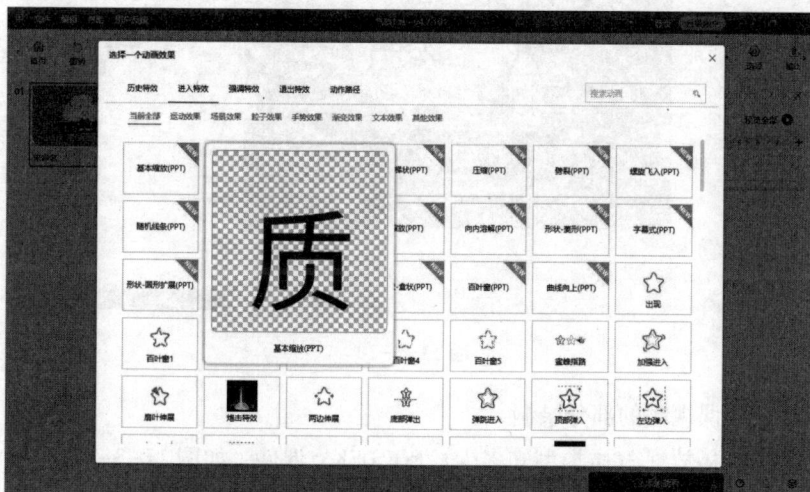

图 11-3-8

图 11-3-9

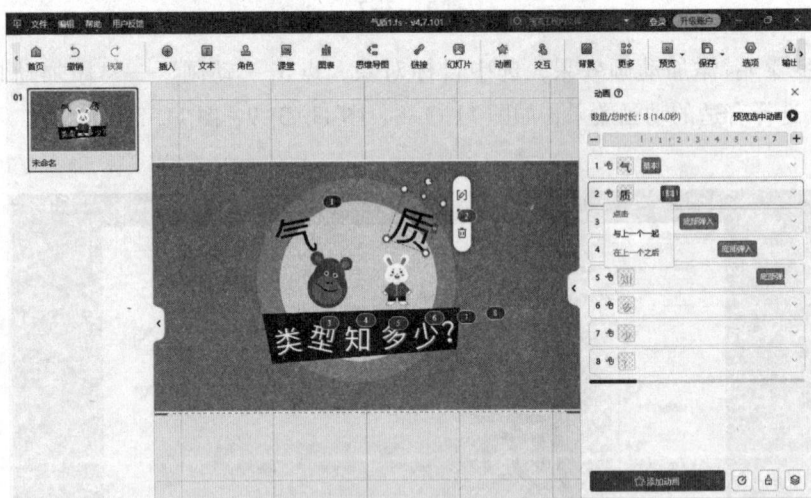

图 11-3-10

（二）微课视频的部分录制

步骤 1：播放《气质类型知多少》FOCUSKY 课件，如图 11-3-11。

图 11-3-11

步骤 2：启动 Camtasia 软件，单击 Camtasia 软件左上方的红色录制按钮，如图 11-3-12。打开 Camtasia recorder 软件界面，如图 11-3-13。

图 11-3-12

步骤 3：因为 FOCUSKY 播放是全屏播放，调整选择区域为全屏录制，音频打开无误，如果右下方不要讲解人头像出镜，关闭相机，如图 11-3-14。

图 11-3-13

图 11-3-14

步骤 4：设置好录制窗口的大小，如图 11-3-15。单击"rec"按钮，开始录制，如图 11-3-16。

图 11-3-15

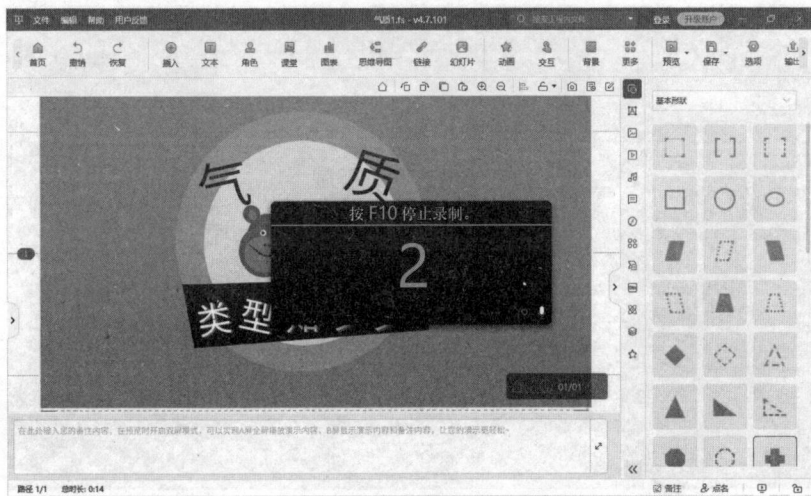

图 11-3-16

步骤 5：Camtasia recorder 软件界面会自动最小化，也可以手动最小化。预览播放《气质类型知多少》FOCUSKY 课件，边播放边语音讲解，"大家好，今天我们来聊一聊气质的类型……"，如图 11-3-17。左上方标识去除需要购买官方会员账号，或者购买一次性会员账号。

图 11-3-17

步骤 6：单击 F10 功能键，或者单击 Camtasia recorder 界面的停止按钮，结束录制，图 11-3-18 是尝试部分录制的画面。

图 11-3-18

步骤 7：进行视频处理。将分割录制错误或者重复录制的视频画面进行删除，处理好之后，单击右上方"分享"按钮，选择"自定义生成"命令，如图 11-3-19。

图 11-3-19

步骤 8：点击"下一页"，设置好保存的路径以及文件名，将录制的文件发布成视频格式，如图 11-3-20。

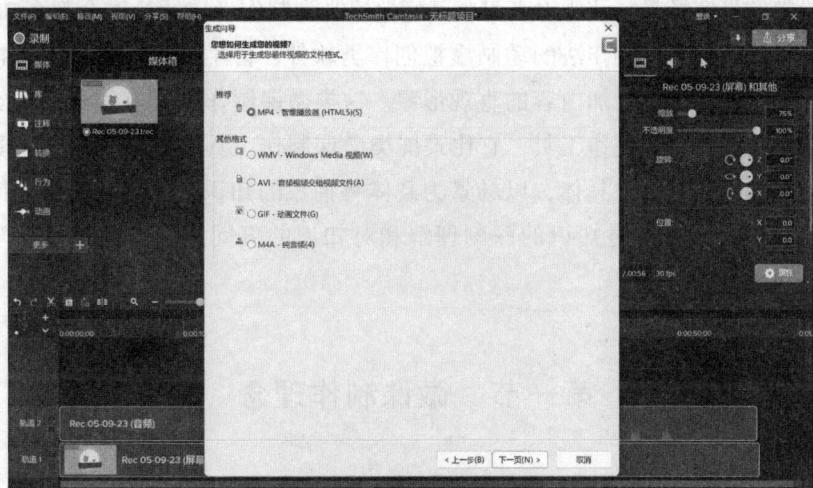

图 11-3-20

第十二章 安全教育微课设计与制作
——以《防溺水安全知识》为例

【章节学习目标】

1. 了解《防溺水安全知识》安全教育微课实例的制作理念;

2. 了解《防溺水安全知识》安全教育微课实例的教学设计;

3. 掌握《防溺水安全知识》安全教育微课课件制作方法;

4. 掌握《防溺水安全知识》安全教育微课视频制作方法。

随着信息化的快速发展,数字时代离我们越来越近。安全教育微课应该要创造模拟的真实场景,使观看者身临其境地感受到制作者传达的安全教育知识,例如,可以选择软件创作法的动画虚拟创作类软件,自主创建情景或者直接使用软件提供的情景,增加内容的直观形象。这类微课制作工具有别于录屏类微课制作工具和拍摄类制作工具,它比录屏类微课制作工具和拍摄类制作工具创设场景更加真实、形象具体,以场景为载体将抽象的知识具体化、将繁杂问题简单化,促进学习者对知识的深刻理解和对知识的巩固运用,调动学生学习兴趣。

第一节 微课制作理念

本作品主要运用PPT制作课件、Camtasia Studio进行录屏讲解及视频编辑。

选题从科普的角度出发,选定全国通用的教科版教材的"生活中的安全教育防溺水现象"这一节,涉及生活,旨在引起兴趣的同时,在生活中发现科学,将科学态度、探究精神融入生活,将科学与生活建立联系,激发学习动机。课件的制作上,从整体性、协调性入手,注重整体的结构、教学过程的完整,背景、音乐及效果、图片的选择都服从于内容,保持统一性。教学内容从安全教育防溺水的概念、安全教育防溺水产生的原理、影响安全教育防溺水产生的外界因素、安全教育防溺水的危害、如何预防安全教育防溺水五个方面入手，层层递进、逐步加深对安全教育防溺水的了解，最后还包含拓展知识，让学生对安全教育防溺水有一个较为全面的了解。同时，在整体的效果呈现上注重美观性，课件的制作上运用大量的转场、切换效果，大量的动画效果及大量的图片，大字标识、排版等都是致力于在注重美观的同时兼顾教学直观性的体现。

本微课通过万彩动画大师制作导入部分，用 Microsoft Office PowerPoint 制作课件，最后由剪映拼接并且完成后期配音。作品围绕着儿童防溺水知识，用视频的方式更加生动形象地向大家普及基础的防溺水知识，旨在让学生掌握如何预防溺水，以及溺水自救与互救知识。

微课开篇以常见溺水事故展开，引出"如何预防溺水事故的发生"的问题，激发学生的好奇心和求知欲。首先，解决该问题要掌握溺水的基础概念，知道危险水域有哪些；其次，从下水前准备、沉着冷静面对溺水、如何自救三个方面对"如何预防溺水事故的发生"进行讲解；最后，以情景故事结束，情景与导入情景相呼应。

随着社会的发展，游泳成为广大青少年喜爱的体育项目之一，溺水现象频繁发生，因此，如何预防溺水、保护自身安全，溺水后如何自救与救护就显得尤为重要了。希望同学们能够通过该微课，学习并掌握基础的防溺水基础知识，将这些知识运用在生活中。因此微课通过有趣的故事情节，丰富的画面色彩，以轻松快乐的方式将这些知识呈现在同学们的面前。作品中的防溺水安全教育知识不仅可以运用在课堂中，同时也可以用于家庭教育或者学生自学。

第二节 微课教学设计

一、情景导入

（一）情景概括

闹闹、毛毛、乐乐、欢欢四个小伙伴去荷塘边玩耍，闹闹看到了一只蜻蜓落在池塘中的荷花花朵上，伸手去抓蜻蜓，不甚落入水中。其他三个小伙伴，大声呼救，叫来了路过的小张老师，老师救下了落水的闹闹。回到学校后，小张老师组织并开展了"防溺水知识小课堂"。

故事对话

乐乐：啊！夏天的荷塘真美啊！

闹闹：快看，荷花上有只蜻蜓！看我抓住它！

乐乐：危险！闹闹！

闹闹落水，呼救

欢欢：我会游泳，我来救闹闹！

毛毛：不可以！小朋友不能自己下水救人，我们快去找大人帮忙！

大家一起大声呼救

小张老师：怎么了？出什么事了？

毛毛：闹闹掉到荷塘里了！

小张老师：快拨打120电话，我来救闹闹。

闹闹获救

二、学习新知识

（一）什么是溺水？

溺水是指液体淹没或浸泡造成呼吸道损伤的过程，为意外死亡的常见原因。

部分溺水者可因大量喝水入胃，出现上腹部膨胀。多数溺水者四肢发凉、意识丧失，重者心跳、呼吸停止。

落水施救

问：同学们，当我们遇到溺水的人，我们该怎么做呢？

答：会游泳、会急救的人要将溺水者救出水面，如果你只是会游泳不会急救就不要强行去救人，可以救比自己体重小的溺水者。

温馨提示：不建议同学们自己去救人，要及时寻求大人们的帮助。

（二）危险水域

室外容易溺水的危险水域

问：你们知道室外的危险水域有哪些吗？

答：水库、水潭、江河、小溪。

是的，这些看上去平静美好的景色往往都暗藏着危险！因此我们不要离开家长独自前往危险水域。

注意事项

大家往往会认为在水库或者湖泊河流游泳非常危险，但他们忽略了游泳池也是具有危险性的。近几年，游泳池中发生的溺水案例也不在少数，还具有增加的趋势。

1. 下水前准备

问：所以在游泳前我们要做哪些准备工作呢？

答：我们在游泳前应做全身运动。充分活动关节，放松肌肉，以免下水后发生抽筋，扭伤等事故。

2. 沉着冷静，面对溺水

问：那如果抽筋我们要怎么做呢？

答：要镇静，不要慌乱，边呼喊边自救，常见的是小腿抽筋，这时应该切换为仰泳姿势，用手扳住脚趾，小腿用力向前蹬，奋力向浅水区或岸边靠近。

口诀：要镇静，不慌乱，边自救，边呼喊。

3. 如何自救

问：如果我们不幸落水，应该怎么办呢？

答：（1）千万不要惊慌，要沉着冷静，要采取正确的措施自救，以便争取获救的机会。

（2）如果你不会游泳，应迅速把头向后仰，口向上，尽量使口鼻露出水面，不能将手上举或挣扎，以免使身体下沉。

（3）甩掉重物，及时甩掉鞋子和口袋里的重物但不要脱掉衣服，因为它会产生一定的浮力，对你有很大帮助。

（4）借助木板，假如周围有木板，应抓住借用木板的浮力使自己的身体尽量往上浮。

（5）跳水相救，如果有人跳水相救，千万不可死死抱住救助者不放，而应尽量放松，配合救助者把你带到岸边。这有利于双方的安全。

三、总结

这节防溺水安全知识小课堂就上到这里啦，让我们看看闹闹他们都学到了什么吧？

小伙伴们和小张老师一起探讨，在玩耍中需要注意哪些防溺水安全教育知识。

小张老师：别担心，毛毛只是呛了一点水，但是你们今天的行为非常危险！

小伙伴们：对不起。

乐乐：去水边玩一定要有大人陪。

闹闹：落水了不慌张，要大声呼救。

欢欢：小朋友不能自己下水救人，要找大人帮忙。

毛毛：还要拨打120急救电话。

小张老师：如果没有大人，我们还可以打110、119。找警察和消防员来帮忙。生命很宝贵，一定要保护好自己！

第三节　微课视频制作

一、微课视频概述

　　《防溺水安全知识》微课是作者指导张子晗同学毕业论文设计的考核作品，主要运用了 Microsoft Office PowerPoint 课件制作，万彩动画视频制作，最后用剪映拼接和配音完成的微课。微课精彩之处主要表现在动态情景导入的视频制作，如图 12-3-1 至图 12-3-3；PPT 课件的制作，如图 12-3-4，情境总结部分的制作，如图 12-3-5。本节微课视频制作主要介绍整个微课视频制作的过程，具体制作操作步骤省略。

图 12-3-1

图 12-3-2

图 12-3-3

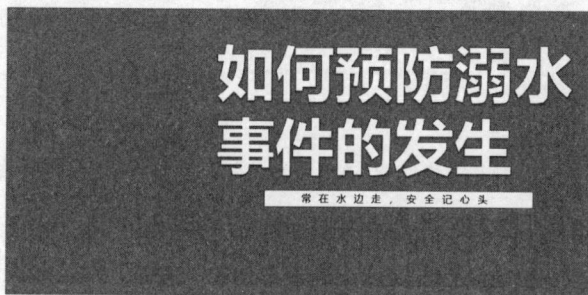

图 12-3-4

图 12-3-5

二、微课视频制作过程

（一）万彩动画大师微课视频情境导入的制作

步骤 1：场景设计与布置。根据情境需要，在万彩中设计画面。点击屏幕右侧工具栏中的"图片"，搜索需要的素材，选中后按需求摆放在镜头中，如图 12-3-6。

图 12-3-6

步骤 2：人物设计以及动作选择。设计好情景和背景后，如图 12-3-7，点击右侧角色工具栏，选中"女小学生"，如图 12-3-8，选择你需要的动作，将人物放在你需要的地方，最后调整好时间轴，如图 12-3-9。男小学生、男孩、女孩方法同上。

图 12-3-7

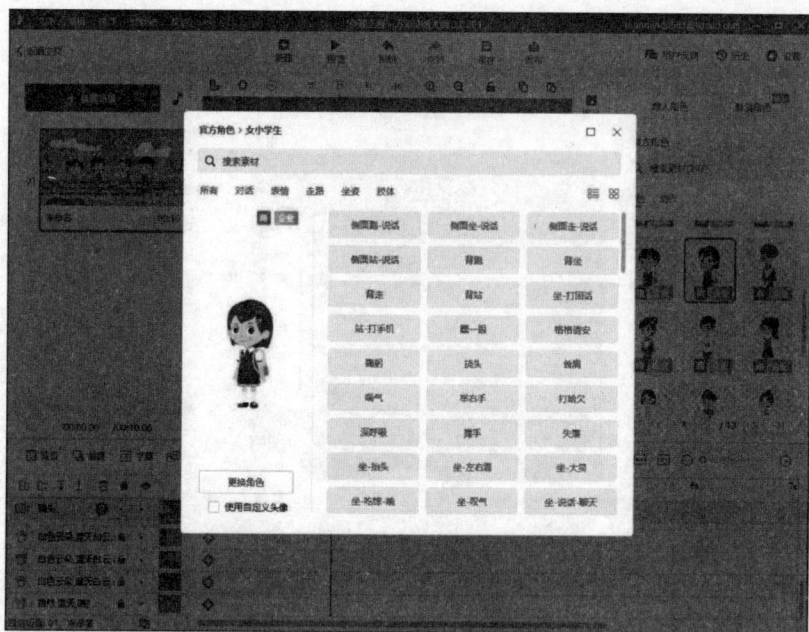

图 12-3-8

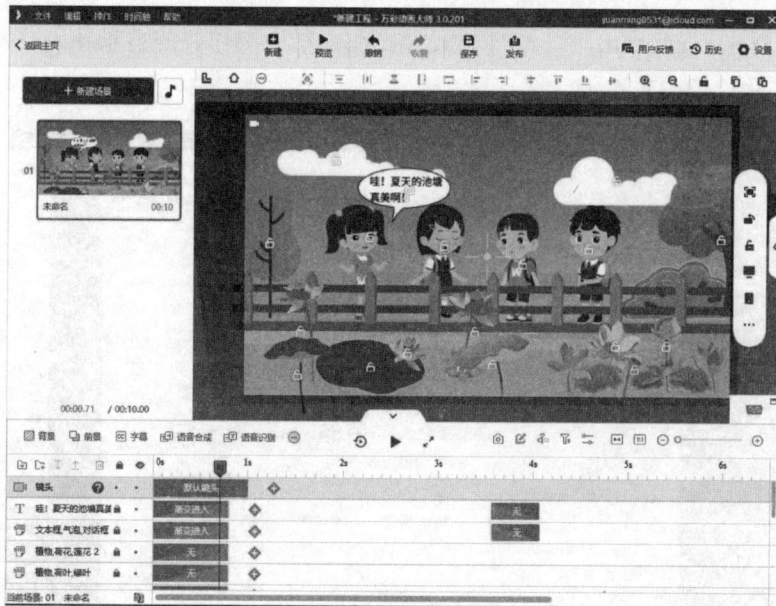

图 12-3-9

步骤3：点击左侧工具栏"图片"和"文本"，加入说话气泡和字母，对画框文本设计，如图12-3-10。

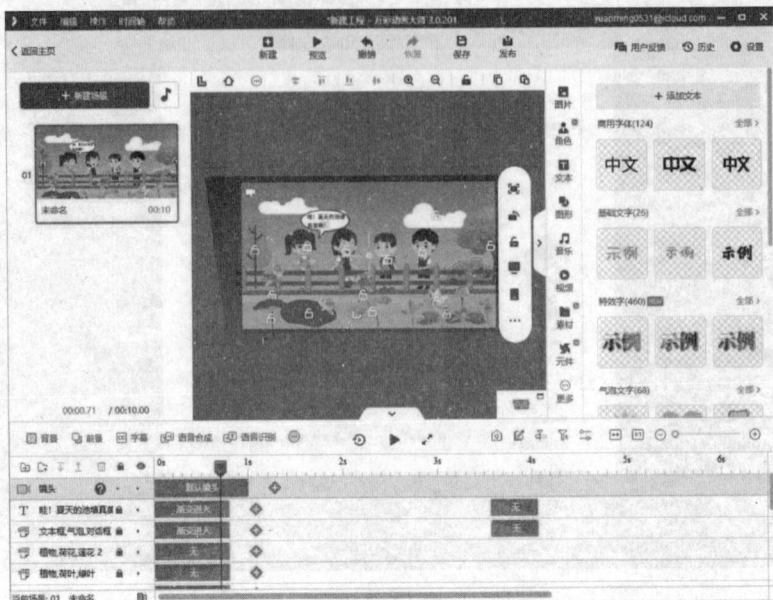

图 12-3-10

步骤4：视频导出。以MP4格式导出在万彩中制作好的情景导入并发布视频，如图12-3-11。

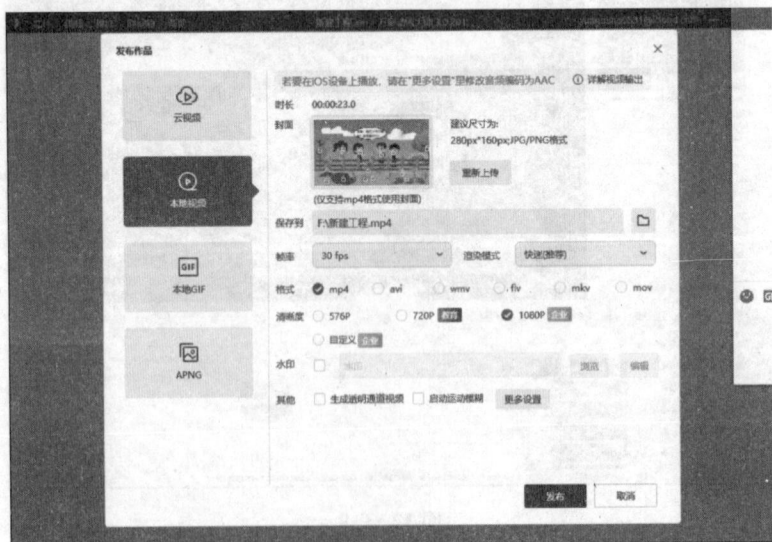

图 12-3-11

步骤5：配音与录音。将在万彩中导出的视频导入剪映进行配音，最后，从剪映导出制作出完整的情境导入，如图12-3-12。

图 12-3-12

（二）PPT 微课课件的制作与录制

通过 Microsoft Office PowerPoint 制作微课课件，然后启动 Camtasia，对课件进行录屏，如图12-3-13。

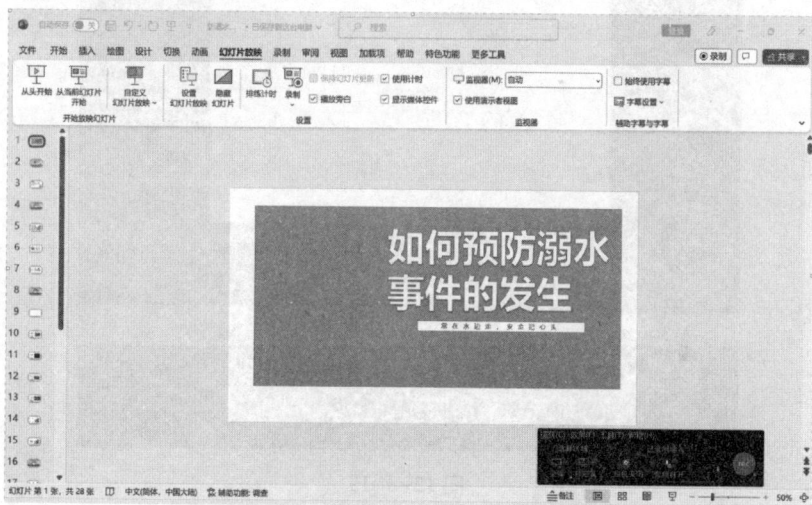

图 12-3-13

（三）万彩动画大师微课视频总结部分的制作

使用万彩动画大师，采用和情境导入部分相同的方法，制作出课堂情境总结视频，如图 12-3-14。

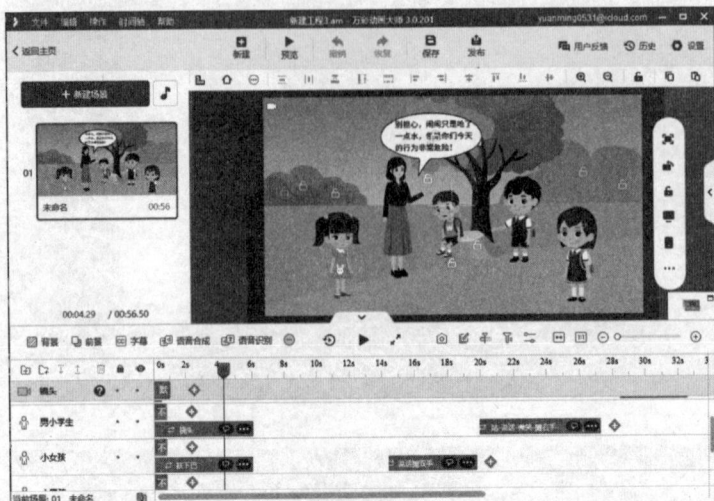

图 12-3-14

（四）使用剪映合并视频导出视频。

运用剪映将制作好的三个视频连接起来，并点击视频拼接处，设置适合的转场动画，最后导出微课视频，如图 12-3-15。

图 12-3-15

参考文献

［1］耿建民，周速主编．新编现代教育技术［M］．上海：华东师范大学出版社．2009.

［2］姚丕荣．现代教育技术［M］．北京：教育科学出版社．2015.

［3］刘俊强．现代教育技术［M］．武汉：华中师范大学出版社．2018.

［4］何克抗，李文光．教育技术学［M］．北京：北京师范大学出版社．2009.

［5］陈琳．现代教育技术［M］．北京：高等教育出版社．2014.

［6］张剑平．现代教育技术——理论与应用［M］．北京：高等教育出版社．2006.

［7］张剑平，章苏静．现代教育技术——技能与训练［M］．北京：高等教育出版社．2006.

［8］何克抗．教育技术培训教程 教学人员·初级［M］．北京：高等教育出版社．2005.

［9］MCNEIL J D. 课程导论：第六版［M］．谢登斌，陈振中，译．北京：中国轻工业出版社，2007.

［10］袁海东．多媒体课件设计与制作教程［M］．北京：电子工业出版社，20013.

［11］缪亮，袁长征．让课堂更精彩！精通微课设计与制作［M］．北京：清华大学出版社，2017

［12］杨上影，教育部教育管理信息中心组．微课设计与制作［M］．北京：高等教育出版社，2017.6

［13］郭利强，赵文霞．微课设计与制作［M］．南京：南京大学出版社，2021

［14］金洁著．微课设计与制作一本通［M］．北京：清华大学出版社，2018

［15］胡铁生．"微课"：区域教育信息资源发展的新趋势［J］．电化教育

研究，2011（10）.

[16] 焦建利. 微课与翻转课堂中的学习活动设计［J］. 中国教育信息化，2014（24）.

[17] 罗俊岭. 微课制作工具及制作技巧研究［J］. 信息技术与信息化，2018（5）.

[18] 胡铁生，黄明燕，李民. 我国微课发展的三个阶段及其启示［J］. 远程教育杂志，2013，31（4）.

[19] 郑小军，张霞. 微课的六点质疑及回应［J］. 现代远程教育研究，2014（2）.

[20] 导向科技. Photoshop 图像处理一点通［M］. 北京：人民邮电出版社，2005.

[21] 刘娅琦，昌超，刘津，等. 中文版 Flash CS4 完全学习手册［M］. 北京：清华大学出版社，2010.

[22] 黄丽衡，杨红秀. 流式动画课件的设计与制作［J］. 信息技术与信息化，2015（9）.

[23] 黄丽衡，张娟. 计算机动画制作融入课程思政理念教学实践研究［J］. 怀化学院学报，2022，41（5）.

[24] 孟祥增，刘瑞梅，王广新. 微课设计与制作的理论与实践［J］. 远程教育杂志，2014，32（6）.

[25] 杨上影，沈竞. 教师如何学 MOOCs——基于《微课设计与制作》课程的数据分析［J］. 现代远距离教育，2017（5）.

[26] 姚红星，王永波. 高校教师微课设计与制作的问题及反思［J］. 中国成人教育，2016（5）.

[27] 林雪涛，韩鹏. "技术—艺术"：微课制作的融合与突破［J］. 教学与管理，2014（36）.

[28] 郭庆娟. 政治课教学中的微课制作［J］. 思想政治课教学，2015（8）.

[29] 赵新霞. 道德与法治微课制作那些事［J］. 中学政治教学参考，2018（20）.

[30] 乔廷强，周剑武. 科学微课制作须注意的两个问题［J］. 教学与管理，2020（8）.